轨道创造的
Transit Oriented Development
世界都市——东京

[日]矢岛隆　家田仁　编著

陆化普　译

中国建筑工业出版社

著作权合同登记图字：01-2016-3169号

图书在版编目（CIP）数据

轨道创造的世界都市——东京／（日）矢岛隆，家田仁编著；
陆化普译．—北京：中国建筑工业出版社，2016.3
　ISBN 978-7-112-19030-0

　Ⅰ．①轨…　Ⅱ．①矢…　②家…　③陆…　Ⅲ．①城市铁路—轨道
交通—研究—东京　Ⅳ．①U239.5

中国版本图书馆CIP数据核字（2016）第015890号

書　名　　鉄道が創りあげた世界都市・東京（初版：2014年3月25日）
編著者　　矢島　隆・家田　仁
発行者　　一般財団法人計量計画研究所

本书由日本一般财团法人计量计划研究所授权我社独家翻译、出版、发行。

责任编辑：何　楠　刘文昕
责任设计：董建平
责任校对：陈晶晶　姜小莲

轨道创造的世界都市—— 东京
[日] 矢岛隆　家田仁　编著
陆化普　译

＊
中国建筑工业出版社出版、发行（北京海淀三里河路9号）
各地新华书店、建筑书店经销
北京锋尚制版有限公司制版
北京建筑工业印刷厂印刷
＊
开本：880×1230毫米　1/32　印张：9⅛　字数：270千字
2016年5月第一版　2020年6月第三次印刷
定价：49.00元
ISBN 978 - 7 - 112 - 19030 - 0
　　　（31385）

译者前言

当前，正值我国进入新型城镇化发展阶段，"京津冀协同发展"、"一带一路"以及"长江经济带"等国家战略正在全面展开。总体上说，我国城市的发展已经由单中心城市、多中心城市向都市圈和城市群的形态发展演变。值此关键时刻，回答都市圈的合理规模和结构，都市圈土地使用与交通系统的关系等问题，已经是迫在眉睫的关键问题。这些问题处理得好，我国城市才能得到健康发展，才能实现更加宜居、更具活力、能够摆脱"现代城市病"困扰的城市发展目标。

译者在与日本东京大学家田仁教授，以及曾在日本建设部任职近30年、现任东日本旅客铁道株式会社顾问的矢岛博士讨论上述问题时，感受到了两位专家在这方面的思考、探索和细致研究，认为两位专家撰写完成的本书，将交通系统与城市发展联系来讨论总结世界上的巨大都市东京的发展经验，得出了很多有益的结论，对于我国特大城市、超大城市的发展具有重要的参考和借鉴意义。因此，译者决定将此书翻译成中文出版，以供各位专家学者和与城市及交通有关的决策规划人员参考。

通过与两位专家的讨论以及本人对东京案例的深入研究，译者有以下体会和认识：

1. 城市的空间布局和交通系统是互为依存、互为促进的两大关键城市因素。城市的发展为交通提供需求，没有城市的发展就没有交通赖以生存和发展的环境和需求；而交通的发展又强有力地反作用于城市，影响和引导着城市的发展。东京的发展充分说明了这一点。没有强大的轨道交通，就没有东京这个世界上最大都市圈的繁华与高效，而没有东京的繁华及其产生的巨大交通需求，也不会有东京轨道交通系统的完美发展。所以家田仁教授说"东京的成功依赖于轨道交通，轨道交通的成功依赖于繁荣的东京"。

2. 前瞻性的规划和政策引导是实现交通与土地使用一体化的保证和

前提。东京从轨道交通开始建设之初，就把服务用地、与土地使用的深度结合为前提，因此才实现轨道交通系统与土地使用如此完美的结合。在东京，你可以乘坐轨道交通方便地到达城区的任何目的地，地铁出口设在办公大楼、商业中心、大型公共设施内。如，新宿综合交通枢纽在大约2平方公里的范围里设有100多个地铁出口，轨道交通的末端交通88%为步行，这是实现门到门快捷高效出行的关键。

3. 都市圈和城市群不同，有它的合理规模。都市圈是指一日生活圈，是通勤圈、通学圈和购物圈，它的大小取决于我们能够接受的单程出行时间，大多数人能够接受的单程出行时间是1小时左右。这一时间不应该仅仅考虑交通主通道上的时间，而是应该考虑门到门的时间。因此，大家能够看到不同历史时期，城市的规模不同，在相同的可接受时间里，随着交通技术的进步，人们走得越来越远，因此城市规模越来越大。按照当前的交通技术和人们的单程出行可接受时间，根据东京等经验教训，超大城市的都市圈规模以30公里半径以内为宜。超过这一范围，城市居民的出行时间将会大大增加。

4. TOD模式是实现土地使用与交通系统一体化的技术途径。在轨道交通规划阶段，轨道交通要在客流走廊上选线和布置轨道交通站点；一经建设就要围绕轨道交通站点组织开发，即按照TOD模式进行土地开发。不同站点，土地使用的性质和开发强度不同，这既是合理利用土地的需要，也是进行城市功能布局的政策杠杆。而在轨道交通投入使用阶段，土地的开发要围绕轨道交通站点进行。这既是创造更多客流需求，充分发挥轨道交通大运量的作用，也是促进轨道交通盈利、实现可持续发展的重要途径。日本在修建轨道交通的同时，就把大型观光娱乐设施、大型商业设施、大型公共设施、办公设施以及大规模住宅设施等建设在轨道交通站点的周围，使得城市居民的大部分都能方便地利用轨道交通，离轨道交通站点近，利用起来高效方便，这些都是需要精细化的规划设计来保证的。

5. 政府和市场的角色各不相同。在推进交通与土地使用一体化过程中，政府与市场扮演着不同角色，充分发挥两者的作用才能保证交通与土地使用一体化的健康发展。政府的角色就是制定规划和监督规划的实施；市场的作用就是凝聚相关利益主体按照规划实施开发和建设。当然，这一过程要求实施主体（在日本主要是铁道公司）具有很强的社会责任感，不能把开发效益作为唯一原则，应把建设宜居的、充满活力的城市作为开发建设目标。

6. 成功的关键在于细节。当前正值我国城市轨道交通系统大规模建设之际，轨道交通线路的空间布局、站点及其进出口设置、综合交通枢纽的功能配置和建筑设计、与末端交通方式的衔接换乘设计是提高轨道交通系统服务水平的关键。轨道交通线路要布设在客运走廊、站点要设置在大型客流集散点、每个轨道交通站点要多设出口以便更紧密地与用地结合、根据城市实际做好最后一公里交通方式的无缝衔接是提高交通运输系统效率和安全性的关键。末端最后一公里在中心城区轨道交通线网密集的地方通常是步行系统，在近郊通常是自行车系统，在远郊通常是公共汽车系统，这是由轨道交通的线网空间布局特点决定的。不管是什么样的末端交通，都应该具有便捷、安全的特点，从而使城市的出行以绿色交通为主导，既方便又快捷。

7. 轨道交通利用者的高效率出行取决于交通系统的高度一体化。即使是东京，也没有完全做到这一点。这是因为不同的轨道系统是由不同的建设主体建设和不同的经营主体经营的。比如，为了从出发地到目的地，有时需要换乘不同公司的线路，需要重新购票等，这必然导致出行者的出行时间损失和不方便。因此，建设实现物理空间、票价票制、运营管理和信息服务一体化的无缝衔接、零距离换乘的综合交通枢纽在当前既是时机，也是使命。

8. 东京也有失败。东京的失败是构建了世界最大的单中心城市（它的空间布局结构是多中心，而空间联系结构则是单中心）。尽管东京为建设多中心的城市作了长期不懈的努力，形式上东京也实现了多中心的格局。但就东京的交通需求特性而言，东京实质上是一个以中心三区即中央区、港区和千代田区为中心的单中心城市。长距离、大规模、潮汐式、处于严重交通拥堵状态的通勤交通是东京长期以来未能解决的现代城市病，被称为"通勤地狱"的交通状况时至今日也没有大的改观。因此，在城市副中心营造职住均衡的用地形态和生活模式是东京未来的努力方向。

清华大学交通研究所

2015年6月1日

写给中文版的序

矢岛隆

为原著《轨道创造的世界都市——东京》译成中文出版写序我感到非常光荣和喜悦。我写此序与我在专业领域非常尊敬、也是本书合作者的家田仁先生有关。这是因为，本书的翻译出版是家田仁先生在2008年作为访问教授在清华大学工作时的同事陆化普教授策划推进的，这一提议得到了家田仁先生的赞同，中文版的出版又恰值我的古稀之年，所以我欣然接受了撰写此序的邀请。

出版此书之所以非常高兴，是因为将日本的实业家们于1910年开始经过了100年左右的时间、在日本大都市铁路建设和城市开发领域进行实践并取得丰硕成果的"郊外铁路与城市的一体化开发"模式传递给广大的中国读者，并在此领域展开进一步研究，将会是一件很激动人心的事情。

在博学的读者中，"郊外铁路与城市的一体化开发"可能会被认为是由卡尔索普提出的公交导向的开发模式（Transit Oriented Development: TOD），但本书阐述的是日本大都市全部由日本大型私人铁路公司实施的"民用铁路经营的商业模式"，应该称之为日本型TOD。海外也有很多TOD的说法，其中大多数都是指从都市空间形态的角度考虑车站周围的商业开发、其外部是住宅开发的形式。日本模式不仅仅局限于城市空间规划，而是由同一开发主体承担铁路建设和都市开发，从而使城市开发效益直接内涵在铁路开发上，这是日本不同于其他海外实例的显著特点。从这个意义上说，本书也有介绍的中国香港"R+P（Rail and Property）"与日本很相近，但在政府参与的程度上有很大差异。即在中国香港方式中，作为开发对象的土地，政府廉价地卖给铁道开发公司、可以看成是变相的补助金。而日本民铁开发的土地说到底是通过民间自己的买卖而取得的，不存在政府参与或补贴。

以东京为代表的日本大都市的人口和就业结构总体如下：首先是商业

和业务及其中高层住宅构成的高密度开发的中心部；其次是低层住宅构成的中密度的近郊区；再次是低层和单体住宅为主的低密度的远郊。中心部居住的人口不多，主要是商业和办公。此外，近郊和临海部分产业集中，是就业空间。

日本大都市陆上交通中的物流完全依赖于机动车，人流和其他世界大都市相比明显依赖于铁路，特别是中心部的内内交通以及中心部与近郊和远郊的交通极大地依赖于铁路。支撑满足这种交通需求的是20世纪前半期建设、后半期强化的铁路网络。在日本，居住在环境优雅的郊外，向就业、雇佣和教育集中的中心部和近郊通勤走读的生活模式从1930年代开始、到1960年代人气不断上升，到现在也持续着这种情况。另外，1970年以后随着道路的建设完善，使得近郊、远郊的内内交通和内外交通自驾车也越来越方便起来，因此，郊外的居住者越来越增加了交通方式选择的可能性。

我本人也是从近郊到市中心每天借助于公共汽车和铁道通勤，周末则开车到远郊绿地或到近郊购物。经济增长显著的亚洲诸国的大都市今后是选择日本的人口就业结构和铁道支撑的生活模式，还是选择低密度人口扩散，从郊外建设多车道高速道路，采用机动车进行通勤通学的生活模式，这既是对大都市政策、交通政策的选择，也是对大都市居民生活模式的选择。从利用汽车的角度看，可以说日本的大都市居民是根据出行目的可以进行出行方式选择的机动车利用者"choice car user"，而美国型大都市的居民是人质型机动车利用者"captive car user"。是选择日本型的大都市，还是选择美国型的大都市，毋庸置疑，是关系到建设节能、低碳型社会的重大选择，说到底，是能否实现可持续发展的重大问题。

促使城市交通变化的两大主要因素是城市化和机动化。近年以中国为代表的亚洲大都市伴随着经济快速发展同时迎来了城市化和机动化高潮，而日本这两个高潮有时间差。即城市化经历了1920年和1950年代后半两个高潮，而机动化则是1960年代后伴随着其后的两次城市化一起到来的。近年中国和其他亚洲国家城市经历的城市化和机动化高潮的同时到来，可以说遇到了比日本大都市发展曾经遇到的更大的困难。面临这样的困难，对于迎接这种挑战的众多探索者来说，如果本书中文版哪怕有一点点参考的话，我及与原版书出版相关的众多日本人来说，是一件非常幸福的事情。

在序文的最后我想表达两点谢意：首先对策划将此书译成中文出版并全力实施的清华大学交通研究所所长陆化普教授表达深深的敬意和谢意。陆先生、家田先生和我三人在东京协商将此书翻译成中文出版时，陆先生的博识和对翻译出版真挚热情的情景仿佛就在昨天。陆先生有留学日本的经历和卓越的日语能力，能有陆先生阅读并翻译此书我们感到非常幸运。其次，我想表达对（财）计量计划研究所代表理事黑川混教授的深深谢意。黑川先生不仅爽快地答应了该书翻译成中文出版的版权，而且表示不收取任何版权使用费。此书翻译成中文出版将会大大扩展中国语圈的更多读者阅读此书的机会。

矢岛隆　于东京都中野区鹭宫

2015年7月

【著者简历与执笔分担】

矢岛隆（YAJIMA TAKASHI）

1967年　东京大学工学部都市工学科毕业进建设省工作。

1971年　麻省理工学院研究生院硕士课程毕业。

1989年　任建设省都市局都市交通调查室室长。

1992年　任建设省都市局区划整理课课长。

1995年　任建设省大臣官房技术审议官（分管都市局）。

1997年　任帝都高速度交通营团理事。

2003年　任财团法人计量计划研究所常务理事。

2010年　任一般财团法人计量计划研究所资深研究员。

工学博士，日本大学客座教授，原日本都市计划学会副会长。

主要著作有：《大规模都市开发に伴う交通对策のたて方》（财团法人计量计画研究所），《实用 都市づくり用语辞典》（山海堂）等。

执笔分担：第一章第1、2、3、4、5节；第二章第1、4节；第三章第2节；第四章第1、2、3节；结尾语专栏。

家田仁（IEDA HITOSHI）

1978年　东京大学工学部土木学科毕业进日本国有铁路公司工作。

1984年　任东京大学助手。

1995年　任东京大学教授（工学系研究科社会基础学专业）。

原西德航空宇宙研究所客座研究员，菲律宾大学客座教授，中国清华大学客座教授，国土交通省社会资本建设审议会委员，交通政策审议会委员，国土审议会委员。

主要著作有《東京のインフラストラクチャー》（技报堂）等。

执笔分担：卷首语专栏。

山崎隆司（YAMAZAKI TAKASHI）

1978年　东京大学研究生院土木工学专业硕士课程毕业，进日本国有铁路公司工作。

2008年　任东日本旅客铁道株式会社执行董事综合计划总部终端计划部长。

2011年　任JR东日本咨询株式会社董事长兼总经理。

2012年　任公益社团法人土木学会副会长。

执笔分担：第二章第2节；第三章第5节。

太田雅文（OHTA MASAFUMI）

1984年　东京大学研究生院土木工学专业硕士课程毕业，进东京急行电铁株式会社工作。

1995年　获得伦敦大学学院Ph.D。

2012年　任东京急行电铁株式会社都市开发事业部高楼事业部事业改革统括部部长。

执笔分担：第二章第3节；第三章第4节。

大熊久夫（OOKUMA HISAO）

1973年　横滨国立大学建筑学科毕业。

1978年　东京大学研究生院都市工学专业硕士课程毕业，进财团法人计量研究所工作。

2010年　任一般财团法人计量研究所高级研究员。

2010年　任埼玉大学特聘教授（建设工学科）。

主要著作有《地区交通計画》（土木学会编）等。

执笔分担：第三章第1节；第四章第4节。

中野恒明（NAKANO TSUNEAKI）

1974年　东京大学工学部都市工学科毕业，进桢综合计划事务所工作。

1984年　成立APL（建筑规划与景观设计）综合计划事务所，任执行董事长（2005年兼职代表）。

2005年　任芝浦工业大学系统理工学部环境系统学科教授。

主要著作有：《都市環境デザインのすすめ》（学芸出版社），《建築・まちなみ景観の創造—共著》（技報堂出版），《街路の景観設計—共著》（技報堂出版），等等。

执笔分担：专栏。

铃木弘之（SUZUKI HIROYUKI）

1989年　横滨国立大学研究生院工学研究科计划建筑学专业博士课程毕业。

1989年　进财团法人计量计划研究所工作。

2001年　借调至财团法人日本建设信息综合中心。

2004年　在财团法人计量计划研究所工作。

工学博士，学位论文题为"沿道步行空間の喧騒感に及ぼす植樹帯の効果に関する研究"。

执笔分担：专栏。

【座谈会成员】

岸井隆幸（KISHII TAKAYUKI）

1977年　东京大学研究生院都市工学专业硕士课程毕业，进建设省工作。

1992年　任日本大学理工学部专任讲师（土木工学科）。

1998年　任日本大学理工学部教授（土木工学科）。

2010～2012年　任公益社团法人都市计划学会会长。

获得日本都市计划学会年度优秀论文奖。

主要著作有：《駐車場からのまちづくり》（学芸出版）等。

朴乃仙（PAKU NESAN）

1998年　首尔国立大学土木工学科都市工学专业毕业。

2000年　密歇根大学都市与地域计划专业毕业，进首尔市政开发研究院工作。

2009年　为东京大学工学系研究科特任助教。

2012年　任韩国海洋科学技术院国际合作室室长。

矢岛隆（同前）　　**家田仁**（同前）　　**中野恒明**（同前）　　**山崎隆司**（同前）

太田雅文（同前）　　**大熊久夫**（同前）　　**铃木弘之**（同前）

目　录

卷首语
东京：都市的繁华依赖于铁路，铁路的成功取决于都市

家田仁　东京大学教授

（研究生院工学社会基础学专业　交通、都市、国土学研究室）

• 想要说清楚城市的建设……

在向一些不熟悉情况的人介绍某一城市的建设时，采用何种方式比较适宜呢？如果仅用语言来叙述的话，实在是很难表达得清楚。而如果手头上有地图的话，使用地图进行说明就非常简单了。如果没有地图，则可以在一些没有用的纸的背面，一边画略图一边予以说明，这样做较为适宜。此时，最为关键的就是"轴线"和"据点"的位置。对于大多数的城市，通过适当标示这两个方面，就能明确地传达城市建设的概要以及城市性质的要点。

如果是纽约的话，就从斜穿格子状道路网的百老汇和北面的中央公园以及南端的炮台公园进行说明较为适宜。古老的城镇并非如此简单，如果是巴黎的话，则从城镇核心向东西延伸的香榭丽舍大街及其两端的卢浮宫美术馆和凯旋门进行描述较为适宜；而对于北京，则可以首先描绘出将北面的故宫和南面的天坛连接起来的南北轴线，进而描绘以天安门广场为中心向东西延伸的长安街，以及围绕着城市的多重环线道路……摩洛哥的世界遗产城市菲斯，其城镇的魅力在于遍布着像迷宫一样只有人和驴马能通过的狭窄道路，并没有明确的轴线和据点，如此进行说明就能传达该城市的特征。对人们而言，轴线更多地指的是作为日常移动走廊的"道路"和"水路（河流）"。

• 圆圆绿绿的山手线

那么，东京又如何呢？在此用一个较为老旧的例子有些过意不去，某一批量销售商店的CM歌曲，其歌词中很明确地讲述了东京这一城市的街道特点。

圆圆绿绿的山手线

正中通过的中央线

新宿西口站前，照相机是〇〇〇相机店

作者不知道这段话是否可以准确地描述出东京这个城市的架构。做为居住在东京的老百姓从很早以前就自然而然接受的这一歌曲，非常贴切地说出了东京如下的特征：第一，在东京人们的移动主要是通过铁路来进行的；第二，东京主要的商业设施等均选址在车站前这种对人们非常方便的地方；第三，在东京通过对铁路路线和铁路车站进行标示，人们可以毫不费力地对空间予以识别。用一句话来说，在东京已经形成了以铁路为骨干的城市交通系统及土地使用模式，人们的意识和生活也变得均以此为基础。东京城市形成的极其独有的特征亦在于此。

• 着眼于铁路与城市的相互作用

虽然没有逐一列举，不过，有关东京铁路建设历史等方面的文献非常多，从铁路指南用的书籍到专业研究书籍都有。不过，非常遗憾的是，在这些书籍中大多都遗漏了城市建设（或者正是由于有城市才有交通）这一视点；另一方面，关于东京城市建设的历史，包括越泽明先生的《东京的城市规划》（岩波新书）和《东京城市物语》（筑摩学艺文库）这样的名著在内，也有不少。然而，说起其中所涉及的交通系统，更多的是将其看作以街道为中心的城市空间的一个方面，正如我们所料，一般都没能争出足够篇幅将敏锐的焦点放在"轨道系统与城市开发的相互作用"这一点上。

在这样的情形下，以常年从事城市和交通相关领域的行政和研究这两个方面工作的矢岛隆先生（一般财团法人计量计划研究所）为中心，召集了具有实际业务的经验之人和研究者，历经多年反复对此课题进行了讨论研究。

根据其研究结果，本书通过通俗易懂的论述，特别将焦点聚集到"铁路系统与城市开发的相互作用"这一主题上，探寻东京的铁路系统与城市的形成史，进而希望可以对东京将来发展有所展望或者能对国内外其他城市提供一些启发。

• 西洋文字概念虽泛滥……

那么，东京这一显著的特性，在海外和国内其他城市是如何的呢？当然，具有类似倾向的城市是有的，不过在现阶段还没有城市达到类似于东京这样的"规模"和"质量"。从能源利用效率和二氧化碳排放方面以及实现有效移动方面来看（当然，虽然还有很多的问题和课题），东京在各城市中也尤为突出，发挥着较高的性能。

以铁路等集约输送型公共交通路线和车站为基础，创建城市交通系统和土地使用的模式，被称为公共交通导向型城市开发（Transit Oriented Development，简称为TOD）（彼得·卡尔索普），而具有这种特性的大都市则被称为"公交都市"（R.塞维诺）。"紧凑型城市"（G.丹齐格，T. thirty）这一概念虽说是讴歌密度较高、汇集在一起的市区高效性的宣传词，但在"将密度聚集在铁路线和车站周围"这一点上，其也与"公共交通导向型城市开发（TOD）"以及"公交都市"很合拍。

这样的"西洋文字概念"并非源于东京或日本，在这个方面，反而是由"落后"状况城市较多的欧美地区的研究者提出来的（在提出新的"概念"上发怵，现在也是日本研究者的弱点，对此非常遗憾）。虽然往往不由得被这样的"西洋文字概念"所吸引，但令人啼笑皆非的是，在他们的书籍中一定会将东京作为"典型事例"列举出来。这是由于在远远早于这样的"西洋文字概念"被创造出来之前，在东京等日本的大都市就已经提出了将铁路系统与城市建设紧密协调在一起的开发概念了。

• 东京的建成非一日之功

东京所拥有的铁路系统和城市土地使用相协调的这种形态，即，从铁路角度来看"使人们更好地出行的土地利用"和从土地利用来看"使人便于使用的铁路"是如何建成的呢？

其一，就是人们有意图地主动地创造成这种形态，即"通过人为地有计划地进行规划建设"，其理由简单汇总为以下几条：

1. 以民营铁路企业为主推进铁路的建设，几乎与此同时，自身推动郊外车站周围的住宅开发和枢纽车站的商业开发以及娱乐休闲开发，并积极地形成沿线"电铁文化"这样的社会；

2. 国家等的公共部门在郊外建设大规模的新城镇，由此促进了出入东京都内的铁路的建设；

3. 地方自治体在进行城市规划上的分区时，将开发容量（容积率）与商业功能重点地配置在铁路车站周围，从而促进了民营部门积极地在车站周围选址布局；

4. 对于通过连续立体交差事业去掉铁路道口、站前广场建设项目，以及车站周围的市内街道重新开发项目等提高铁路以及车站周边的城市功能的建设项目，城市行政部门和道路行政部门做出了积极的贡献；

5. 民营铁路企业（即铁路利用者）和国家等的公共部门积极地致力于提高铁路功能，如地铁的新线路建设和并列复线建设项目等。

不过，东京的建成并非仅凭这种"积极的意图"，另外还有不少能够考虑到的方面，"作为结果"对东京的铁路利用起到了有利的作用，例如：①在二战前比较早的时期，尽管国有铁路（现在的JR）和民营铁路的基础网络已经建成，但道路基础设施的改善却较为落后；②机动性的进展在1970年以后较其他发达国家落后，其后也没有达到改变大多数老百姓的交通行为的程度。本书将逐一对这两个方面进行探讨。

· 那么，今后如何做呢？

东京也还存在不少的问题，较为典型的就是因过度的郊外开发而导致的"上下班的距离变远"和"上下班列车的拥挤"。虽然现今采用多种多样的对策力求缓解拥挤，但还是很难说以"指定城镇化调整区域"等"有节制的开发"为目标的制度完全能发挥其功能。

如果车站能使商业功能得到充实并变得非常方便的话，那么，铁路的便利性也将提高，进而也将有助于抑制城市的环境负荷和道路交通负荷。因而，我们认为，"有效利用车站空间的商业化"基本上来说是一件不错的事情。不过，主要车站的通道等如今简直变得像百货商场一样，极其拥挤、不便于通行，这又如何看呢？原本的通行功能自不必说，像稍稍歇口气（免费的）这样的休息和让人轻松的功能也太敷衍了事了，有这种感觉的恐怕并不仅仅是笔者吧。

东京也正在迎来各种各样的变化。在都市圈人口逐渐减少的大背景下，如何使铁路系统与城市的性质得到维持和提高呢？由于世代交替的进展，愿意居住在郊外独门独院的意向将会显著地降低，因而，"回归市中心"的居住方式也将会进一步增加。不过，如果是这样的话，东京公共交通的设置重点和最理想的形态也可能变得不同。另一方面，作为多年搁置的首都圈中央联络机动车道和东京外环机动车道在今后的5~10年之内基本上建成，那么道路交通和铁路系统的互补关系当然也会相应地发生变化。基于"矫正过度集中"这一视点，长期强制实施的工厂和大学在首都东京的选址限制也在2000年后的前几年中逐步解除了，源于"提高国际竞争力"这一方面的要求，对于东京的城市基础建设及其运用，今后也将变得越来越高。殷切期望像这样的"今后的课题"，也能通过本书进行讨论。

那么，卷首语就写到此为止，我们尽快进入主题。

第一章　无与伦比的公交都市——东京

1.1 轨道所维系的东京

1.1.1 人的活动依存于轨道

对于大多数居住在东京都市圈的人而言，每天主要是乘坐铁路列车出行。在东京都市圈，研究者对于人们一天内活动的起终点、移动的目的（上下班等）、利用的交通工具、利用时刻等进行着细致的调查（也就是居民的出行调查）。根据2008年的调查结果，53%左右的上下班出行者是利用轨道交通（包括有轨电车、单轨列车等轨道列车在内）；在大多数步行、骑自行车的大、中、小学生中，也有31%左右的人利用轨道交通上、下学；对于上街购物、出门聚会、去医院等私事目的的出行者，也有12%的人是利用轨道交通。从全部出行情况来看，利用轨道交通的为30%左右，加上乘坐公共汽车的，利用公共交通出行的比例达到了33%，超过了利用汽车的29%的比例。

另一方面，如果是地方城市，则汽车成为不可或缺的存在。在作为地方中枢城市的仙台都市圈，从全部出行情况来看，利用汽车出行的比例略低于53%，利用轨道交通出行的比例仅仅为8.9%，即便加上公共汽车，利用公共交通出行的比例也不过13%。在人口规模更小的地方城市，利用铁路、公共交通出行的比例会更低。在地方城市，汽车是生活及整个城市活动所必须的物品，如果1个家庭不拥有两台或三台汽车的话，家庭成员就不能在各自所定的时间去所需的地点。在家庭中，母亲的职责之一，就是开车接送家庭其他成员。

与此相对，听说在东京都市圈，近年没有车或不打算买车的年轻人在增加。实际上，年轻人（20~29岁）的驾照持有率已从2006年的86%减少到2010年的82%。即便是没有车，通过利用以铁路列车为首的公共交通，日常活动也可以充分进行；在需要用车的时候，则采用租车的方式。据说考虑到买车、养车的成本，这样做更加经济合算。从人们的活动来看，东京都市圈就是公交（轨道）都市。

1.1.2 物质流动依存于汽车

物质流动与人的活动相并列，可以说是城市交通的两个支柱。在东京都市圈，和人们的活动调查一样，研究者对于货物的起止点等也进行着细致的调查（物

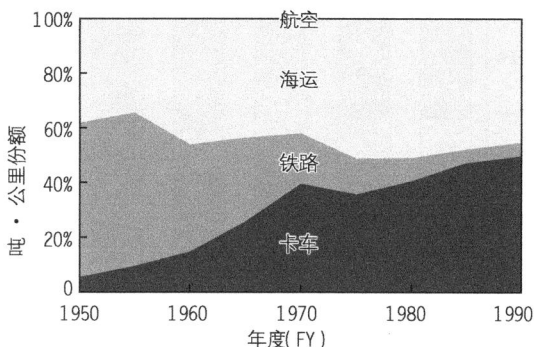

图1-1　不同交通方式运送国内货物的份额

资流动调查），不过，在全部货物（重量为单位计量）中，通过铁路运送的仅仅占3%，而通过汽车运送的占到了60%，剩下的是用船舶以及其他方式运送的。铁路货运原本只对城市间运输起重要的作用，不过，1960年之后正式推进机动化的结果是，汽车在城市间运输上的作用也骤然变大，如图1-1所示，1990年铁路运输货物的比例大约不到5%，与1955年所占约50%的比例相比，有如隔世。

1.1.3 公交都市——东京

维系着东京都市圈人们活动的是铁路轨道，因此，与地方都市圈相比，东京可以说是突出的公交都市。不过，与世界上其他城市相比又如何呢？对世界的城市交通正确地进行横向比较并不是一件容易的事情。这是由于各国、各城市所采用的城市交通调查方法和调查项目的分类、定义并不统一。在已知这种界限的条件下，将世界大城市公共交通方式使用情况统计如图1-2。公共交通分担率较高的有东京、马德里和新加坡。众所周知，马德里将公交车系统作为从郊外通往市中心的交通工具，对其有计划地进行建设和利用，图1-2所显示的利用公共交通的比例中，可以得知其所包含的利用公共汽车的比例相当高。如前所述，在东京利用公共交通的比例几乎都是铁路轨道，因而，在利用公共交通（铁路轨道）的这个角度上，与马德里相比，东京可以特别地说成是公交都市。

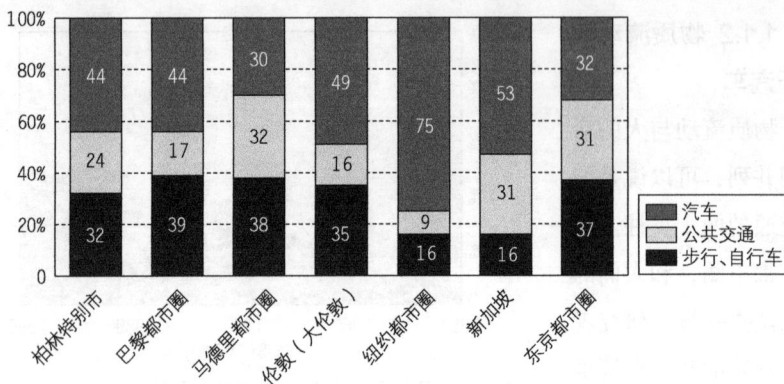

图1-2 世界大城市的交通工具使用情况
（资料来源：大都市城市交通数据库，2001年1月）

众所周知，新加坡以铁路（在市中心为地铁）为干线，以有轨电车和新交通系统作为在郊区服务于住宅区的支线，对其有计划地进行了修建和利用。对于新加坡，图1-2所显示的利用公共交通的比例大概就可以看作是利用铁路轨道以及公共汽车的比例。不过，如果对城市规模进行比较就可以知道，新加坡只有700km²和500万人口，而东京都市圈有13000km²和3500万人口，因此新加坡怎么也不能被称为特大城市（大都市）。也就是说，在特大城市（大都市）、由轨道维系人们活动这一角度来看，东京都市圈是世界范围内该意义上少见的公交都市。

从世界范围来看，东京是无与伦比的公交都市，这并非是偶然的产物。第一，东京从二战前期就重新铺设铁路、千辛万苦地形成了网络，进而在二战后迎来了城市化急速发展时期，并对已铺设铁路的运输能力进行了大幅度的提升，对外环线路、与新城镇相关的新线路进行联运改造，全面对铁路网络进行了充实和强化。而且，肩负这些重担的并不仅仅是国营铁路，还有很多的民营铁路。本来大城市民营铁路这种形式存在的本身，以及民营铁路经过80～100年时间仍能健全地继续存在，这从世界范围来看也都是非常少见的。第二，正如后面将要叙述的那样，这些大城市民营铁路兼营郊外住宅区的开发，常年有计划地对郊外进行开发和建设郊外铁路。东京作为世界上无与伦比的公交都市，是铁路建设和郊外开发这两个方面共同付出努力的产物。第三，欧美诸城市在初创期能看到以铁路为中心的发展，然而，在其后的城市化的时代，以机动化（按日本的说法，欧美从二战前就已开始）同时进展为背景，凭借着道路建设的加快，而实施起了依存于汽车的郊外开发。

1.2 胜过巴黎的公交都市——东京

国际道路会议常设协会（PIARC，事务局在巴黎）的"城市的流动性技术委员会"在2008～2011年的4年时间，对日美欧各大城市的人口、雇用、城市交通、城市交通设施等进行了国际性比较，对如何改变对道路交通的过度依赖、今后在大城市应如何实现使用各种交通方式的出行性（Multi·Modal·Mobility）等方面，进行了反复的调查研究。在此调查之际，特别引起大家关注的是东京的城市结构，即依存于铁路轨道而并非过度依存于汽车交通的交通结构，关注其是如何被创造出来的。因而，该调查研究针对巴黎和东京，在尽可能使其数据库一致的基础上，进行了细致的分析。下面将针对该分析结果进行介绍，以此来展现东京作为公交都市的不凡之处（图1-3）。

如图1-3所示，采用同一个比例尺显示了东京都市圈和巴黎都市圈的规模。东京在整体规模上要比巴黎大得多。在城市交通中占有较大比例的上下班交通，是依据夜间人口配置和雇用地点配置的相对关系来决定的，因而，作为比较分析的前提条件，我们首先对两个都市圈的市中心进行了定义，并将其外侧的郊外划分成了两个同心圆的区域。对于这三个区域，我们以夜间人口密度与从业人口密度之和（以下称为"密度"）作为指标进行了比较。东京市中心的7个区（大致包含山手线）与巴黎市的面积规模相当。在巴黎，以距离市中心15km圈内为"近郊"，其他的为"远郊"。对于东京而言，由于东京23区以及横滨、川崎的市中心区域大致位

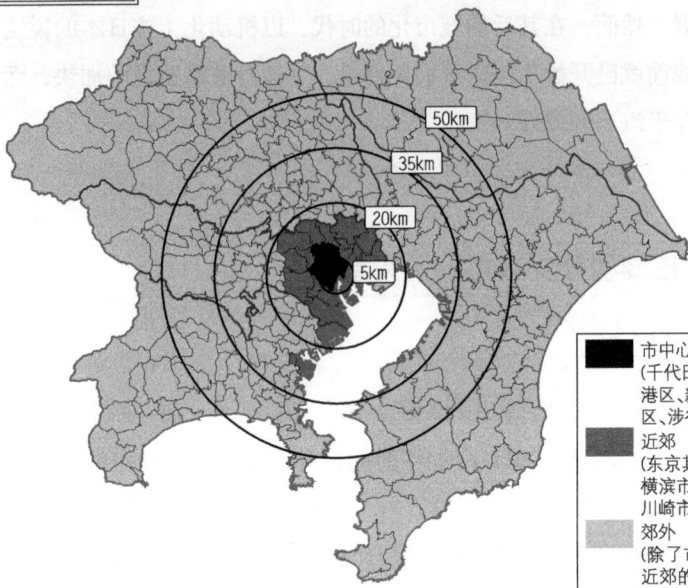

东京都市圈

市中心7区
(千代田区、中央区、
港区、新宿区、文京
区、涉谷区、丰岛区)

近郊
(东京其他的区,
横滨市西区、中区,
川崎市川崎区)

郊外
(除了市中心7区和
近郊的东京城市圈,
包括一都三县+茨
城县南部)

巴黎都市圈

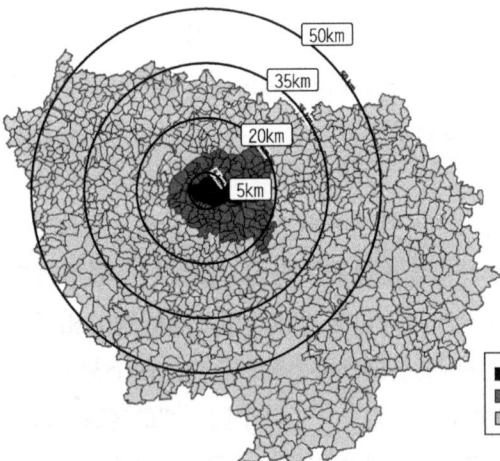

巴黎市内
近郊
远郊

图1-3 东京都市圈与巴黎都市圈的规模

于20km圈内，因此将这些区域作为"近郊"，而将其外侧的区域作为"郊外"。区域的名称在巴黎和东京是不同的，目前是考虑到距离市中心的大概距离以及每个地域性质的相似性，而采用了这样的划分。从表1-1可以看出，东京市中心7区与巴黎市中心相比，其就业人口密度较高，为巴黎市的1.8倍（34.7千人/km²比19.0千人/km²），但是夜间人口密度仅仅为巴黎的一半（12.7千人/km²比24.4千人/km²）。然而，如果从二者合计的"密度"来看，则基本相同（47.5千人/km²比43.5千人/km²）。另外，东京近郊的"密度"约为巴黎近郊"密度"的2.3倍（19.4千人/km²比8.5千人/km²）。

东京都市圈和巴黎都市圈的人口密度　　　　　　　　　表 1-1

地区		圈域（km）	面积（km²）	市町村数量	人口		人口密度		
					夜间人口（万人）	从业人口（万人）	夜间人口密度（人/km²）	从业人口密度（人/km²）	夜间+从业人口密度（人/km²）
东京	市中心7区	5	100	7	128	347	12780	34725	47505
	近郊	20	584	19	764	368	13091	6311	19402
	郊外	70	15050	249	2717	1038	1805	690	2495
	东京都市圈合计	70	15734	275	3608	1753	2293	1114	3408
巴黎	巴黎市中心	5	87	20	213	166	24482	19035	43463
	近郊	15	675	123	404	174	5984	2580	8564
	远郊	60	11311	1157	479	165	423	145	569
	大巴黎总体	60	12073	1300	1095	504	907	418	1325

※ 市中心7区：千代田区、中央区、港区、新宿区、文京区、涉谷区、丰岛区。
※ 近郊：东京其他的区、横滨市中区、横滨市西区、川崎市川崎区。
※ 郊外：除了市中心7区和近郊的东京都市圈（一都三县+茨城南部）。
※ 东京的人口数据截止到2005年。
※ 巴黎的人口数据截止到1999年。

读到这些数据，巴黎都市圈和东京都市圈的整体结构印象就对比性地浮现出来了。也就是说，在巴黎都市圈，其中心部的巴黎市为显著的高"密度"，而扩展于其外的近郊和远郊则为非常明显的低"密度"；另一方面，东京都市圈的市中心7区（大致为山手线的内侧），为与巴黎中心相同程度的高"密度"，但其外侧被中高密度的东京23区等近郊（高于巴黎近郊1倍的密度）所包围，进而在近郊的外侧分布着密度相对较低的郊外。然而，东京郊外的低"密度"与巴黎的远郊相比较，也是其4倍的高密度，即东京的郊外与巴黎的郊外相比较，整体上"密度"较高。如果以山的形状来比喻两个都市圈的"密度"则或许可以说，巴黎就是富士山型，其从海面附近拉出一个长长的平缓原野，拥有突出耸立的狭窄山顶；而东京就是乞力马扎罗山型，其在非洲中部的高原拉出一个长长的平缓原野，高高耸立，这方面与富士山相同，不过，其山顶部却类似于扣着一个大圆底锅的形状。

　　两个都市圈在密度结构上的这种差异，是由于何种原因、在什么时候形成的呢？可以认为，这种差异是二战后城市化进展的差异，特别是由于东京都市圈在1960年之后急速发展的城市化，即郊外的快速开发和人口与产业向郊外的集聚而导致的。关于人口，在1950年巴黎都市圈与东京都市圈（在该图中为一都三县）所拥有的人口数量基本相同，不过，至2010年的东京人口已增加到巴黎的3倍（图1-4）。这部分增加的人口聚集在铁路沿线（图1-5）。东京为"手掌和手指"的形态，以23区等区域（"手掌"）

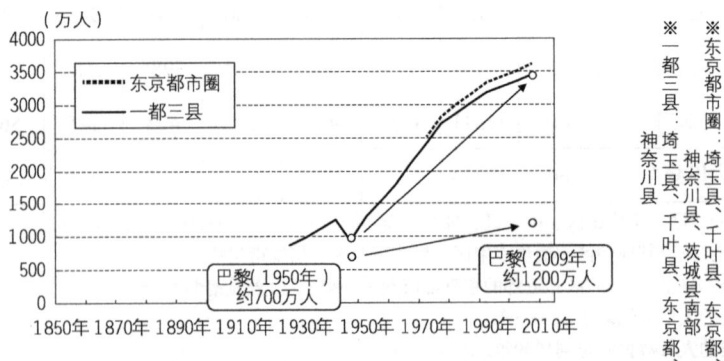

图1-4　两个都市圈夜间人口的推移（资料来源：国情调查）

※东京都市圈：埼玉县、千叶县、东京都、神奈川县

※一都三县：埼玉县、神奈川县、千叶县、东京都、茨城县南部、

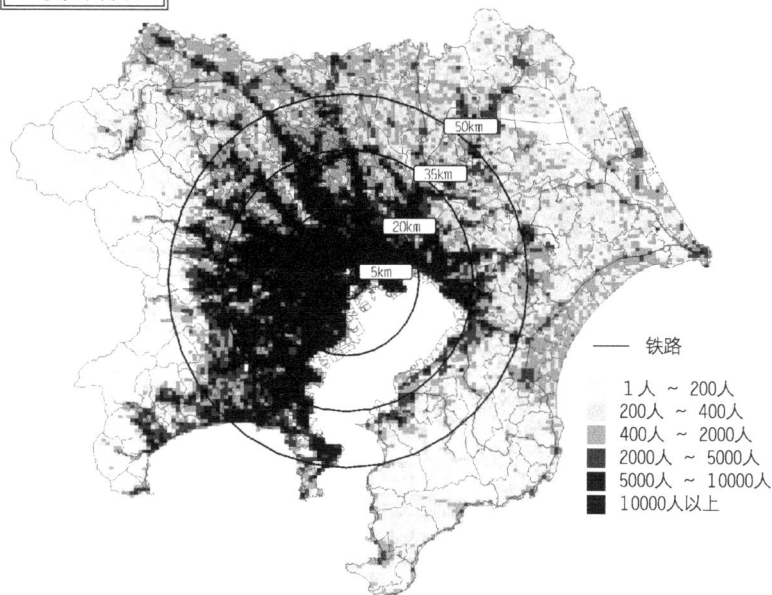

东京都市圈

图1-5　东京都市圈夜间人口密度分布（平成18年/1km²网格）
（资料来源：国情调查）

庞大的人口聚集为中心，沿着伸展到各个方向的铁路沿线（"手指"）能够看到高密度的人口聚集，在"手指"之间留下了楔形的人口密度较低的地域。而另一方面，整体上看巴黎人口密度相同的地带是以同心圆形状扩展的（图1-6）。"手掌和手指"这一类型，在雇用密度上也是完全相同的（图1-7，图1-8）。

　　对比一下两个都市圈夜间人口和就业人口的配置，由此其上下班交通的整体特征也就会显现出来。东京市中心7区的就业人口为夜间人口的2.7倍，但巴黎的夜间人口却多于就业人口。也就是说，东京市中心是晚上没有人住、黑暗而沉寂的形象，但巴黎市的形象是晚上有很多人居住，明亮而热闹。东京的上下班族高密度地居住在郊外，一到早上就同时向着晚上没有人居住的市中心以及其外侧的23区等移动，傍晚到夜间又返回到郊外。东京往返于郊外与市中心之间上下班的人数众多，且距离较远。巴黎都市

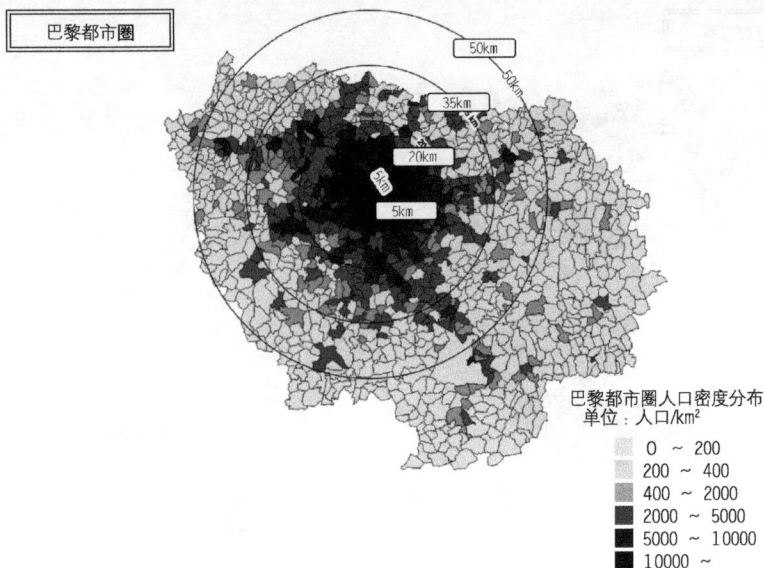

巴黎都市圈

巴黎都市圈人口密度分布
单位：人口/km²

0 ～ 200
200 ～ 400
400 ～ 2000
2000 ～ 5000
5000 ～ 10000
10000 ～

图1-6　巴黎都市圈夜间人口密度分布

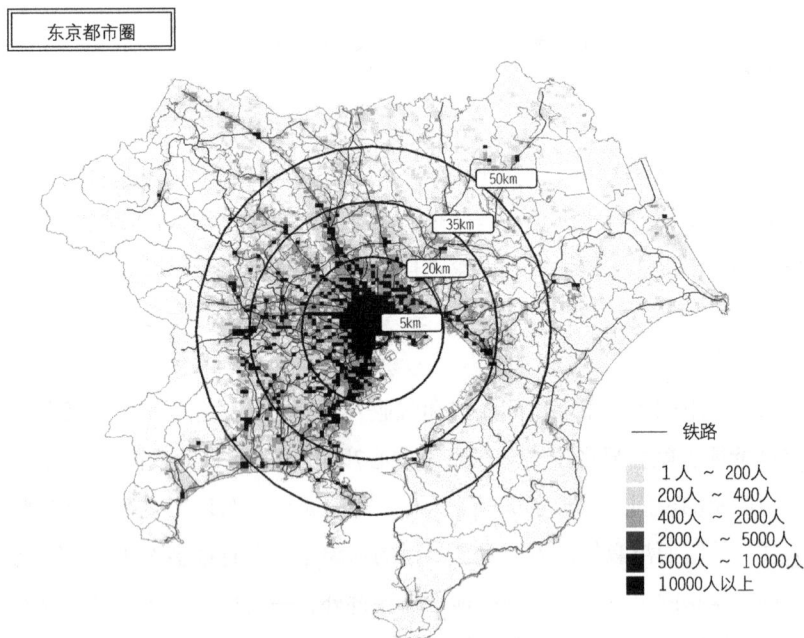

东京都市圈

—— 铁路

1人 ～ 200人
200人 ～ 400人
400人 ～ 2000人
2000人 ～ 5000人
5000人 ～ 10000人
10000人以上

图1-7　东京都市圈就业人口密度分布（H18/1km²网格）
（资料来源：事务所企业统计调查）

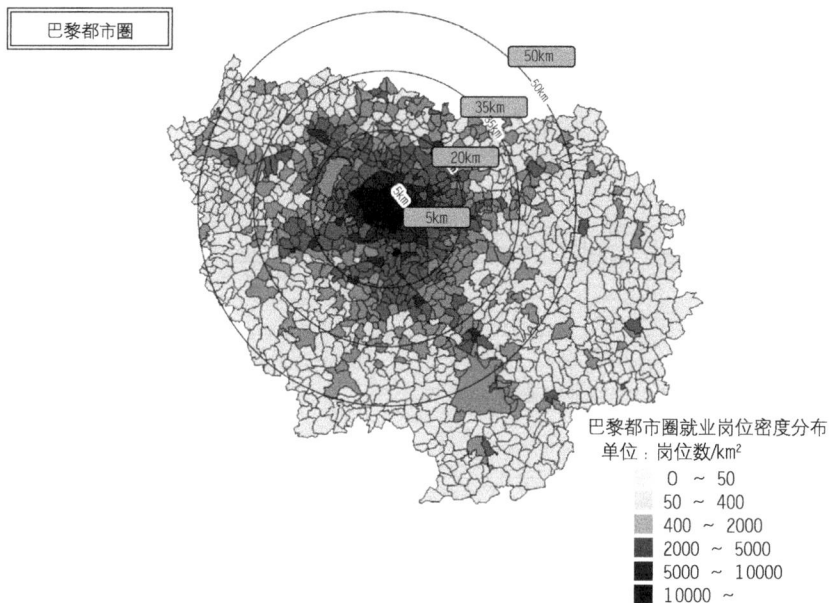

巴黎都市圈

巴黎都市圈就业岗位密度分布
单位：岗位数/km²

- 0 ~ 50
- 50 ~ 400
- 400 ~ 2000
- 2000 ~ 5000
- 5000 ~ 10000
- 10000 ~

图1-8 巴黎都市圈就业人口密度分布

圈上下班交通的形象与其有很大的不同。由于巴黎市也有雇用的地方，晚上也居住着非常多的人，因而巴黎市居民的上下班为市内的移动，以及前往部分近郊职场的短距离移动。低密度地居住于巴黎郊外的上下班族虽然上下班前往巴黎市或近郊，但与东京相比，其距离较短且数量上也较少。

东京都市圈自1960年之后，随着城市化的进展，从近郊至远郊依次得到开发，加剧了整体出行时间的变长。以每人每天的平均出行（通行）时间为考察指标，1978年的出行指数为100，而在至2008年的这30年时间内，该指数增加到了120（图1-9）。

从不同交通工具来看，时间变长这一点是由于铁路而引起的（图1-10）。如果从不同出行目的来看，首先是上下班时间的增加较明显，其次是购物等私事的增加也较为突出（图1-11）。如果从高峰时间不同时间距离段的交通工具的利用程度来看，在20~30分钟的时间距离段，利用轨道交通的人数占到一半，利用汽车和公交车的占了剩下的一半（图1-12）。由此可以看出，随着时间距离变长，利用轨道交通的人数将绝对

人口及出行指标

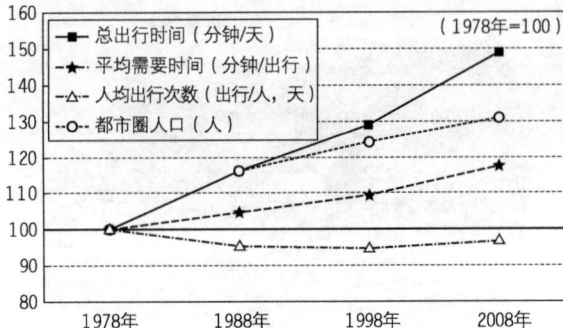

图1-9 整个东京都市圈的出行特性

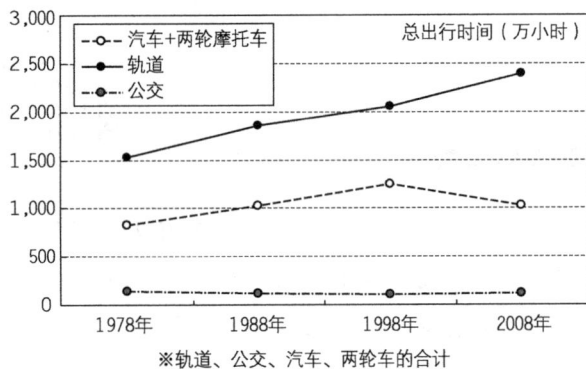

※轨道、公交、汽车、两轮车的合计

图1-10 东京都市圈各代表性交通工具的出行特性

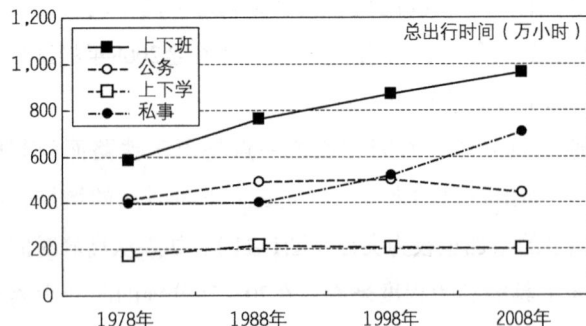

图1-11 东京都市圈不同目的的出行特性
（资料来源：东京都市圈居民出行调查）

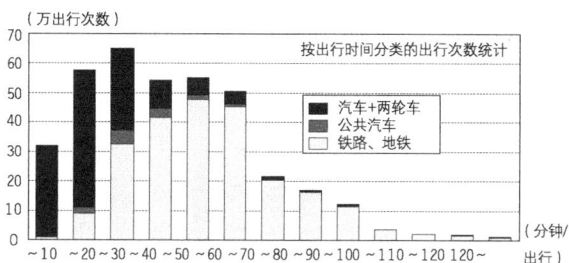

（万出行次数）

按出行时间分类的出行次数统计

汽车+两轮车
公共汽车
铁路、地铁

（分钟/出行）

~10 ~20 ~30 ~40 ~50 ~60 ~70 ~80 ~90 ~100 ~110 ~120 120~

图1-12　东京都市圈2008年各时间距离段、各代表性交通工具的高峰时间（上午7~10点）出行次数
（资料来源：东京都市圈居民出行调查）

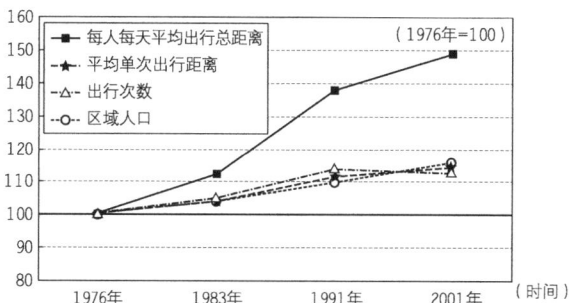

每人每天平均出行总距离
平均单次出行距离
出行次数
区域人口

（1976年=100）

1976年　　1983年　　1991年　　2001年　（时间）

图1-13　整个巴黎都市圈的出行特性

性地变多。

　　不过，对于以上的数据，没有同巴黎都市圈的数据进行直接的比较，这是非常遗憾的。其原因在于巴黎都市圈是以出行（通行）距离为分析指标的。不过，在已知二者存在时间和距离这一指标差异的前提下，让我们来看一下巴黎都市圈出行情况。巴黎整体出行距离变长的情况也正在加剧。以1976年为100的指标，在2001年每人每天的平均出行距离增加到了150（图1-13）。关于其增加原因，如果从出行目的来看，则是由上下班（回家—工作）出行量的增加而引起的（图1-14）；但如果从出行交通工具来看，则是由于利用汽车的出行距离的增加而引起的（图1-15）。

　　由此就非常清楚了，两个都市圈的整体出行时间（或距离）都在变长，其主要原因虽然都是由于上下班所需时间变长而引起的，但从交通工

総出行距离（千人公里）

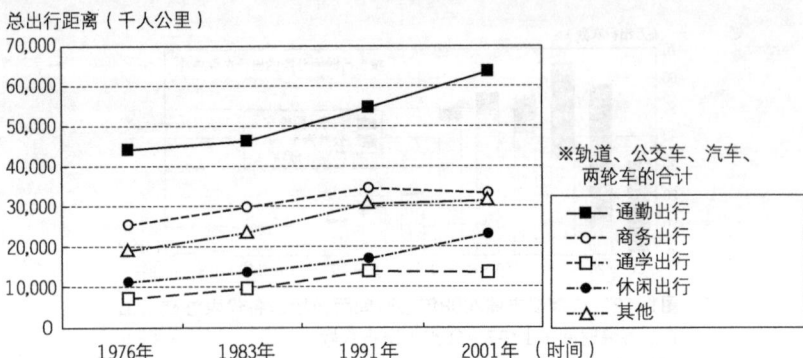

※轨道、公交车、汽车、两轮车的合计

- ■— 通勤出行
- ○-- 商务出行
- □-- 通学出行
- ●-- 休闲出行
- △-- 其他

图1-14　巴黎都市圈不同目的的出行特性

总出行距离（千人公里）

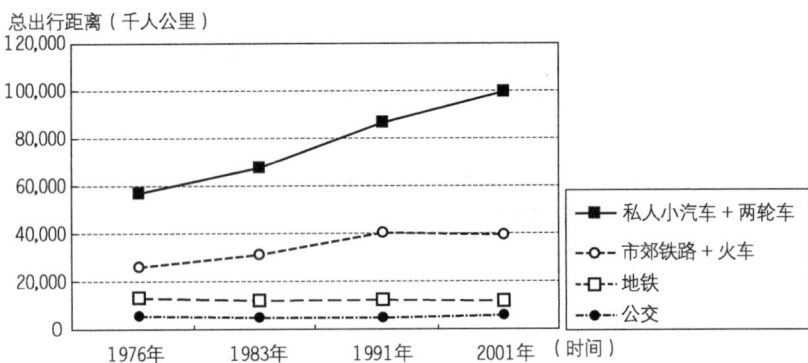

- ■— 私人小汽车＋两轮车
- ○-- 市郊铁路＋火车
- □-- 地铁
- ●-- 公交

图1-15　巴黎都市圈各代表性交通工具的出行特性

具来看，东京是利用铁路上下班所需时间变长而引起的。

　　以上所阐述的两个都市圈在上下班需求结构上的差异，包括上下班出行时间变长或距离变长，与这两个都市圈的铁路轨道发达程度的差异有着密切的联系。图1-16、图1-17采用同一个比例尺显示了两个都市圈的铁路轨道的现状。从中可以一目了然地看出，在东京都市圈，由JR和民营铁路修建的铁路向各个方向延伸到偏远的郊外，形成了以东京23区等为中心的稠密的郊外铁路网；但在巴黎都市圈，其郊外铁路网的密度较低。不过，市中心的铁路轨道（包含地铁在内）却基本上相差无几。如果通过数字来看，东京和巴黎在近郊的铁路轨道线路全长密度大致为相差一倍（1.02km/km² 比0.59km/km²）的关系，但东京市中心7区和巴黎市的铁路密

东京都市圈

图1-16　东京都市圈铁路网（2008年）

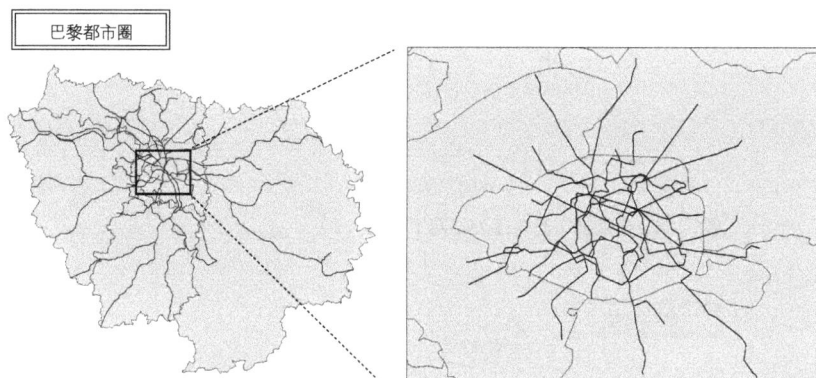

巴黎都市圈

图1-17　巴黎都市圈铁路网（现状）

度却是相同的，分别为3.15km/km^{2}和3.14km/km^2（表1-2）。另外，要想进行更加缜密的比较，并非仅仅对如上的铁路轨道全长进行比较，还应当考虑是单线还是复线、列车运行间隔、平均1趟列车所运送乘客数量等等因素，但PIARC的调查研究还未能进行到这种程度。不过，即便是通过以上所阐述的单纯比较，大家也都能够理解到，东京都市圈与巴黎都市圈相比，其人口、雇用的配置结构已经成为更多地由铁路网所维系的结构；反之，与巴黎都市圈相比，显著发达的郊外铁路网维系着东京的城市活动。东京是远远凌驾于巴黎之上的公交都市。

顺便看一下东京和巴黎的高速公路网（东京包括首都高速公路在内）（图1–18，图1–19）。

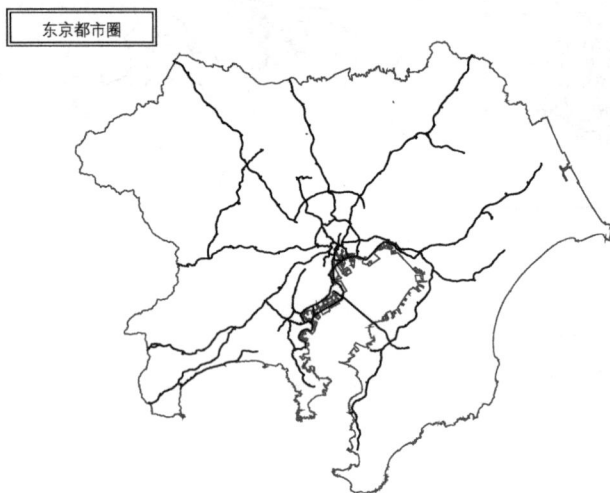

图1–18　东京都市圈高速公路网（现状）

图1–19　巴黎都市圈高速公路网（现状）

东京都市圈和巴黎都市圈的铁路轨道线路全长密度及车站数量密度　表 1-2

		东京都市圈		巴黎都市圈	
线路全长密度 （km/km^2）	市中心 7 区	3.15	巴黎市内	3.14	
	近郊	1.02	近郊区	0.59	
	郊外	0.19	远郊区	0.09	
	合计	0.24	合计	0.14	
车站数量 /km^2	市中心 7 区	2.86	巴黎市内	3.37	
	近郊	0.78	近郊区	0.31	
	郊外	0.08	远郊区	0.03	
	合计	0.13	合计	0.07	

东京都市圈和巴黎都市圈的高速公路道路全长密度及道路全长　表 1-3

道路全长密度　　　　　　　　　　　　　　　　　　　　　　　东京都市圈

	高速公路			其他汽车专用道	合计
		高标准主干道路	城市高速道路		
市中心 7 区	0.58	0.00	0.58	0.00	0.58
近郊	0.29	0.02	0.27	0.01	0.30
郊外	0.04	0.04	0.00	0.01	0.05
东京都市圈	0.05	0.03	0.02	0.01	0.07

道路全长密度　　　　　　　　　　　　　　　　　　　　　　　巴黎都市圈

	高速路	其他主要道路	合计
巴黎中心区	0.41	—	0.41
近郊	0.25	0.04	0.29
远郊	0.05	0.03	0.08
大巴黎地区	0.06	0.03	0.09

道路全长　　　　　　　　　　　　　　　　　　　　　　　东京都市圈

	高速公路			其他汽车专用道	合计
		高标准主干道路	城市高速道路		
市中心 7 区	57	0	57	0	57
近郊	168	11	157	4	172
郊外	594	528	66	215	809
东京都市圈	820	539	281	219	1039

道路全长密度

	高速公路	其他主要道路	合计
巴黎中心区	36	—	36
近郊	168	28	196
远郊	580	296	876
大巴黎地区	784	324	1108

如果对其全长和全长密度进行比较就可以看出，在城市中心部，东京都市圈是巴黎都市圈的1.5倍（0.58km/km^{2}比0.41km/km^2），在近郊东京都市圈是巴黎都市圈的1.2倍（0.30km/km^{2}比0.25km/km^2），不过，在郊外二者则相同（表1–3）。东京不仅所拥有的高速公路网多于巴黎，所拥有的郊外铁路网也大大超过了巴黎。

1.3 轨道所创造的东京

之所以现在的东京是世界上无可类比的公交都市，其根本的理由在于，自明治维新之后引进铁路以来，日本立足于铁路脚踏实地地对东京都市圈进行建设。当然，现今的东京都市圈，供汽车行驶的现代化公路网已形成（虽然还不能说已完成），由汽车交通所维系着，但在日本，无论是机动化的到来还是开始完善现代化公路，都是二战后的1960年以来的事情。公交都市东京经过了什么样的过程、运用了什么样的对策才被创造出来的呢？有关这方面的详细内容将在下一节以及延后到第2章、第3章进行阐述。下面，我们想对其前期历史和关键事件进行记述。

1.3.1 为市街所厌烦的蒸汽机车铁路
在明治时代开始铺设铁路的时期，铁路机车的动力为蒸汽机。蒸汽机车（SL）牵引的铁路，完全改变了之前的货物及旅客的内陆交通运输依靠河流船运、牛马车、手推车、步行等方式的状况，实现了快速、大量的货物和旅客的输送。第一条铁路在东京和横滨之间开通时，过去靠步行需要整整一天行程的这一区间，被缩短到仅仅53分钟，这无疑是令人瞠目结舌的运输革新。铁路诞生后不久，财政基础并不稳固的明治新政府是将耗费钱财的铁路建设作为官办官营而予以启动的。当时的目的并非仅仅将铁路作为革新性的运输工具进行建设，而是作为革新德川幕藩体制的文明进化、各地统一的象征性存在，其政治方面的作用也备受期待。不过，其后方针发生转变，利用民间资本的民营铁路公司以采用国营铁路的标准为条件，也被允许进行干线铁路的建设。例如高崎线（上野—高崎之间）、东北干线（大宫—青森之间）等线路就是在1906年铁路国有化之前由民营铁路的日本铁路公司建设和运营的。

然而，蒸汽机车所放出的弥漫烟雾和火星有可能引起火灾的发生，因而被建筑密集且房顶、柱子、墙壁均为木造的城镇所反感，车站的位置也只准设置在远离市街中心的地方，其结果导致在很多的地方城镇将铁路车站修建在远离城中心市区的地方。在东京都市圈，山手线的西侧区间（品川—池袋）是山手线在最早的时期作为国营铁路而修建（1885年建成）的一段，不过，现在的目黑站并不通过当时繁华的目黑河沿岸，而是切通东侧的台地建设而成。另外，现在的中央线是由民营铁路的甲武铁路公司修建而成，但其线路不能通过当时繁华的甲州街道两侧，而是一直穿过人烟稀少的北侧台地。随着铁路铺设的逐渐进展，铁路作为运输机械的评价日益高涨，城镇厌恶铁路的倾向也逐渐消退，甚至变成了城镇来招揽铁路的倾向。

1.3.2 大城市民营铁路的诞生

依靠由国营铁路以及民营铁路推动的干线铁建设事业，日本在20世纪初铺设了大约7600km的铁路网，涵盖了日本各主要城市。在中日甲午战争、日俄战争中，铁路战时运输的有效性得到了较高的评价，以这些为背

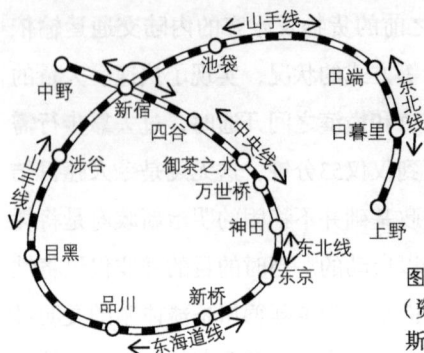

图1-20　东京山手线的"の"字运营（1919）
（资料来源：中村建治.山手线诞生 [M].伊卡洛斯，2005.）

景，依据1906年日本"铁路国有化法规"，大多数的全国干线铁路网中的民营铁路被国家收购，开始由铁路院统一进行运营。

此时，日本经济终于迎来自身的快速发展阶段，大城市周边的人口以及产业开始显著地增加。在大都市圈，除了免于国有化的民营铁路公司（例如大阪的南海电铁）之外，一些新的民营铁路公司亦看好圈域内货物、旅客的运输或者前往有名寺院神社的参拜客，积极参与铁路铺设。其背景除了铁路国有化法规明确规定"干线为国营铁路，局部地区的运输为民营铁路"之外，还与轻便铁路法规（1910年）及其补助法规（1911年）对民营铁路的扶持政策有关。

1.3.3 地震灾后重建和山手线环状化

在20世纪20年代初，人口、产业仍继续向东京集中，现在的山手线保留秋叶原—东京之间，大致形成倒C字，从1919年起与一部分的中央线直通，在中野—新宿—饭田町—东京—品川—新宿—池袋—田端—上野（上野—秋叶原以货运单线平面运营）间，开始了常说的"の"字运行（图1-20）。在这个时候，山手线的内侧以及下町一带实施城镇化，一直到上野—秋叶原—神田—东京—新桥这一区域是最为繁华的中心市区。反过来也可以说，山手线未开通区间在东京的繁华市区之中也是核心的区域。这样的东京却遭受了关东大地震（1923年）的袭击破坏。其重建事业作为国家的直属事业——"帝都重建事业"——得以推进，在受灾地主要依凭土地区划整理事业，建设了带有较宽人行道和绿化带的宽大马路（例如昭和大街）及公园，形成了一直到现在的市中心区域以及下町一带的根本性城市基础。在铁路方面，止于以前繁华核心市区外围、未开通的山手线以及总武线（御茶之水—两国）通过重建土地区划整理事业，获得了线状铁路用地的交换土地，实现了多年搁置的山手线环线化等。山手线的环线化等是基于关东大地震这一意外灾祸而得以实现的（图1-21）。

1.3.4 郊外居住是以地震灾后重建为契机

在郊外开发方面，关东大地震客观上也造就了一个重要时期。从大地震之前起，当时作为金融界巨头的涉泽荣一受到英国田园城市思想的影响，设立了田园都市会社。该会社在东京西南近郊从事新住宅区的开发，与此同时，为了给居住在郊外之人前往市中心、下町方向的上下班提供方便，该会社的一个部门对铺设当时最新式的电气铁路进行了谋划。大地震之后，在对地基进行抬高加固并确保安全的前提下，市民从市中心老城区搬到绿荫繁茂有益于健康的郊外居住，去市中心上班的这种新的郊外居住生活方式博得了人们的青睐。其后，在东京都市圈，各民营铁路公司也开始广泛实行起铺设和延长郊外电气铁路与郊外开发一体化的计划实施方案。

1.3.5 郊外开发与郊外铁路的一体化完善

在东京都市圈，由田园都市会社（现在的东急）发起的、对郊外开发与郊外铁路进行有计划的、一体化完善的这种方案，是在此之前由关西箕面有马电气铁路（现在的阪急）的社长小林一三首创并实行的。当时该公司的许可运营线路穿过由扩展到大阪北郊的山林、田地和中小镇（村）构成的区域，作为来自沿线已有镇（村）的旅客需求，不能对其有太多的期待。这种不利条件反而变成了在铺设铁路的同时建造新的住宅区，或者说铁路公司自己创造出旅客需求这一构想。该公司在1910年新设的宝塚线池田室町站

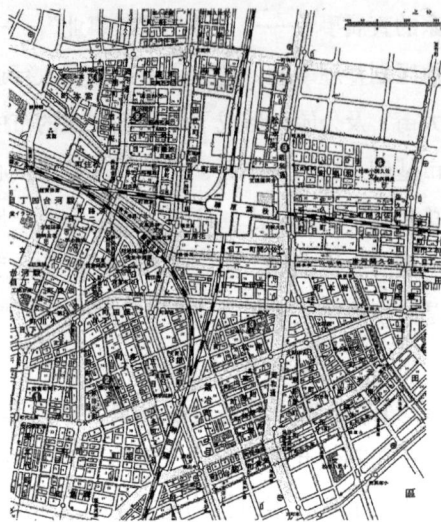

1908年前后   1940年前后

图1-21 震灾重建前后的秋叶原车站附近

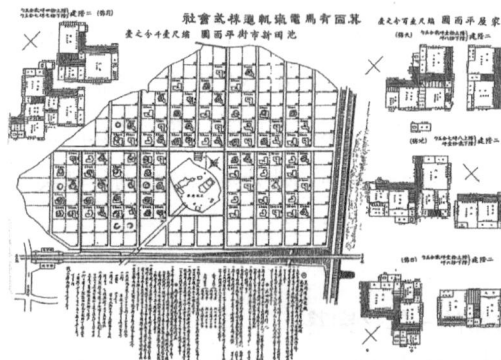

图1-22 最初的郊外住宅区开发计划图

[资料来源:(社团法人)城市开发协会. 民营铁路集团的城市创建一览, 2003]

(距大阪市中心大约20km)附近,建成了约11hm²的住宅区(图1-22),在铁路运营后不久就开始出售连带土地独门独院的分户的木造住宅。该公司在广告宣传上也费尽心思,通过散发宣传册等,极力地宣传了远离当时工业兴旺且空气受到煤烟污染的大阪,居住在绿荫繁茂有益于健康的郊外,利用铁路去大阪上班的这一崭新生活方式。乘着宣传效果的东风，池田的开发取得了极大成功。其后，该公司也积极地推进这种方式，在二战之前于铁路沿线开发了多达885hm²的郊外住宅区。顺便说一下，作为关西老牌民营铁路公司的南海铁路公司，由于其许可运营路线一直是以城镇化发达的大阪南部—堺为中心，缺乏自己创造旅客需求的积极性，因而在二战之前这一时期仅仅实施了极少的郊外开发与郊外铁路的一体化完善。

东京都市圈在二战之前，除了东急之外，西屋和小田急进行了这种郊外开发与郊外电气铁路的一体化完善。该方式的开花结果是二战后的1960年以后的城市化的时期。在东京以及京阪神都市圈，各民营铁路竞相实施郊外开发（表1-4）。

主要私铁的郊外住宅地开发面积　　　　　　表 1-4

都市圈	公司名	开发面积（hm²）		
		二战之前	二战之后	合计
东京	小田急*	145	912	1057
	京王*	0	333	333
	京成	25	256	281
	京急*	70	1616	1686
	西武*	**1172	2051	3223
	东急*	**138	6785	6923
	东武	***43	402	445
	小计	1592	12355	13947
京阪神	近铁*	0	2284	2284
	京阪	0	918	918
	南海	25	1248	1273
	阪急*	885	1376	2261
	阪神	***92	137	229
	小计	1002	5962	6965
合计		2595	18317	20912

（资料来源：社团法人城市开发协会. 民营铁路集团的城市创建一览（1910～2003年），2003）
*包括关联房地产公司在内。
**包括原箱根土地株式会社等实施的沿线之外的开发土地在内。
***文献欠缺东急40个地点、东武11个地点、阪神2个地点的面积。

1.4 日本式TOD的开展

1.4.1 日本式TOD及其特点

Transit Oriented Development（TOD）直译为"公共交通导向型开发"。其是全面依赖汽车交通、郊外人口密度较低的美国出于对自身的反省，在20世纪90年代倡导的比较新的一个概念。在进行郊外开发之际，以公共交通（可以是铁路，也可以是高速客车系统，即BRT）车站为中心进行高密度的开发，极力降低对汽车交通的依赖，以此进行城市建设。

上一节中阐述的日本大城市民营铁路公司所进行的郊外开发与郊外铁路的一体化完善，在以公共交通（日本指的是铁路）车站为中心进行高密度开发这层意思上，与TOD的概念是一致的。不过，发源于美国的这一概念侧重的是对汽车交通的控制，而与此相对，日本的一体化完善并没有侧重于对汽车交通的控制，在这个意义上，也有这样的倾向，即将起源于美国的概念认为是狭义的TOD、而将日本的概念认为是广义的TOD。其实在日本开始实施一体化完善的1910年之后至二战前这一时期，日本的机动化还处于真正的萌芽阶段，汽车本身就是非常稀罕的存在，日本的这个一体化完善是源于一个与汽车交通没有半点关系的想法。因而，日本的大城市民营铁路首创的郊外开发与郊外铁路一体化完善的这一方式，应该说成是起源于日本或者是日本式的TOD，是与20世纪日本城市所处的状况相对应的TOD。换句话说，为了与贯穿20世纪的城市化进展相对应，郊外开发与郊外铁路的一体化建设由民营铁路公司进行，恰逢下一项将阐述的城市中心部枢纽车站开发，大都市圈的构造是由此依存于铁路而被创造出来的，这就是日本式TOD核心的第一点。日本式TOD核心的第二点就是，开发收益投资到铁路建设的内部补助机制发挥作用，其对提高铁路运营的效率和加强民营铁路经营的财务基础作出贡献，也可以说一体化建设作为民营铁路公司的商业模式而长期地发挥了其作用。

日本式 TOD 的类型分类 表 1-5

主体	开发位置		备注
	（A）郊外开发	（B）车站开发	
大城市民营铁路	○	○	（A）是对人口密集地带进行依次、中长期的开发
JR	×	○	
（原国营铁路）	×	△	
公团、公社	○	×	（A）是新城镇型，对一块土地进行中短期开发

　　在中国香港也能看到以铁路为核心实施TOD的事例。中国香港是由公共铁路经营者实施的车站上空空间开发为主流，车站开发所获得的收益投资到铁路事业上，这一点作为铁路与开发的一体化完善能够给予较高评价，不过，由于这种一体化完善只是车站开发，并不具备足以确定大城市结构的影响力。

　　到目前为止，作为日本式TOD的典型，虽然主要提到是大城市民营铁路，但除此之外，还有JR（原国营铁路）和公共主体所实施的事例（表1-5）。接下来，我们想按照不同主体分别阐述日本式的TOD。

香港铁路有限公司通过被称为R+P（Rail and Property，铁路和资产）的方式进行车站空间的开发，其收益将投资到完善铁路设施上，是TOD的一种类型。香港铁路有限公司是香港和九龙的官方的垄断性铁路经营者，以前是依靠香港政府的补助金对铁路进行建设和运营的，不过，后来香港政府改成了以现地价格将公共所有的整块土地不动产开发权出售给该公司的方式来代替补助金。该公司在有关土地上，在车站以及相关铁路设施（车库等）上方空间对人工地基以及建筑物进行了完善开发，通过向开发商出售开发后的楼面，自己获得铁路完善所带来的开发收益，并将这些收益转用于铁路建设（图1）。虽然开发的土地利用构成因车站布局特点的不同而不同，但香港各车站周围开发中高层住宅的实例较多，其次是同时建有商业、办公室的场所的情形（表1）。在近些年，将机场快线的各车站以及城市中心部枢纽站的九龙站以及香港站设置在填海拓地上，在其周围以及车站上空进行着包括超高层大楼在内的大规模全面综合开发。至2011年，R+P所实施的车站整修涉及该公司全部82个车站中的38个车站。【矢岛隆】

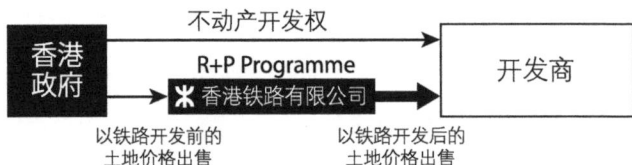

图1　R+P Programme的概要

香港各车站周围主要土地利用构成类型　　表1

土地利用类型	规模、密度的例子	用途构成	主要对象车站
高层写字楼（High-rise Office）	容积率：1484% 占地面积：0.4hm² 建筑面积：5.97hm²	商业: 12.6%　住宅: 8.7% 写字楼: 78.7%	金钟站（Admiralty）、中环站（Central）、旺角站（Mong Kok）、上环站（Sheung Wan）
高层住宅（High-rise residential）	容积率：1290% 占地面积：0.57hm² 建筑面积：7.28hm²	住宅: 60.3% 其他: 36.5% 商业: 3.3%	筲箕湾站（Shau kei Wan）、湾仔站（Wan Chai）、西湾河站（Sai Wan Ho）、天后站（Tin Hau）
大规模复合用途（Large-Mixed use）	容积率：686% 占地面积：8.27hm² 建筑面积：60.06hm²	其他: 0.2%　住宅: 40.5% 酒店: 20% 商业: 11.4% 写字楼: 28%	九龙站（Kowloon）、将军澳站（Tseung Kwan O）、香港站（Hong Kong）

（资料来源：Murakami，Jin Rail and Property Development in Hong Kong: Experiences and Extensions）

1.4.2 大城市民营铁路的商业模式

在整个20世纪中，日本一直实施的是日本式的TOD，取得成功的是大城市民营铁路。对于大城市民营铁路而言，日本式TOD应该说是一种商业模式的存在。其商业模式的根本包括有关铁路沿线经营的两大方针。第一，对从市中心（东京为山手线）通往郊外的半扇形沿线地区（以下称

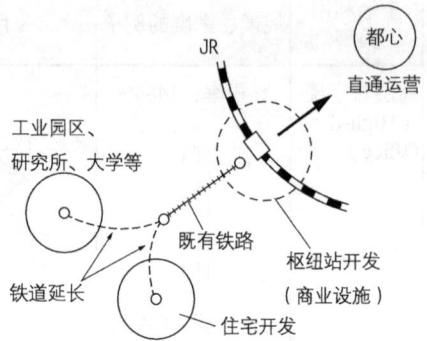

图1-23　沿线开发的土地利用规划

为"交通走廊"）的铁路实施垄断性经营，而在其沿线则对应于郊外开发的进展和步伐，逐步延长铁路和设置新站。由于铁路投资属于大规模的设备产业，如果对应于需求而设备投资过大，则必将陷入经营困难的境地。因此，先要进行适宜规模的先期投资，获得相应的开发收益，进而将其利润再投资到开发与铁路上，对铁路经营和沿线开发进行持续性的经营是非常重要的。第二，在铁路与开发的一体化完善中，采用二者有叠加效果的土地利用的结构。从郊外住宅区的角度来看，人流一般在早晨上班时流向市中心方向，而在傍晚回家时则流向郊外方向，这种偏向一个方向的铁路输送需求将会发生，这就意味着其相反方向将会空载运行，在铁路经营上是极其低效的。因此，在郊外不仅要建住宅，还要开发和吸引工业园区、研究所、大学等，这样就能够唤起与平日前往市中心方向上班、上学相反方向的上班、上学的需求；而对于休息日，在市中心枢纽站开发商业、娱乐（电影院等）设施，唤起从郊外住宅区前往市中心的铁路输送需求；而另一方面，通过在郊外开发休闲乐园、体育娱乐设施，也能够唤起去往郊外的输送需求（图1-23）。这两大方针就是二战之前箕面有马电气铁路株式会社（现在的阪急）小林一三社长所首创的商业模式的骨架。实际上，小林社长在前述郊外住宅区开发与铁路延长的周围，与1911～1913年在宝塚线的终点宝塚站开设了少女歌舞场；与此同时，于1929年在大阪、梅田

的枢纽站创立了阪急百货商场。同样，关西的阪神电铁（现在的阪急）于1924年以一体化的形式在甲子园开发了棒球场、休闲乐园、郊外住宅区，于1933年在大阪、梅田的枢纽站开设了阪神百货市场（后来的阪神百货店）。东京都市圈的民营铁路公司也全都引进这一商业模式，东急于1934年在涉谷的枢纽站开设了东横百货店，于1953年在二子玉川（现在的多摩川）开设了二子玉川游乐园。另外，这个游乐园目前正逐渐变为高层住宅楼和大规模商业设施。

这一商业模式是极其高明的铁路业和房地产业的兼营形态，由此成了民营铁路公司经营上的重要支柱。东京都市圈的大民营铁路公司的一半，其铁路之外兼营收入的比率都占到30%~50%。1996年，民营化不久的JR东日本的兼营收入不到总收入的5%。（表1-6）

铁路公司的收入基础　　　　　　　　　表 1-6

公司名称	Financial Position（1996FY）			
	Revenue（/mill）(A)			B/A (%)
	票款收入	补贴	非铁路其他收入	
JR 东日本	1895600	0	94100	4.7
东武	156075	0	64659	29.3
西武	93712	0	97969	51.1
京成	53024	0	7788	12.8
京王	78370	0	22876	22.6
小田急	107954	0	50571	31.9
东急	122352	0	161908	57.1
京急	66093	0	48427	42.3
相铁	32196	0	80882	71.9
新京成	11844	0	2986	19.7

（资料来源：运输省统计，JR东日本的数据为全公司的数据）

1.4.3 JR（国营铁路）的枢纽车站开发

大城市民营铁路从二战前开始在整个20世纪中，都统筹地实行郊外开发、枢纽车站开发以及郊外铁路的建设和延长这三个方面，并获得了成功。不过，原国营铁路却并没有实施郊外开发与铁路的一体化完善。根据不同时期来看，其理由有如下几条。第一，原国营铁路在二战前这段时期是作为铁道省（院）对全国干线铁路的建设、运营进行一手管理，特别是以货物运输作为收益的来源，虽然也实施着大城市近郊的旅客输送，但并没有将其作为经营上的重点来考虑。第二，作为二站后公共企业团体而成立的国营铁路公司，依据日本国有铁路法（国铁法），其业务范围被限定为铁路事业及其密切相关的运输业务（船舶、公交等），不能将手伸到房地产业、商业等。第三，在原国营铁路经营状况变得明显恶化的20世纪60年代后半期之后，虽然变得可以出资（1971年国有铁路法修改实施令）开发旅客车站及其车站大楼，但郊外开发仍然不在业务范围之内。

原国营铁路经营恶化的主要原因之一，可以列举的就是随着机动化的发展，作为收入来源的铁路货物运输陷入了赤字。在1987年原国营铁路分割民营化的过程中，归属于JR的用地被限定为铁路事业所直接需要的土地。货物堆放地、公司宿舍等用地则归属于国营铁路清算事业团，这些土地被单纯地出售或者作为住宅用地在完善之后出售，用于填补国营铁路长期的债务亏空。因而，JR各公司要么将通过高效利用归属铁路设施而产生的剩余用地转用于开发，要么对车站上方空间开发找到活路。这就是现今所说的JR枢纽车站的"车站内开发"。之前所显示的东京都市圈各铁路公司的兼营收入比率，在这之后JR东日本急速增加，车站空间灵活运用事业等约占到了营业收入的30%。JR的"车站内开发"虽然不是郊外开发类型，但也承担着日本式TOD的主要部分任务。

1.4.4 基于公共部门的TOD支援及新城镇开发

公共部门在开展日本式TOD中，发挥了两个方面的作用。第一，对大城市民营铁路以及JR实施的TOD予以支援，可以概括为以下三点：①在国家对铁路事业进行批准许可的同时，使各民营铁路能够在人口密集地带进行垄断性铁路经营；②为了TOD能够得以开展，国家以及地方公共团体适当地使用土地规划中城镇化区域和调整区域的区分、开发许可、用途容积限制等土地利用的管制；③在完善与开发相关联的城市基础设施时，地方公共团体以协助开展TOD的形式实施公共部门应该实施的大范围的、基础性的事情，国家对地方予以支援。

第二，在二战后人口向大城市集中的局面下，公团、公社亲自实施了可称为TOD的大规模新城镇开发和铁路的一体化完善。大规模新城镇开发的背景是，由于人口骤然向大城市集中，开发郊外住宅区的需求提高，地价急速上涨，一般的劳动家庭想要购买住宅变得较为困难（据说为当时年收入的4～5倍以上）。因此，日本政府期盼能够通过公团等，让其在郊外营建大规模的新城镇，通过规模经济将住宅区的价格降到老百姓所能接受的程度。因为能成为郊外大规模新城镇交通工具的是可以大量输送旅客的铁路，所以就需要公团、公社自身一体性地进行新城镇开发与交通铁路的完善。

在对东京都市圈的多摩新城镇进行开发建设时，京王、小田急这两个公司新建了铁路支线，从而能够乘车进入新城镇中（1975年开始运营），进而以此为契机，国家创设了称为P线方式（参照37页的专栏）的交通铁路建设补助制度。在此基础上，作为新城镇完善主体的住宅、城市建设公团以及东京都住宅供给公社提供了铁路用地并负担了一部分的铁路建设费。另外，在千叶新城镇，对于北总线（新镰谷—小室）除了适用于P线方式之外，住宅、城市建设公团还自己建设并运营了作为北总铁路延长线的公团线（小室—印籓日本医大）。由于该公团事业的缩减，公团线转让给北总铁路，一直到目前的状态。

现在，大都市圈的人口将迎来停滞或今后稍稍减少的局面，住宅、城市建设公团将被改组为城市再生机构；与此同时，其也将从新城镇业务中撤退下来。公共部门本身所实施的郊外开发与铁路的一体化建设将成为历史。

新城市轨道建设的国家补贴制度

千里新城市铁路的北大阪特快和大阪特快千里线等新城市铁路建设时（1970年开通）没有国家补贴制度，而是签订开发商任意负担一部分项目费用的协议。

之后，以多摩新城铁路的京王相模原线和小田特快多摩线的建设为契机，1972年日本铁路建设公团开始建设新城市铁路和地铁等民营铁路，并重组建设费用，建立了国家和地方将一部分利息（超过5%的部分）拆成一半补贴公团的制度（P线）。除了利息补贴制度，新城市铁路还引进了开发商负担金额制度。该负担金额制度规定，开发商除了以最低价格转让开发区域内所需的铁路用地以外，施工地面以下的施工费用的1/2及开发区域外的用地收购费用中，将超过最低价格的部分作为开发商负担金额支付。

1973年，建立了由国家和地方补贴国营新城市铁路一部分项目费用的制度，同时还引进了开发商负担金额制度。泉北新城市铁路的泉北高速铁路（大阪府城市开发株式会社）成为适用该制度的一期工程，千叶新城市铁路的公团线（小室—印旛日本医大）也适用了该制度。

新城市铁路建设建设项目费用补贴制度从1999年开始也将机场进入铁路纳入补贴的范围之内。
【矢岛隆】

近年来的建设建设案例：

新城市铁路横滨市4号线（东山田—川和町，7.1km）

机场连络线

成田机场高速铁路连络线（印旛日本医大—成田机场，19.1km）

仙台机场线（名取—仙台机场，7.2km）

○国营新城市铁路的补贴制度

<新城市铁路建设项目费用补贴制度 1973年～>

> 目标项目：地方公共团体、第三方、住宅和城市建设公团所进行的铁路建设项目
> 内容：国家和地方（同额）补贴一部分项目费用
> 引进开发商负担金额制度*

[例]

· 泉北高速铁路（大阪城市开发株式会社）（泉丘—光明池）（1971年动工，1977年开通）（泉北新城市铁路）

· 横滨市3号线（新羽—AZAMI野）（1987年动工，1993年开通）（港北新城市铁路）

（补贴对象）
　（建设费）-（开发商负担金额）
　　-（总办公费等*）的90%
（总办公费等）
（开发商负担金额）
→大约相当于整体项目费用的3成

地方出资金额10%	国库补贴16.2%	铁路运营商57.6%
	地方补贴16.2%	
地方出资	铁路运营商90%	
开发商（横滨市和住宅公团）		

*每年的补贴率和出资金额不同。

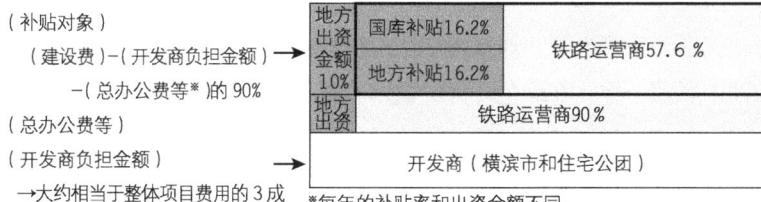

[平成5年（1933年）的案例]

· 公团线（小室—印旛日本医大）（1974年动工，2000年开通）（千叶新城市铁路）

<现在>

除了新城市铁路，从平成11年（1999年）开始，新城市铁路建设项目补贴制度也将机场进入线路纳入了补贴范围之内。补贴率如下所示：

新城市铁路地方出资金额占20%，国库补贴和地方补贴各占12.0%（开发商也负担一定金额）；

机场进入铁路地方出资金额占20%，国库补贴和地方补贴各占14.4%（开发商不负担金额。但是，成田机场的高速进入铁路地方出资金额占20%，国库补贴和地方补贴各占26.7%）。

※"总经费等"，这里指直接人事费用、事务费用及建设利息等，不在补贴范围之内。车辆费用目前也不在补贴范围之内。

1.5 从繁荣的城郊到没落的城郊

1.5.1 城市化的时代和发光的城郊

回顾历史，20世纪包括战前和战后是一个经济发展的时代和全国人口增加的时代，同时也可以说是一个"城市化的时代"。城市规划的主要和迫切的课题是解决人口向大城市集中的现象和创造承载产业的基础设施。建设相关的产业基础设施、交通基础设施、生活基础设施和防灾基础设施等也是主要和迫切的课题之一。随着城市化的发展，大城市的地价也持续走高，所以住宅小区、工业用地的开发转向地价便宜的城郊或填海土地。在地价上涨的现实下，拥有城郊的建筑用地或者购买独门独院的房子，是劳动者的梦想，也是最佳的资产保有形态。当时，城市建设建设公团的分期付款住宅非常有人气，通过高倍率的抽选来决定入住者，入选后的感觉就像抽中彩票一样。在绿色环保的城郊养育子女，赚钱养家的人们乘坐铁路上班这种状态始于战前，战后依然被保持，是一种非常有魅力的生活方式。面对城郊居住者的急剧增加，各铁路公司都致力于铁路运输能力的加强及铁路的延伸，使城郊的进一步开发成为可能。

另一方面，战后的经济高速发展增加了国民收入，劳动者终于可以购买他们梦寐以求的私家车，这意味着机动化时代的到来。为了应对急剧增加的机动车交通，虽然行动有些迟缓，但道路建设还是从20世纪60年代开始快速发展。在大城市，为了解决市区和周边地区的拥堵情况，强力推进了主干道路的扩宽、新建以及城市高速公路的建设。而在城郊，与住宅小区和工业用地的开发有关的道路建设也在快速发展。

前往城郊的火车站，可以乘坐公交车、私家车和自行车，这些总站交通所需的道路也可以使用，而以道路交通为前提的城郊购物中心、医院等的地理位置已远离车站周围，这已成为理所当然的事情。其结果是城郊的开发不再局限于铁路沿线及其附近，还以较低的密度扩散到铁路和铁路之间的地区。

居住在城郊并拥有私家车，交通更加便利，并使城郊兴旺发达。

1.5.2 新的大趋势和没落的城郊

但是，进入20世纪70年代后，人口向城市集中的现象突然停止。日本的经济也从快速发展时期进入稳定发展时期。随着铁路沿线的市区从近郊向远郊扩展，长距离、长时间的单程通勤时间超过了1.5小时，特别是早晨高峰时的铁路拥堵，甚至被戏称为"痛勤"，这反映了城郊化的负面作用。20世纪80年代后，东京都市圈的人口集中现象死灰复燃，但程度不同于20世纪70年代以前的情况，其规模较小，增加速度也很缓慢，这表明城市化的发展方向也已发生变化。

随着20世纪90年代的泡沫经济崩溃，日本的地价大幅度降低，当然城郊住宅的资产价值也大幅度降低。城郊住宅的繁荣出现了阴影，由于市区地价的降低，交通便利的市区的空地、填埋地上建造的高层分期付款公寓受到追捧，特别是价格能够被年轻劳动者所接受，所以非常受欢迎。在市区的一部分地区，由于儿童数量剧增导致需要增设暂时缩减的中小学校的教室，这表明如何容纳增加的人口，已成为一个现实的课题浮出水面。城市化等于城郊化的趋势正在发生巨大的变化。

进入21世纪后，新的趋势是全国人口呈现出减少的倾向，以及老龄化的倾向越发明显。2002年，厚生劳动省发表了《厚生劳动白皮书》，预测日本人口在1995年达到高峰后将逐渐减少，将进入人口长期低落的时期。该预测包含了过去的合计特殊出生率的降低倾向。该预测带来的冲击非常大，政府开始出台提高出生率或建设子女养育环境等政策，但截至目前还没有发挥使上述长期低落倾向反弹的效果。

另一方面，该白皮书还对人口的老年化做出了预测，依据国立社会保障和人口问题研究所于2002年1月报告的"日本未来预估人口"的预估中值，截至2035年日本的65岁以上人口的比例将超过30%。该预测是只要死亡率没有显著变化老年化趋势就不会发生变化的必然预测结果。日本人口的减少，将对日本未来的经济社会发展造成巨大影响。

东京都市圈与其他都市圈相比，总人口的减少程度和老年化的程度稍缓，但还是无法避免这两个大趋势造成的影响。

还有一个重要的大趋势是制造业的空洞化。为了获取经济高速发展的中国和东南亚各国的相对廉价的劳动力，并避免日元升值造成的汇率损失，日本国内制造业的基地正不断向海外迁移。为此，东京都市圈内的城郊和填海土地产生了许多空地。

从这些大趋势看，东京都市圈的市区的收缩已可预见。但是，这种收缩能够带来都市圈各地区的平衡发展吗？或者还只是边缘部分在逐渐收缩？住宅小区占据市区的大部分面积，所以市区未来的发展牵涉到人们未来的居住方式。在繁荣的城郊时代，以人口膨胀时代的一代人为核心，他们希望居住在城郊。现如今这些人大部分已到了退休的年龄，逐渐加入老年人的大军。这一代未来的居住方式是舍去城郊选择交通更加便利的市区，还是同时在城郊和市区拥有房产选择多居所呢？出现了这样两个截然不同的选择方向。特别是位于远郊高地上的住宅小区，以人口膨胀时代的一代人为主，对基本是同一时期入住的老年人来说，出入住宅的坡道非常陡峭，所以许多房子都空着没人居住。这样的地区被称之为"冷门区域"。但在近郊，交通便利的住宅小区也有子女代替父母入住的情况，这样的小区更新非常频繁。在交通较为便利的地区，在工厂空地等开发新的住宅小区，在以年轻子女一代人为主的人群中非常受欢迎。这些地区即所谓的"热点"。也就是说，人口减少和老年化的趋势在大城市的市区招致斑点形状的空洞化现象，导致整体从远郊开始逐渐缩减。形成繁荣城郊的巨大推动力是以交通通道为主轴的日本式TOD。未来，为了重新振兴没落的城郊，需要在TOD上寻找什么样的新意义呢？

【参考文献】

［1］【第5次东京都市圈人口流动调查概要】记者发表资料，2009.

［2］【第4次仙台都市圈人口流动调查概要】记者发表资料，2012.

［3］中村建治. 山手线诞生[M]. 伊卡洛斯，2005.

［4］社团法人城市开发协会. 民营铁路集团主导的城市建设一览[R]. 2003.

［5］Takashi YAJIMA. Comparison of Metropolitan Region and Paris Region [R]. PIARC-TC-B3 Meeting, WC2 Report, Paris, March 2010.

第二章　东京的城市化和铁路网的形成

2.1 城市化和轨道网、公路网形成的时间关系

日本的大城市客运系统是由铁路支撑的。例如东京都市圈,在战前(指第二次世界大战——译者注)的城市化时期,能够完成铁路的铺设是一件非常幸运的事情。那时汽车还没有普及也算是一种幸运吧。战后城市化发展迅速,汽车与铁路同时得到了普及。铁路方面致力于运输能力的加强,而公路方面虽然做出了巨大的努力,但在城市建设方面还是落后了。这就是形成大城市交通现状的原因所在。

2.1.1 轨道支撑的日本大城市

日本的大城市一直是由轨道支撑,现在也是如此。过去,轨道主要负责在大城市活动所需的货运和客运。现在,前者已被汽车交通和海运所替代,轨道主要负责客运。

过去,地方城市的交通也是靠铁路支撑,原国营铁路和地方铁路在客运和货运方面发挥了重要作用。之后,原国营铁路网中,地方支线被废止或转型为第三产业,而地方的私营铁路被废止或缩小的情况却很少。现在,地方城市的陆地交通已形成货运和客运都依靠汽车的结构。

那么其他发达国家的情况又如何呢?北美和澳大利亚的大城市在其城市形成的初期也是依靠铁路,但现在绝大部分是由汽车支撑。欧洲各国的大城市在其城市形成的初始阶段便极力依靠铁路支撑,现在也和日本的大城市一样有相当一部分客运依靠铁路支撑。但是,支撑的程度还是日本的大城市远高于欧洲各国的大城市。

那么,为什么会形成这样的局面呢?接下来将从历史的原因来考察东京都市圈。

2.1.2 促使城市交通改观的主要因素

城市交通的形态随着时代的发展而不断改观,主要取决于该地区的人

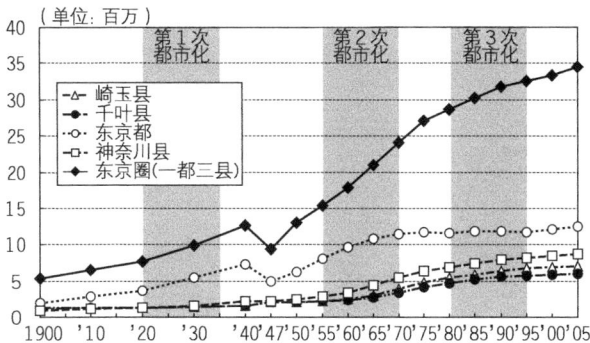

图2-1　东京城市圈的人口变化

（资料来源：国势调查．日本长期统计系列．）

口、产业等的结构变化和经济发展等因素。接下来将以直接影响城市交通的两个主要因素为钥匙，开启其改观的原因分析：一个是城市化（城镇化）；另一个是汽车的普及（机动化）。大致来说，随着产业结构的高度化，产业不断向城市集中，人口也从地方流动到城市，城市化得到发展。城市化和机动化的发展程度和时期都会对城市交通的形态产生巨大影响，城市化和机动化互相之间的关系也会产生相应的巨大影响。

2.1.3　东京都市圈的城市化和机动化

1）战前的城市化浪潮

东京都市圈[①]在20世纪内经历了下述3次城市化浪潮。每次的城市化都起源于产业结构的变化，特别是第2次的城市化与日本经济的高速发展期同步。

· 第1次（1920～1935年）：以轻工业化为主。

· 第2次（1955～1970年）：以重工业化和化工化为主。

· 第3次（1980～1995年）：以高科技和服务产业化为主。

从东京都市圈的人口变化（图2-1）可以看出每次城市化时期的人口快速增长，但此时的人口增长是自然增长和社会增长（地方或其他都市圈

①　本小节中的东京都市圈是指东京及周围的3个县（茨城县除外）。

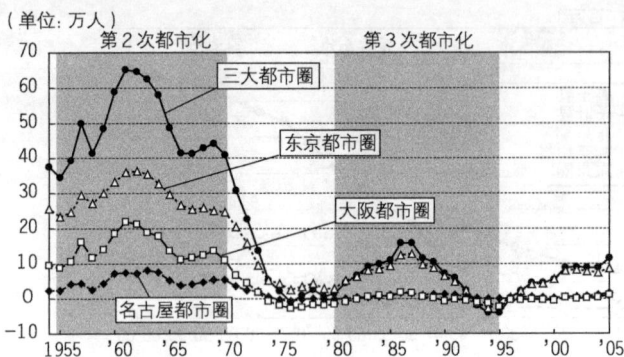

图2-2　迁移过剩数的变化
（资料来源：国势调查．日本长期统计系列．）

的流动人口）的总和。

三大都市圈，包括：东京圈、名古屋圈、关西圈。

东京圈：东京都、千叶县、埼玉县、神奈川县。

名古屋圈：爱知县、岐阜县、三重县。

关西圈：大阪府、京都府、兵库县、奈良县。

2）战后的大规模快速城市化

战后的国势调查统计了人口的社会增长（图2-2）。东京都市圈在第2次城市化的15年间，每年流入的人口超过30万人，高峰值达到40万人。第2次的城市化是第1次无法比拟的，同时也是达到了在欧美各国没有先例的压倒性规模，可以说15年内突然增加了一个人口达500万人左右的巨大城市。第3次城市化的规模相对较小，发展也比较缓慢。

3）与城市化同步的机动化

使用卡车运输货物始于战前的第1次城市化时期，但其不过是机动化的萌芽。举一个象征性的例子，如战时汇集日本技术精华的零式战斗机使用牛车从名古屋的工厂转运至岐阜县各务原市的机场。当时的主干道路还未铺装，到处是坑，而且大型卡车的数量也非常少。东京都市圈的战后机动化（图2-3）始于第2次城市化时期，那时货车和轿车的数量剧增；而到了第3次城市化时期，轿车的数量继续增加。

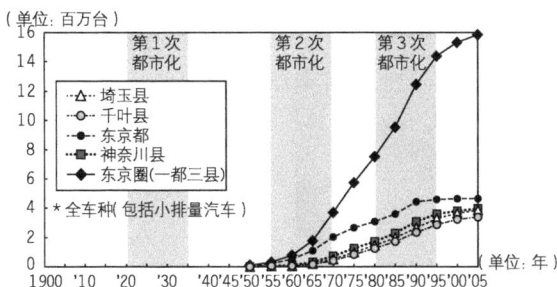

图2-3 东京城市圈的汽车保有数量变化
（资料来源：财团法人汽车检验登录合作会数据）

2.1.4 城市化、机动化和交通设施建设的开展

1）战前的城市化和铁路铺设

从19世纪末到20世纪初，可以说是铺设城市铁路的高峰期。从东京向各方面延伸的官营铁路（原国营铁路的前身）完工，在东京中心部分相互连接这些铁路的山手线也在1925年开通，并开始环形运行。从山手线的各站向城郊延伸的各条民营线路也在这一时期完成了铺设。铺设这些官营铁路和民营铁路主要是为了运输货物和参拜神社或寺庙的游客，并非是像现在这样以通勤、上下学为主要目的。无论如何，伴随第1次城市化，城郊居住的潮流是在1920年以后才正式启动的，所以以通勤、上下学为主的运输是在其后才发生的事情。

城市化和轨道建设的关系中特别值得一说的是在第1次城市化时期，新线路铺设、新车站的设置和有计划的大规模城郊住宅小区开发的一体化建设开发是有意识地进行的。其运营模式始于1910年原箕面有马电气轨道（现在的大阪特快）公司在池田室町开展的11hm²的开发，而在东京都市圈，原田园都市株式会社（现在东京特快）的运营模式也非常有名。

从第1次城市化前后的市区和铁路网的关系看，铁路的铺设先于第1次

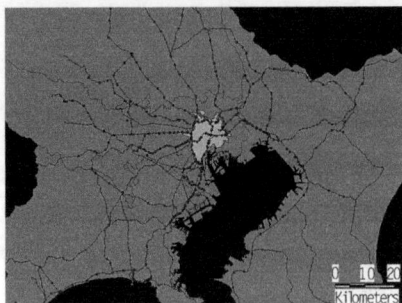

图2-4　铁路建设和城市化　第1次之前
（1923年之前）
（资料来源：矢岛隆. 跨越昭和时代的地下
铁[J]. 财团法人. 新都市第54卷第5号.）

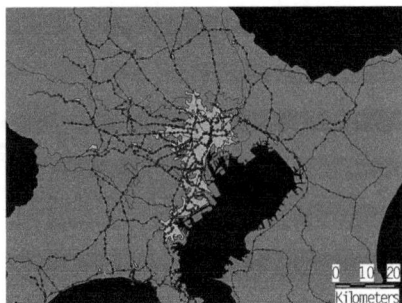

图2-5　铁路建设和第2次城市化（1923～
1945）[2]
（资料来源：矢岛隆. 跨越昭和时代的地下
铁[J]. 财团法人. 新都市第54卷第5号.）

城市化（图2-4）。之后，沿着完成铺设的铁路，人口集中的市区[1]不断扩大（图2-5）。值得注意的是完成铺设的铁路上建造了许多城郊的车站。这表明在车站周边的城郊地区，人口增长非常迅速。

2）战后的城市化和轨道运输能力的增强

战后的第2次城市化规模大、速度快，城市化以沿着战前完成铺设的轨道向城郊外延的形式发展。市区的形成主要得益于国家和民间主导的土地划分项目或住宅小区开发，不断重复着有计划的开发。另一方面，还出现了公路、公园、下水道等住宅小区所需的最低限度的基础设施不完备的扩展市区。这表明市区建设的规划跟不上城市化发展的步伐。法律方面，依据修改的城市规划法（1968年施行），引进了所谓的"区划"制度，采取了限制市区调整区域（即扩展市区）的措施。但是，限制缺乏严格性，引进制度的时期也错过了第2次城市化的高峰。

第2次城市化时期的城市交通面临的课题首先是确保城郊居民通勤、上下学时的代步交通工具。轨道充分发挥了其作为代步交通工具的作用，并很好地促进了第2次城市化（图2-6）。经历了第2次和第3次城市化的市

---

① 正井泰夫. 阿特拉斯东京 [M]. 东京：平凡社，1986.

② 1945年是第1次城市化结束的时期，虽然有10年的间隔，但这10年与战争时期重叠。从本稿的论点出发，该间隔没有大的差别。

区和轨道的形态如图2-6所示。与图2-5相比，首先值得注意的是人口集中地区的显著外延化。轨道网中新增了环形的武藏野线、千叶新城市铁路等新的线路，车站的数量也有增加。但更加重要的是原国营铁路和民营铁路在运输能力方面的增强。以原国营铁路为例，其末期开展了"五方面作战"（1965～1972年），通过客运和货运的分离、线路的增加、快速运行、长组织化等措施极大提升了运输能力。

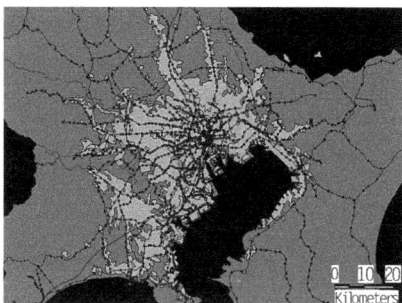

图2-6　轨道建设和第2、3次城市化（1945～ ）（资料来源：矢岛隆. 跨越昭和时代的地下铁[J]. 财团法人. 新都市第54卷第5号.）

神奈川、多摩、埼玉、常磐、千叶这五个方面的国营铁路的运输能力在1960～2000年之间大概增加了4～5倍（图2-7）。这些线路将成为支撑第2次城市化后显著增加的城郊居民上下班、上下学运输的原动力。但是，这也导致了各方面的铁路用户随着城市化的发展而急剧增加。虽然目前铁路运输能力不断得到增强，早晚高峰时的拥堵现象也得到改善，但国营铁路五方面的最拥堵区间的人流量依然处于高水准（图2-8）。

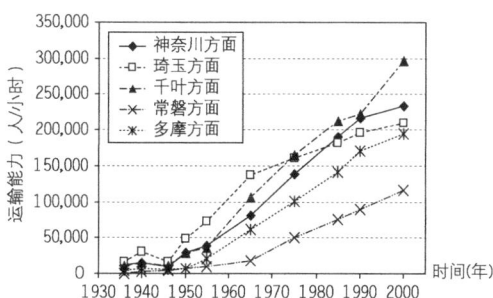

图2-7　五方面运输能力的变化

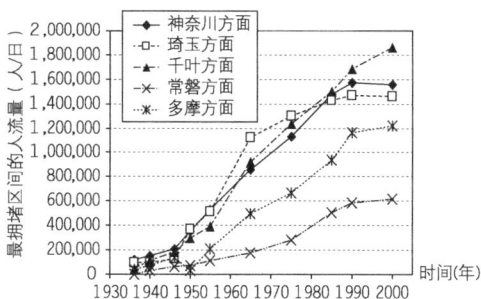

图2-8　五方面人流量的变化

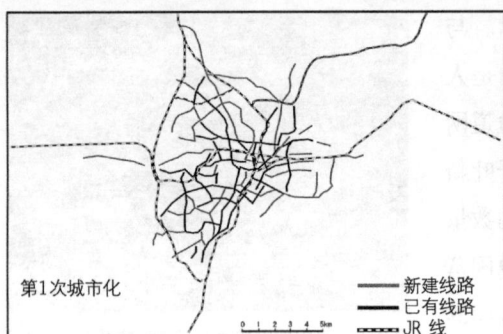

图2-9　有轨电车的线路网（1932年）

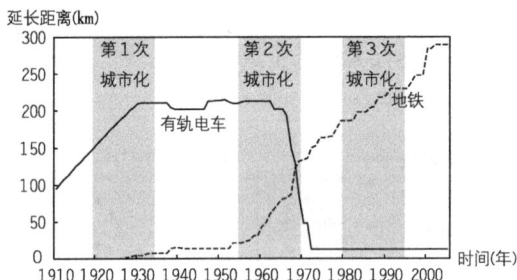

图2-10　市中心的铁轨线路长度

另一个课题是山手线中的市内交通。支撑第1次城市化的市内交通是有轨电车（图2-9）。在机动化的萌芽期，有轨电车一般非常拥堵，但作为市内交通工具能够发挥一定的功能。战后的第2次城市化的浪潮与机动化的浪潮同时到来，通过修改道路交通法，汽车被允许在铁路用地内通行，此后有轨电车就被卷入了道路交通的拥堵之中，无法维持按时发车的体系，运营恶化后最终被废止。

之后地铁代替了有轨电车，通过不断建设、开发地铁，城郊居民也可以轻松前往市中心。第1次城市化时期支撑东京市内公共交通的有轨电车总长度大约为200km。随着战后机动化时代的到来，有轨电车被视为妨碍汽车的交通工具，但其被废止是在1964年的东京奥运会之后，那时建设了首都高速公路并有计划地拓宽了城市公路。有轨电车在1970年被废止，取而代之的地铁不断延长，现在的线路约有300km（图2-10）。此外，东京地铁网络的特征之一是直通城郊铁路。原国营铁路线及民营铁路线与铁路的直通始于1960年，为顺利运输大量旅客做出了巨大贡献。

　　第2次城市化时期的城郊小区的开发经常与铁路建设一体进行。虽然原住宅和城市建设公团的新城市铁路开发也是一体进行的，但其主角是民营铁路。各民营铁路公司将第1次城市化时期规模还很小的"商业模式"

不断扩大。在东京圈，战前就致力于进行住宅开发的民营铁路只有西武、小田特快、东京特快这3家公司，开发面积也较小（表2-1）。战后，这些公司与其他公司一起进军住宅开发领域，开发面积也以东京特快、西武、京都特快这3家公司为代表，极大地超过了战前。从第2次城市化时期到现在，各民营铁路公司在东京都市圈的住宅小区开发总面积累计达到约2000hm^2。

主要民营铁路郊外住宅地开发 　　　　　　表 2-1

都市圈	公司名称	开发面积（hm^2）		
		战前	战后	合计
东京	小田特快[①]	145	912	1,057
	京王[①]	0	333	333
	京成	25	256	281
	京急[①]	70	1,616	1,686
	西武[①]	[②]1,172	2,051	3.223
	东急[①]	[②]138	6,785	6,923
	东武	[③]43	402	445
	小计	1,592	12,335	13,947
京阪神	近铁[①]	0	2,284	2,284
	京阪	0	918	918
	南海	25	1,248	1,273
	阪急[①]	885	1,376	2,261
	阪神	[③]92	137	229
	小计	1,002	5,962	20,912
合计		2,595	18.317	20,912

（资料来源：社团法人都市开发协会. 民营铁路集团主导的城市建设一览（1910~2003，2003.）
① 包括系列不动产公司；
② 包括原箱根土地株式会社等开发的沿线以外的土地；
③ 文献缺东京特快40处、东武11处、阪神20处。

3）落后于机动化的公路建设

战后，在机动化的正式开始之前，建立道路建设的体制是当务之急。1956年访问日本的美国沃特金斯博士率领的调查团在其报告的开头称"日本的公路难以置信得差。作为工业国，没有其他像日本这样完全忽略公路网的国家"。而且，当时的日本公路非常窄、弯曲，且没有铺装，坑洼难行，一旦下雨就会充满泥泞，完全谈不上是公路，只不过是预定要建设公路的土地罢了。受该报告的刺激，日本建立了现在以收取汽油税为公路建设目的的制度（1953年）及建设收费的汽车专用道路的制度（1952年），公路建设发展迅速。但是，城市部分的公路建设启动较迟，还是远远落后于城市化和机动化的进程。东京都市圈的三大收费环形公路（首都高速中央环形线、东京外郭环形线、首都圈中央联络线）目前还是缺乏连续性，也可以说这是其象征吧。

2.1.5 幸运和努力

铁路支撑着日本的大城市，这样的现实情况是拜少许的幸运和灵活利用这点幸运的铁路相关运营商的努力所赐。战前的第1次城市化时期，第一个幸运是机动化的浪潮还没有席卷日本；第二个幸运是城市化的浪潮与战后相比一直保持稳定。换言之，上天赐予了日本建设大城市所需交通网的稳定环境。先人们利用这一"天时"，致力于铁路的铺设，在战前就完成了接近于现在的铁路网络，也就是说可以不再建设公路。

战后的第2次城市化时期的幸运在于铁路网的形成先于城市化。第2次城市化发展迅速，且造成了大规模的城郊化，但得益于原国营铁路及民营铁路在加强运输能力和地铁网络建设方面的努力，尽管非常拥堵，但城郊新小区的上下班和上下学问题还是得到了解决。这一时期的第二个努力成果是各民营铁路公司主导的铁路建设和城郊小区开发一体化进行。可以说，第1次城市化时期从关西引进的"大城市私营铁路的商业模式"正在开花结果。

【参考文献】

［1］Takashi YAJIMA.Coordination between Urban Transport and Urban Development [R].Keynote lecture in STREAM meeting, March, 2006.

［2］纪伊雅敏．首都圈的车站广场的评估和建设方针[R]．运输政策座谈会．财团法人运输政策研究机构，2001．

照片2-1　首个新桥站

照片2-2　首个横滨站

[3] 社团法人都市开发协会. 民营铁路集团主导的城市建设一览[R]. 2003.

[4] 财团法人道路经济研究所. 沃特金斯调查团的名古屋/神户高速公路调查报告[R].劲草书房, 2001.

[5] 矢岛隆. 铁路支撑的日本大城市——探寻其的历史发展历程[J]. 社团法人日本铁路技术协会志（JREA）, 2006, 49（8）.

2.2　城市轨道的发展及其背景

2.2.1　战前的国铁线路建设

1）日本首个铁路建设

日本首个铁路运营始于1872年（明治5年），线路起止于新桥—横滨之间。该铁路是由明治政府建设和运营的。在该铁路建成之前，萨摩藩在1866年与比利时联合制定了京都—大阪的铁路建设计划，可以说是铁路建设的前夜。德川幕府在1868年由老中小笠原长行向美国人波特曼发放了铁路建设授权，但明治政府在1869年拒绝承认这一授权，并确定了由日本政府进行建设的方针。同年的庙议中，确定了下述4个方针，从而掀开了日本铁路建设的历史。

• 东京—京都之间的干线；

- 东京—横滨之间、京都—神户之间、琵琶湖畔—敦贺之间的3条支线；

- 资金和材料由英国提供；

- 雇用外国人。

庙议确定的连接东、西两京的干线线路在没有决定是经由东海道还是中山道的情况下就开始了东京—横滨之间的建设。特别是京滨工程遭到兵部省的强烈反对，在收购土地方面费尽周折，并在高轮附近的海上筑堤才完成了线路的建设。1883年原本决定以中山道为干线线路，但经过调查，1886年更改为东海道线路。

当时的横滨站就是现在的樱木町，从主干线深入，而东海道主干线自从建成以来很长一段时间都是在横滨站折返。为了解决这一问题，日本建造了用于军事的短程线路，并供军部使用；但中日甲午战争结束后，为了响应陆军省的交接要求，对线路进行了改良，设计了第2代的横滨站（1915年）。

东海道方面是最早建设铁路的地区，主干线开通后便很早地实施了复线化。复线化从1910年（明治43年）开始动工，并配合1914年（大正3年）的东京站开通，在东京—高岛之间开通了电车专用的复线。电车专用线路的终点从高岛町经横滨一直延长到樱木町是1915年（大正4年）的事情。

东海道线路的另一个大工程是客运线和货物线的分离施工（复线化）。随着横滨港的发展，京滨地区的货运需求上升，需要建设货运线路。高岛地区的填海土地建造了货物基地，并设计了直通鹤见、高岛、程谷的货运线路。高岛—程谷线于1915年（大正4年）开通，鹤见—高岛线于1917年（大正6年）开通，由此鹤见与程谷之间的货物专线也得以开通。除了电车专用线路，令人惊讶的是客运线和货运线的分离工程也在1917年（大正6年）完成。

2）日本铁路是日本首个私营铁路

虽然明治政府主张铁路建设的官设官营，但由于西南战争后的财政状况恶化，他们认识到基础设施对铁路的重要性，但依然无法建设下一条线路。于是民间资金就走到了历史前台。当时华族的俸禄非常优厚，生活也很稳定，可以把他们的俸禄用于铁路投资。1881年（明治14年）日本首个获得私营铁路专利申请批准的日本铁路公司成立（图2-11）。这家公司是由池田章政（第15国立银行行长）等461人联名成立的，资本金额达到2000万日元。虽然这是从资金方面支持政府建设铁路的一个方案，但实际上只筹集到591万日元［1881年（明治14年）第15国立银行内部铁路公司创立事务所日本铁路公司投资人名誉］，剩余的资金都是政府垫付的。该方案无偿出租建设铁路所需的国有土地，民间土地的收购由政府实施，建设费用由日本铁路负担，另外还有利息和分红方面的补贴。其施工、维护、运营由政府实施，政府得以积累铁路方面的技术。成立该公司的目的主要是建设4条线路：①东京—高崎，中途分支到青森；②从高崎经由中山道后连接敦贺线；③从中山道开始分支，经新潟后至出羽；④从丰前大里（门司）到长期，中途向肥前分支。这些线路横阔全国，所以该公司被命名为日本铁路。但实际上建设的是以东北方面为中心的9条线路，并在1906年的国有化后被称之为"省线"。

　　继东京—横滨之间建设的是日本铁路的高崎线，上野—熊谷之间的线路于1883年开通，日本铁路东北线—宇都宫之间的线路于1885年开通。一开始日本铁路的资金非常紧张，但随着铁路逐渐被使用，在1884年公布了良好的运营业绩后，引发了民营铁路的投资热潮。常磐线在1895年开通了日本铁路常磐线土浦—友部之间的线路，1896年开通了田端—土浦之间的线路（图2-12）。

图2-11　日本铁路公司徽章（以机车驱动轮为图像的公司徽章）（资料来源：铁道博物馆提供）

图2-12　日本铁路公司铺设的铁路线

东北线的电车运营在1932年（昭和7年）完成了至大宫的多条线路，并实现了电气化，由此完成了京滨东北线。常磐线是首都圈主干线中最迟完成电气化的线路，上野—松户之间的线路在战前就开始运营电车。

3）山手线（日本铁路品川线）和涉谷站、新宿站的诞生

山手线一开始是日本铁路建设的，作为日本铁路品川线完成了西侧的线路。另外，作为向横滨港运输丝织品的线路，1885年开通了连接国营东海道线的品川和日本铁路高崎线的赤羽的部分。此外，该线路还对从横滨港运输当时东北正在建设的日本铁路东北线所需的进口建造资材产生了巨大作用。

当时，运营的车站一共有6个，分别是涉谷、新宿、板桥、赤羽、目黑（迟15天）、目白。从建设的过程看，目黑、涉谷、新宿这3个车站位于南边，而目白、板桥、赤羽这3个车站位于北边，这样的方案非常受欢迎。而目黑站的目黑雅叙园附近建设计划遭到激烈反对，所以变为现在的坡上（目黑站赶超事件）。涉谷站原本计划建造在靠近惠比寿的位置，但遭到当地的激烈反对，只好建造在现在埼京线涉谷站位置。到了1920年（大正9年），迁移到现在靠近大山街道的位置，并同时实施了复线化和高架化。新宿站由于受到烟害的困扰，于是改建在甲州街道的内藤新宿的偏远地区，该位置到现在也没有变化。（图2-13、图2-14）

图2-13　建设时的新宿停车场

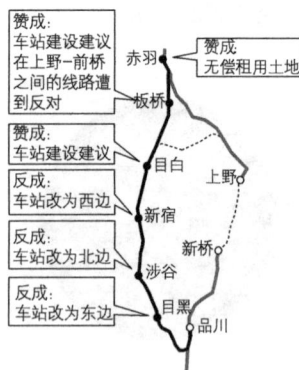

图2-14　日本铁路品川线的开通
（资料来源：中村建治. 山手线诞生[M]. 伊卡洛斯，2005.）

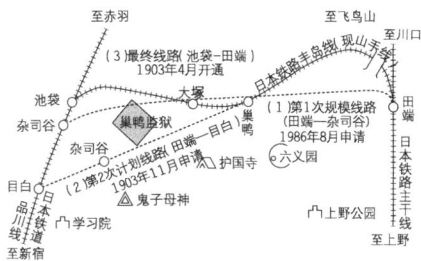

图2-15 丰岛支线的动向
（资料来源：中村建治. 山手线诞生[M]. 伊卡洛斯，2005.）

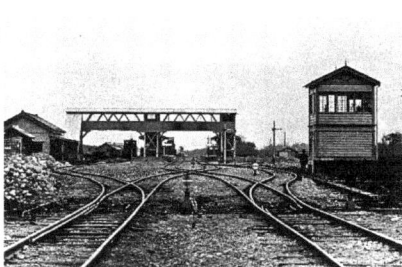

照片2-3 开通时的池袋站

照片2-4 1906年左右的中野站内的箱式蒸汽机车
（资料来源：中野区的照片资料馆主页）

照片2-5 万世桥站
（资料来源：中村建治. 山手线诞生. [M]. 伊卡洛斯，2005.）

4）丰岛支线和池袋站的诞生

为把上野建成综合交通枢纽，日本铁路把作为其脸面的上野站和国营东海道线连接了起来。规划了连接品川线和作为主干线的高崎线田端站的线路，从品川线到田端的分支线路属于第1次规划；申请了杂司谷分支线路，但由于巢鸭监狱的原因不得不改变计划；在第2次规划时规划了目白分支线路，但由于用地不够和遭到当地反对的原因，最终在池袋建设了分支线路。当时的铁路大都建在被水池包括的土地上，周围全是农田和树林。1903年，池袋—田端之间的丰岛支线开通（图2-15）。由此，山手线（品川—田端）得以完工（环形线路于1925年开通）。复线化的建设是在1903年的丰岛支线完成后，建设了池袋—新宿线（1904年）、新宿—涉谷线（1905年）、涉谷—大崎线（1906年）、大崎—品川线（1909年），并在

1909年实现了电化。到1925年（大正14年）完成了复线化建设。这些复线化的目的在于客运和货运的分离，但由于在收购土地上花费了很多精力，所以在时间上有些滞后。

5）中央线的建设

甲武铁路线原本是东京的有志为了代替玉川上水的水路运输而在内藤新宿—羽村之间计划建设的马车铁路，但在看到火车铁路的发展后，将计划更改为"新宿—八王子"之间的火车铁路后，再次提出了申请。虽然一开始与川崎—八王子之间的武藏铁路展开了竞争，但得益于连接市中心的优势，最终获得了批准。由于自身没有建设铁路的能力，甲武铁路线的建设作为日本铁路线的分支将施工外包。

原本计划在住宅较多的甲州街道或青梅街道的沿线铺设铁轨，但由于遭到激烈的反对并触发了抵抗运动，所以最后只能放弃沿着街道进行建设。负责施工的仙石贡（后来的铁道院总裁、铁道大臣）认为只能在村落少和反对不激烈的地区铺设铁路，于是在中野—立川之间的地图上画出一条红色的直线，最终建成一条21.7km长的直线线路（原国营铁路的传说故事）。1889年，新宿—八王子之间的线路开通。这是继国建东海道线、日本铁路高崎线、日本铁路品川线、日本铁路东北线之后的第5条最早建设的铁路线（图2-16）。

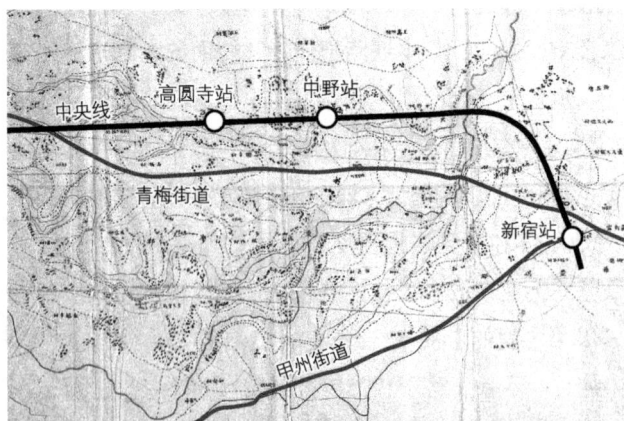

图2-16 中央线的线路图
（资料来源：根据甲武街铁路规划线路图绘制）

60

6）中央线市中心部分的建设

从新宿向东到东京市中心部分计划以贯穿宿场的形式沿着靖国大道建设，但用地收购的困难性、烟害导致的居民反对运动、新宿站的折返等都成为难点，最后只好在外护城河挖土、填土。中央线依次向市中心延伸，分别是新宿—牛込（1894年）、牛込—饭田町（1895年）、饭田町—御茶之水（1904年）、御茶之水—昌平桥（1908年）、昌平桥—万世桥（1912年）、万世桥—东京（1919年），分6次开通。牛込站、饭田町站、昌平桥站、万世桥站现在已经不在了。牛込站和饭田町站之间的距离短，在进行复线化的建设时，由于用地和接线上的问题，这两个车站被撤销，其中间新建了饭田桥站（1928年）。今天的饭田桥站位于陡峭的曲线上就是这个原因。昌平桥站在万世桥站开通时被撤销，而万世桥站原本是连接浅草、上野、银座、品川的有轨电车的换乘总站，但在1943年被撤销。

1919年，由于东京线延长，与山手线连接的中央线和山手线可以连贯运行，并启动了"NO"字形运行，一直持续到1924年山手线的环形开始运行（1925年）之前（图2-17）。

由此可知，中央线作为甲武铁路开通，并在1906年（明治39年）被国营铁路收购。此时，饭田町和中野开通了电车，开始致力于以通勤为主体的城市交通运输。中央线的沿线在大正时代开始建造文化住宅，成为新兴小区的发达地区。与其他线路的地区相比，这里的知识分子较多，是一个精英阶层所在的地区。但是，中央线的拥堵情况非常严重，在1925年（大正14年）特快电车开通前，复线上有7辆车的编制，并以2.5分钟间隔（24班/小时）运行，由于列车的并用，单程运行次数达

图2-17 中央线的建设和"NO"字形运行

到228次之多①。为了加强运输能力，特快线路的建设得到推动，并在1917年（大正6年）开始动工，1928年（昭和3年）实现了新宿—中野的复线化，1929年（昭和4年）实现了饭田町—新宿的复线化。1933年（昭和8年），御茶之水—饭田町之的复线化完工，东京—中野的特快电车开通，此时的城市铁路建设已十分完备，第1次城市化的浪潮也成了推动铁路建设的动力之一。

7）市区修改条例

东京市内，马车、人力车、马车铁路的数量变多，导致城下町的狭窄街道弯曲难行。东京作为近代国家的大都市，产生了许多问题，例如近代上下水道的设施不完善、木造房屋的密集、以河流为主体的落后水运、铁路和港口的缺乏、货运的不完善等。明治新政府迫切需要将江户这个古代城市改造为近代城市。在这样的背景下，东京府知事在1884年提出了市区修正项目方案，虽然经过13次审议，但由于财政形势严峻，并没有公布具体的计划，而是交给了旨在制定实施市区修正的法律依据，即东京市区修正条例的元老院附议，但被扩充军备优先于市区修正的元老院否决。另一方面，明治政府的外务省为了推动修改不平等条约的谈判，推进了在日比谷建设西洋式样政府办公区的其他方案。由此，1886年明治政府聘用的德国建筑师贝克曼制定了《政府办公区记者规划案》。依据《市区修正计划》，该方案中的贯穿市区的铁路线将建在海边，并将刚完工的银座砖头街拆除后建造中央停车场。第二年，为了制定市区规划和上下水道规划案，聘用的德国土木工程师霍普雷西特鉴于明治政府的财政困难，要求中止贝克曼的中央停车场银座方案。由此，《政府办公区集中规划案》遭到挫折，只有司法省、东京法院的建设计划得到执行（图2-18）。

之后在内务大臣山县有朋的努力下公布了1888年的《东京市区修正条例》，日本首个城市规划法案诞生。依据公布的市区修正条例，内务省成

---

① 守田久盛等著. 铁路线变迁史的探访 [M]. 吉井书店，1982：136.

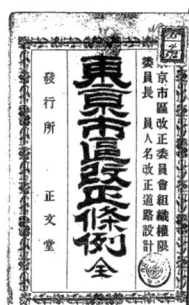

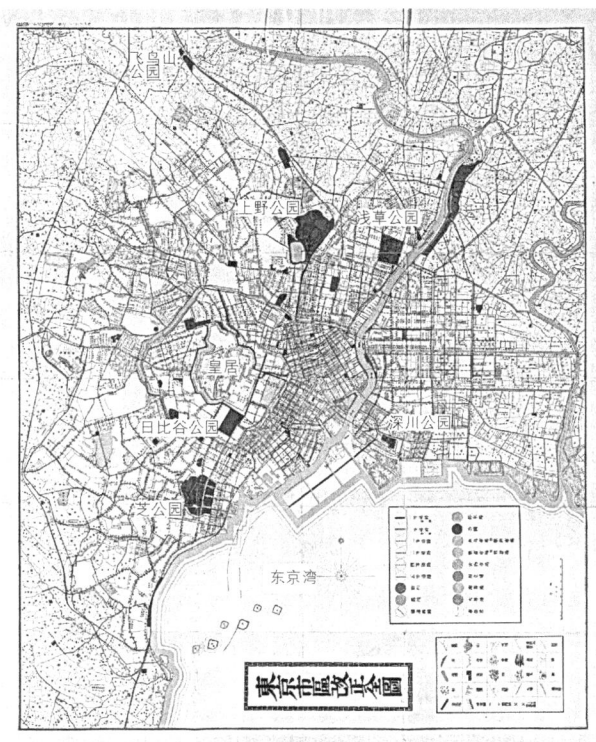

图2-18　东京市区修正全图
（资料来源：国立公文图书馆数字资料）

立了东京市区修正委员会，对规划案的确定和变更、各年度的实施计划、预算等所有事项进行决策。在这些一系列的讨论中，终于决定建设中央停车场，以及新桥—中央停车场—上野的纵贯线路。

　　8）东京站的诞生

　　1889年市区修正委员会案被内阁批准，并接到东京府知事的通知。纵贯市区的铁路将连接新桥—上野，并在其中央建设一座大型停车场，同时在万世桥的北边也建设一座停车场，形成高架结构。东京以南拥有铁道厅的线路授权，东京以北拥有日本铁道公司的线路授权，所以，1890年铁道厅委托仙石贡，日本铁道公司委托鲁姆修特开展了调查。之前，鲁姆修特被九州铁道公司聘用，为九州岛内的铁路建设工作了5年，他在接受了日本铁道公司的委托后，提出了线路方案和砖拱高架方案。1894年，中日甲午战争爆发，项目不得不中止，鲁姆修特返回了自己的国家。

1898年，政府为了进一步深化方案，聘用了土木工程师巴尔察。鲁姆修特在建设柏林市铁路时，巴尔察是鲁姆修特的下属。该项目于1899年开始收购土地，1900年动工。在伦敦、巴黎这样的大城市，铁路总站建在已完成市区的外围，并作为前端形成铁路的终点，但未能实现总站的功能改善和相互联系。巴尔察根据这些对功能改善的尝试，提出了车站建筑物的结构和设计方案，其中还包括站台上下设施、中央大厅等的布局。巴尔察的车站建筑物方案尊重日本人的审美观，试图引进日本的传统风格，以砖瓦结构打造的正门和屋顶原本计划采用一种融合日本和西洋的折中方案，但最终未能实现。1903年巴尔察回国，1907年新永间建筑事务所的冈田竹五郎所长敲定了东京站的设施规划。东京站建筑物的设计被辰野金吾博士所继承。巴尔察方案计划建造分别由3个大型出入口构成的建筑物（图2-19），而辰野方案将其设计为含有酒店、车站业务设施等的一体化大型车站建筑物，形成了欧美文艺复兴风格的钢筋混凝土结构。一般情况下，谈起东京

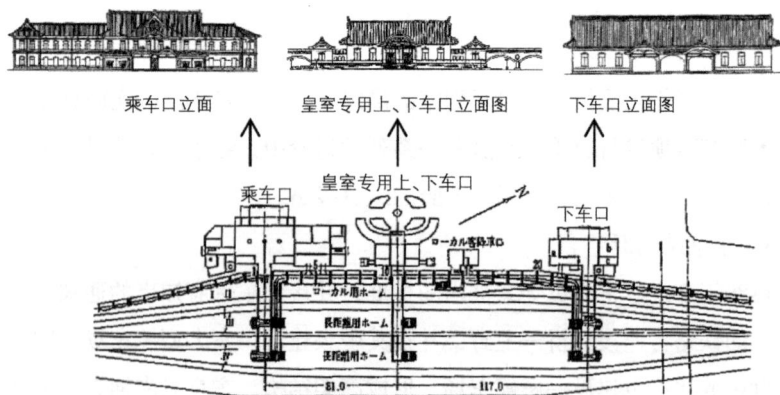

图2-19　F. 巴尔察的规划案
（资料来源：公益财团法人铁路综合技术研究所提供）

照片2-6　开通时的东京站
（资料来源：铁道博物馆提供）

照片2-7　辰野金吾
（1854～1919）

站，大多想到的是辰野金吾博士的设计，但其基础部分还是巴尔察的方案占主体。由于东海道和东北的运输量横断面的差异、信号方式的不同、拥堵的加剧等原因，鲁姆修特方案中的东海道和东北两线的列车相互驶入未能实现。但是，经过100年的努力，纵贯东北的路线将在2016年完工，互相驶入也将成为现实。综上所述，东京站始建于1908年，于1914年完工。

9）山手环形线的完工

东京站完工时，中央线已完成截至万世桥的路段。另一方面，日本铁路公司于1890年开通了上野—东京之间地面上的秋叶原货运站。得益于城西地区的发展，中央线驶入东京的路段建设得比上野—东京线更快。1919年，东京—万世桥之间的线路完工，中央线的起点位于东京。从此时开始，中央线电车和山手线电车可以互相驶入的阿尔法字形线路"中野—新宿—东京—品川—池袋—上野"，即"NO"字形线路得以启动，并实现了12min一班车的间隔。日本铁路公司拥有上野—东京之间线路的授权，但未着手动工。1906年的铁路国有化后，于1923年着手动工，中途遭遇关东大地震，最后于1925年完成了上野—神田之间的线路。由此，山手线的环形运行启动，两年后的1927年，4min一班的通勤车开通。此后，东北总干线成为东京站的起点（图2-20）。

照片2-8 根津嘉一郎
（1860～1940）

图2-20 保留到最后的山手线——
东京—上野的完工

2.2.2 战前民营铁路各条线路的建设

1）东武铁道

日本首个私营铁路是日本铁路公司（成立于1881年）建设的，这接近于现在的PFI（民间主动融资），之后依据铁路国有化法（1906年）成了国营铁路。目前还是作为私营铁路存在且没有更改公司名称的公司有3家，其中之一便是关东的东武铁道（另外两家是近江铁道、岛原铁道）。1887年私营铁路建设条例得以施行，提交创立申请、企业招股说明书并领取临时授权后，再提交缜密的建设计划并领取授权，以接近现在的制度建立起来。1895年，东武铁道申请从东京本所区到栃木县足利町的铁路铺设，并在1907年获得批准。建设的主要目的在于运输两个地方的织造产品，连接了没有享受到国营铁路之便的澳洲街道沿线的城镇。1899年，北千住—久喜之间的线路开通。1903年，利根川附近的川俣间线路开通。1904年，延伸到总武铁道的龟户后，曳舟、业平桥也得以开通。横跨利根川需要540m的大型铁索桥，而在经营状况不稳定的当时难以实现。1905年，甲州出身并建立了甲州财阀的股东根津嘉一郎就任社长后建造了利根川架桥，并在1907年延伸到足利，1910年延伸到伊势崎。然后从杉户（现在的东武动物园站）开始分支，1929年进入日光。虽然本地的酒店经营商、东照宫相关运营商以游客当天返回将造成地方没落为理由进行了强烈的反

66

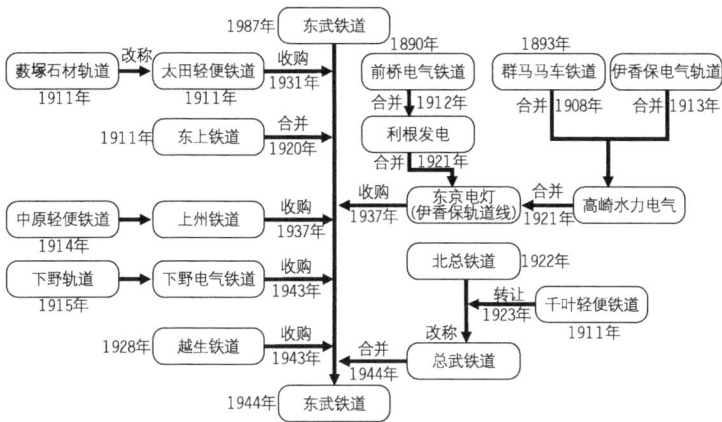

图2-21　东武铁道的变迁
（资料来源：根据东武铁道主页及维基百科制作）

对，但还是进行了日光电气铁道、日光汽车系列化和日光登山铁路的建设。通过日光的大众化和对运输的垄断，使公司得到了极大发展。之后与国营铁路在争夺日光客运方面开展了激烈的竞争，东武铁道投入DEHA10系列浪漫特快，以高速运行和豪华车辆为卖点。鬼怒川温泉得到开发后，开始提供以大范围景点观光和铁路为中心的交通服务，形成私营铁路主导的旅游开发模式。另外，虽然东武铁道拥有伊香保轨道线（高崎线和前桥线）和日光轨道线，但在1956年和1968年相继被撤销（图2-21）。

市中心的浅草（现在的业平桥）—浅草雷门（现在的浅草站）在1917年开通，浅草的总站与地铁相连，同时建造了百货商店，成为东京首个私营铁路和主站百货商店（松屋）合作的商业模式。

　　2）西武铁道

西武铁道前身之一的川越铁道从1889年已开通至八王子的甲武铁道的国分寺开始分支，作为连接以荒川水运著称的货物集散地川越的线路，于1894年开通了国分寺—久米川之间的线路（现在的东村山），于1895年开通了久米川—川越之间的线路。甲武铁路之所在分支线路方面发挥重要作用，主要是因为甲武铁道的高层雨宫敬二郎曾是川越铁道的大股东。川越铁道一般选择避开水田、沼泽、山岳、荒川渡河的路线，建设成本也较低，所以成为一家经营业绩良好的铁道公司。川越反对建设铁路，而且也反对使用自己的名称，但中途的所泽发动全镇的人进行招商引资，并无偿提供（3305.79）m²的土地，建成了现在的所泽站。1906年，川越电气铁道开通了川越—大宫之间的线路，使线路延长到大宫。同年，随着铁路国有化的实施，甲武铁道被国有化，但由于川越铁道并非主干线，所以没有被国有化，继续运营私营铁路。

进入大正时代后，1914年开通了东上铁道（池袋—川越，之后与东武铁道合并），1915年开通了武藏野铁道（池袋—饭能）。因为这些市中心直通线路的开通，收入减少的川越铁道于1916年收购了村山轻便铁道（箱根崎—东村山—吉祥寺）的线路铺设权，之后还在1927年开通了高田马场—东村山的村山线。川越铁道与川越电气铁道和西武轨道一起被武藏水电并购，之后经由帝国电灯分离出铁轨部门，成为"原"西武铁道。

另一方面，武藏野铁道以池袋—所泽—饭能为中心，通过与浅野财阀的关系，积极推动了运营，但由于1929年世界经济危机造成的业绩恶化，提出了大泉学园构想的堤康次郎成为大股东，开始从事运营。这一地区集中了以川越铁道为代表的原西武铁道和武藏铁道这两家公司。1938年，依据陆路交通事业调整法，被划分的这一地区以武藏铁道并购西武写道的方向发展，但实际并购是在战后的1945年，成立了西武农业铁道，由此1946年诞生了西武铁道（图2-22）。

3）小田急电铁

小田急电铁的成立，始于1910年利光鹤松在栃木县成立的鬼怒川水利电气株式会社，作为水力发电的供应商向电气化铁路供电。向东京市电的王子电气轨道供电后，利光鹤松于1919年成立了东京高速铁道，申请了东京市内及到小田原为止的铁路铺设授权，并于1922年获得了内藤新宿—小田原之间的铁路铺设授权。1923年公司更名为小田原急行铁道株式会社，起点从内藤新宿变为新宿，并于1927年开通了新宿—小田原之间的线路，1929年开通了相模大野—片濑江之岛之间的线路。1941年与鬼怒川水力合并，公司名称变为小田急电铁株式会社。

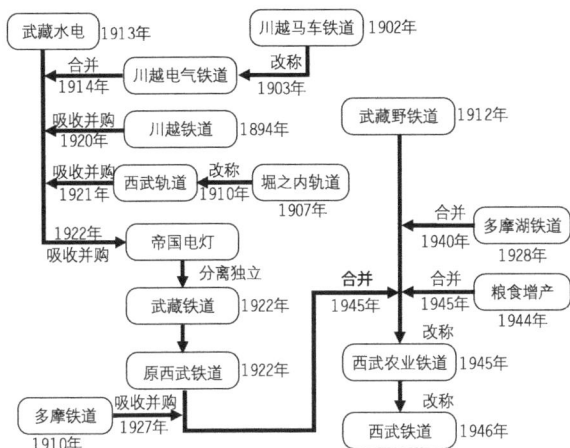

图2-22 西武铁道的变迁
（资料来源：根据西武铁道主页及维基百科绘制）

照片2-9 堤康次郎
（1889～1964）

1942年与京滨电气铁道一起被东京横滨电铁合并，成为东京急行电铁；但在战后的1948年其又从东京急行电铁分离独立，成为小田急电铁。分离独立时，作为将原来由小田急电铁运营的井之头线转移至京王电铁管理之下的一个环节，通过收购箱根登山铁道，从1950年开始启动了箱根汤总站的驶入（图2-23）。

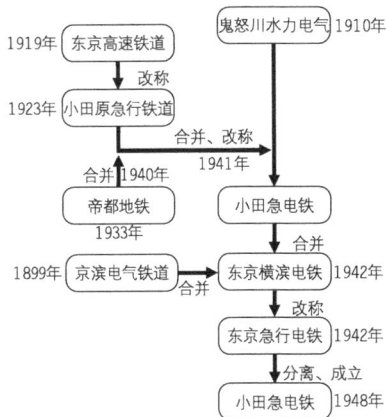

图2-23 小田急电铁的变迁
（资料来源：根据小田急电铁主页及维基百科绘制）

照片2-10 利光鹤松
（1864～1945）

4）京王电铁

京王电铁源自京王电气轨道和帝都电铁这两个铁路公司。京王电气轨道是日俄战争后在经济形势大好的情况下制定电气化铁路的计划之一。1906年还制定了武藏电气轨道计划，沿着交通量大的甲州接到规划了新宿—府中之间的线路，并计划驶入市区，轨距达到1372mm。1910年改称为京王电气轨道，1913年开通了笹塚—调布之间、1916年开通了新宿—府中之间的线路。但当时的运营状况非常严峻，不得不向森村银行请求帮助，同时由玉川电气铁道的董事井上笃太郎就任专务，推动运营的重建工作。府中之后，玉南电气铁道作为地方铁路于1922年成立，并在1925年开通了府中—东八王子之间的线路。1926年，京王电气轨道并购了玉南电气铁道，将轨距从1067mm改为1372mm，并在1928年启动了新宿—东八王子之间的直通运营。虽然其计划驶入东京市电，但最终未能实现，现在还是以这样的轨距运行，成为关东地区极少数的铁路轨距（京成电铁一开始与市营地地铁直通运营时是1372mm，于1959年改为1435mm）。

帝都电铁抚育并合并了1928年成立的东京山手急行电铁（后改称东京郊外铁道），以及同年成立的涉谷急行电铁。东京山手急行电铁是连接山手线外侧的大井町—自由丘—中野—板桥—尾久—北千住—平井—洲崎的线路，由利光鹤松担任社长，大田平一担任副社长，该计划源自小田原急行电铁公司总部的内部。五私铁疑狱事件发生后，大田一平被起诉、关押，受到恐慌的影响，该计划也被中止。涉谷急行电气铁道也在恐慌下将授权权利卖给了鬼怒川电气。利光鹤松试图合并两家公司未完成的线路，在1930年成立了东京郊外铁道，首先启动了原涉谷急行电气铁道的涉谷—吉祥寺之间线路的施工。1933年，涉谷—井之头公园之间的线路开通。1934年，井之头公园—吉祥寺之间的线路开通。东京山手急行电铁区间的施工计划为全线疏导的立体交叉型，但由于施工费较高，于1932年改为高架方式，同时由于东京市的城市规划被修改，被要求改变计划，1936年驹込—洲崎的授权失效、1940年大井町—驹込的授权失效后，该计划被撤销。但是，山手特快线路的先行施工的遗迹今天依然还在，井之头线明大

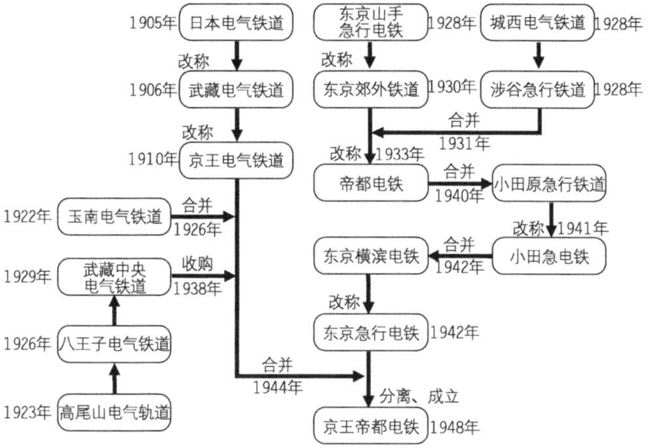

图2-24　京王电铁的变迁
（资料来源：根据京王电铁主页及维基百科绘制）

前附近还保留着计划建设山手特快线的交叉部分构造物（图2-24）。

5）京滨急行电铁

该线路源自大师电气铁道，于1898年开通，延长了2km，轨距为1435mm。该线路原本计划运输从国营川崎站到川崎大师的参拜游客，但遭到人力车集团的达摩组的激烈反对，只好以六乡桥附近为起点发放联络票，并进行公路的拓宽和樱花树的栽植才得以开通。1899年，以立川勇次郎为中心并购了大师电气铁道，成立了统一京滨之间铁路的京滨电铁。1901年，六乡桥—八幡—大森停车场之间的线路开通。1902年，蒲田—穴守之间的线路、六乡桥—国营川崎之间的线路开通。品川、横滨的两端计划建设东京市电和横滨市电的直通线路，所以在1904年将轨距改为1372mm。1904年，品川（八山）—八幡之间的线路实现了总干线化。1905年，川崎—神奈川停车场、品川—神奈川停车场之间的线路实现了总干线化。东海道和横滨市电建造的临时横滨可以

照片2-11　井上笃太郎
（1859～1948）

换乘横滨线，但驶入横滨较慢，国营横滨站在进入第三代才移至现在的位置（1928年）。而到了1930年，京急横滨站也得以建成。品川侧夹住了八山桥，所以东京方面只好徒步换乘东京市电，而川崎方面只好徒步换乘京滨电铁。1924年，铁道省计划拓宽线路，所以随着八山桥被改建为铁路桥，首先驶入的便是东京市电。1925年，京滨电铁修建了停车场，并可以互相驶入，高轮—北品川之间的线路可以共用运行。高轮站位于夹住省线品川站和公路的位置，在20世纪50年代之前是京滨急行的公司总部。

　　另一方面，湘南电气铁道以三浦半岛方面的观光旅游和货运为目的，虽然在1923年获得了授权，但不幸遭遇关东大地震，公司自身处于危险之中。所幸得到京滨电铁经营层的支援，加强了与京滨电铁之间的联系。野村龙太郎成为发起人代表，在1930年开通了黄金町—浦贺、金泽八景—湘南逗子之间的线路，轨距为1435mm。1931年横滨—黄金町之间的线路开通后，湘南电气铁道便驶入了横滨。此时还经由日出町进入横滨，与京滨电铁在同一站台换乘车辆。1933年，京滨电铁全线再次更改轨距，同时将东京方面的起点站从高轮变为省线品川站。与直接驶入受限较多的有轨电车相比，高速铁路更加有利。由此，品川—浦贺之间的线路以标准铁轨连接，开始了直通运营（图2-25）。

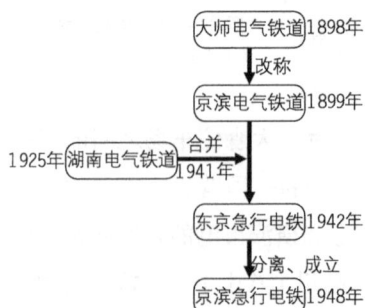

图2-25　京滨急行电铁的变迁
（资料来源：根据京滨急行主页绘制）

照片2-12　立川勇次郎　　照片2-13　野村龙太郎

京成电气轨道1909年

收购 1912年 ← 帝尺人车轨道 1907年 ← 改称 帝尺人车铁道 1912年 1899年

收购 1925年 ← 成田电气轨道 1916年 ← 改称 成宗电气轨道 1925年 1908年

吸收合并 1930年 ← 筑波高速度电气铁道 1928年

改称 ↓ 京成电铁 1945年

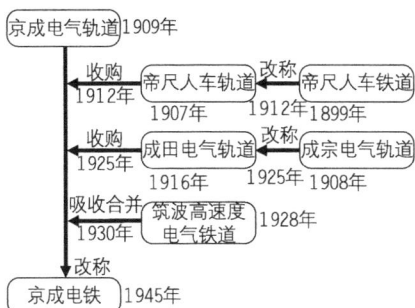

图2-26　京成电铁的变迁
（资料来源：根据京成电铁主页及维基百科绘制）

照片2-14　本多贞次郎

6）京成电铁

京成电铁的前身京成电气轨道在1909年才成立（初代社长是本多贞次郎），公司的名称源自东京的"京"和成田的"成"，京成线当时是连接这两个地方的运送参拜游客的电车计划线路。国营铁路在1894年已开通至本所（现在的锦系町）—佐仓，而成田铁路在1897年开通至佐仓—成田，致力于参拜游客的运输。1912年，押上—江户川、曲金（现在的京成高砂）—柴又之间的线路开通。1916年，江户川—船桥之间的线路开通。1921年，船桥—千叶之间的线路开通。开通至成田是1926年的事情，最初只是到了距离花咲町车站不到300米的地方，而延长至现在的京成成田站是4年以后，即1930年的事情。成田山新胜寺的门前町做出的贡献巨大，而当门前町被撤销后，附近再也没能建造车站。市中心的押上是一个不方便的车站，所以原本计划驶入浅草，但由于被东武铁道抢先，只好放弃了计划，转而收购拥有上野公园—日暮里—筑波、梅岛—松户之间线路授权的筑波高速度电气铁道，并在1931年开通了日暮里站，1933年开通了上野公园站。首个驶入山手线内侧的是私营铁路，同时也是东京城郊电车的首个地下总站（图2-26）。

2.2.3 战前城市的发展和铁路的建设

1）第1次城市化的浪潮

中日甲午战争结束后，日本经济迅速发展，之后虽然经历了不景气，

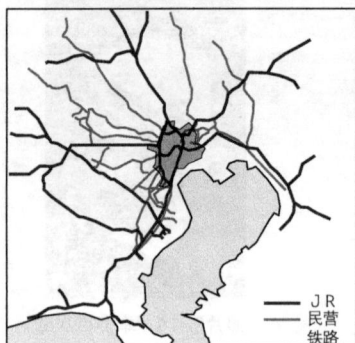

图2-27 1923年的城市圈

但得益于第一次世界大战的爆发再次恢复了元气。日本远离欧洲战场，通过向列强出口产品，工业和经济都得到极大发展。特别是轻工业中的纺织、造纸、棉布等的生产增加。日本商船的运输量增加，海运行业得以兴隆，这也带动了工业的生产，电力、煤、炼铁工业迅速增长。

经济快速增长的同时，东京的人口集中现象加剧，市区的人口急剧增加，城郊的城镇化也在快速推进。特别是1923年（大正12年）的关东大地震之后，其倾向越发明显。

在实施第1次国势调查的1920年（大正9年），东京老城区的人口有217万，城郊部分有118万，城郊人口只有市内的一半。但到了1923年（大正12年），城郊人口超过了市内人口（图2-27），1930年（昭和5年）城郊人口达到250万，市内人口为200万。

城郊人口的职业构成中，农林水产占3.6%，工业占11.0%，商业占21.7%，交通行业占2.1%，公务员和自由职业占36.8%，其他占24.5%，公务员和自由职业及其他占据了60%以上的比例。城郊居民一般从事第三产业，其大部分在城市及其周边工作、生活，产生了巨大的城市交通量。1930年，向市内流动的通勤、上下学的人流量达到每天30.4万人，向市外流动的人流量达到3.6万人，市内和城郊产生了大量的定期交通，有利于铁路的发展（图2-28）。

2）城市铁路的发展

东京的城市铁路作为连接市区和周边城市的枢纽，建成于日俄战争之后，在经历第一次世界大战后，以通勤为运输主体，正式开始了扩展。该城市铁路通过电化和运行电车，使高速运输成为可能，这一点意义非凡。东京最发达且发展最快的地区是城南地区，所以铁路建设依照城城西、城北、城东的顺序开展。

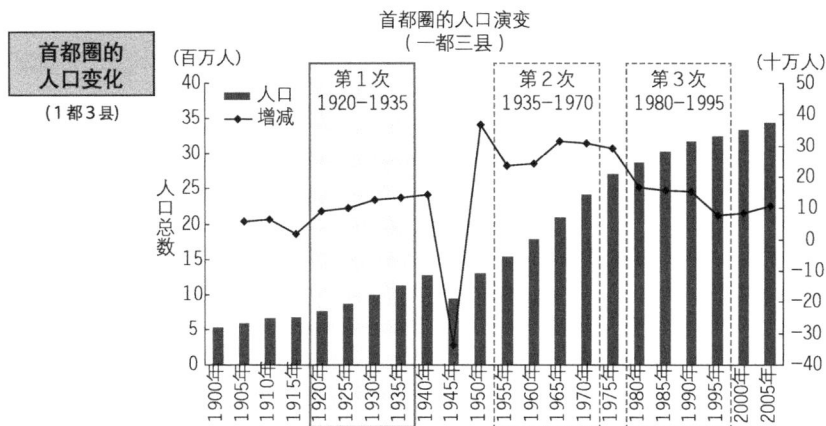

城市化	期间	社会背景	增加的情况	铁路建设的情况
第1次	1920～1935年左右	轻工业的发展	缓慢增加	大致建成目前的铁路网络
第2次	1955～1970年左右	重工业和化工的发展	急剧增加，都市圈扩大	直通地铁；复线化等运输能力的增强
第3次	1980～1995年左右	IT和服务产业的发展	缓慢增加	有效利用现有网络的运输改善

图2-28　首都圈城市化的进程

　　城南地区，1902年（明治34年）开通了京滨电铁的川崎—大森线，1907年（明治40年）开通了玉川电铁的涉谷—玉川线。城西与城北之间，1911年（明治44年）开通了王子电气轨道，1913年开通了京王电气轨道，1915年开通了武藏野铁道。城东方面并非有明治时代建设的铁路，而是大正时代开通的京成电气铁道。

　　在大地震之前包括有轨电车的私营铁路线长超过了400km，远超国电的90km。

　　私营铁路在大地震后，以需求增加和经济复苏为契机，不断进行扩张，在1927年（昭和2年）到1940年（昭和15年）的14年间开通了468km的铁路。截止1940年（昭和40年），线路长达到994.7km。

　　另一方面，国电电车区间在1919年（大正8年）以后开始正式扩展，1925年（大正14年）开通了神田—上野之间的线路，完成了山手环形线（图2-29）。

　　1932年（昭和7年），御茶之水—两国之间的线路开通后，依次向市川、船桥、千叶延伸，使电车在1935年（昭和10年）延伸至千叶。

图2-29　大正14年（1925年）的路线图

中央线是最早实现电车化的线路，饭田町—中野之间的线路在1904年（明治37年）就进行了电车化。此后依次延伸，1919年（大正8年）延伸至东京，然后是吉祥寺、国分寺、国立、立川、浅川（高尾），并在1930年（昭和5年）开通了东京—浅川之间的电车线路。1930年（昭和5年），横须贺线也开通了电车。

东北线于1909年（明治42年）在山手线的品川—上野之间开通了电车，1928年（昭和3年）延至赤羽，1932年（昭和7年）延至大宫。

常磐线于1937年（昭和12年）开通了上野—松户之间的电车线路，并在这一年的1937年（昭和12年），南边延至横须贺线，东海道延至沼津。国营电车的区间开通了东京—樱木町之间的线路，南边开通了—浅川之间的线路，北边开通了—大宫之间的线路，常磐线开通了上野—松户之间的线路，东边开通了御茶之水—千叶之间的线路。

首都圈的第1次城市化是在1920～1935年之间。考虑到这一点，1937年（昭和12年）之前开通首都圈的国营铁路电车通勤线路意义非凡。战前，投资主要集中在铁路方面，社会基础设施的建设得到发展。当我们看今天的铁路网络时，可以说战前1937年之前已完成了其骨架的建设（图2-30，图2-31）。

3）汽车的发展

1929年（昭和4年）爆发的世界经济危机使肩负东京城市交通的铁道公司处于严峻的经济形势之中。铁路行业的复苏也比日本的其他产业慢，除了经济低迷造成的铁路运输量的绝对值降低之外，汽车运输的出现夺走了铁路运输的客户，极大动摇了铁路运输的垄断地位。

日本首次引进汽车是在1901年（明治34年），那时美国只有8000辆左

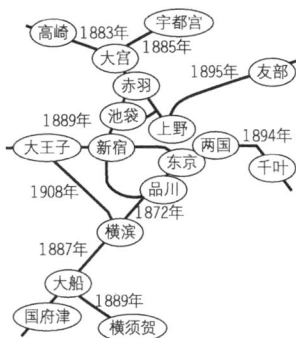

图2-30　JR近郊路线的建设历史

■：1078年原东京市区15区
▧：现在东京都23区

图2-31　民营铁路线的建设历史（1928年）

右的汽车。之后，美国拥有的汽车数量飞速提升，而日本的增长速度却比较缓慢，终于在1914年（大正4年）突破了1000辆，其主要原因在于车辆、汽油的价格高，以及道路状况恶劣、高关税、政府的汽车敌视政策等。

之所以有这样的政策差异，原因在于汽车的出现对以铁路为中心的交通体系造成威胁，夺走了国家运营的国营铁路的顾客，所以从自己的利害关系出发，没有帮助汽车的发展，反而将其放置不管，甚至对其进行压制[①]。

但是，第一次世界大战后的经济发展使汽车数量有所增加，1918年超过了4500辆，1921年超过了12000辆。

关东大地震后到1936年（昭和11年），汽车交通所有发展。地震发生4年后，汽车数量增加了4倍，从12000辆增至51000辆。以地震为契机，汽车交通得以发展的原因在于地震破坏了铁轨，汽车作为辅助性的应急交通工具开始展现其

照片2-15　首辆客运汽车——TT型福特汽车（定员11人）

（资料来源："东京都交通局50、80年史"东京都交通局）

---

① 中西建一. 日本私有铁路史研究 [M].

第二章　东京的城市化和铁路网的形成　　77

价值，同时还通过修改关税放宽了进口的门槛。

巴士在地震后被大量引进，并在1927年（昭和3年）引发了巴士热潮，几乎所有的电铁公司都开始运营巴士事业。但在1925年（大正14年）到1935年（昭和10年），地方铁轨停止巴士运营的有22起（160km），汽车交通的发展不断受到限制。

出租车也得到了发展，虽然1915年只有200辆，但在1922年（大正11年）就增至1200辆，并在地震后迅速增加，1924年（大正13年）增至3100辆，1925年（大正14年）增至3800辆，1927年（昭和2年）增至6700辆。出租车之间的竞争也变得激烈，产生了市内统一的"1日元出租"。1935年（昭和10年）出租车增至8100辆，在城市交通方面了发挥了巨大作用。

4）对汽车交通的限制

汽车交通的发展使铁路运营产生了问题，不仅停留在交通产业的合理化，还发展为交通管制。

1928年（昭和3年），运营国营铁路的铁道省掌握了原本属于递信省的陆运监督权，开始着手管制与铁路处于竞争关系的巴士路线，同时坚持"1路线、1运营"的方针，实际上限制了巴士运营的许可权。1931年（昭和6年）制定的《汽车交通事业法》，作为扫尾措施将巴士运营商的所有许可权收入手中。铁道省在保卫铁路的名义下开始自己运营巴士事业。

照片2-16　1955年（昭和35年）左右的上下班高峰

铁道公司也在积极进军巴士事业的同时收购中小运营商，并推动了出租车的整合。但其实他们主要是为了保护铁路的利益，阻止汽车交通行业的发展当初并不是为了实现铁路和汽车的合理配置。从这一点看上，铁道部和电气化铁路的利害一致，国家和电铁资本结合在一起，汽车交通被整合，推动了以电气化铁路为主的交通系统。

2.2.4 战后城市铁路的建设

1）国营铁路战后的通勤铁路运输改善

今天的通勤铁路网络建设在战前已基本形成。虽然战前市中心的铁路稍微有点短，但复线化电车专用线路的建设和客货分离已完成一部分。通过建设国营铁路的通勤电车线，解决了第1次城市化产生的问题。

但到了战后，由于战时对设备的滥用和投资限制，恢复疲惫的铁路设施是当务之急。在这样的形势下，战后的第2次城市化浪潮源自1955～1970年（昭和30年～昭和45年）的重工业化和化工化。第2次城市化的规模大，发展速度也非常快。东京近郊线路在通勤时间段的拥堵非常严重，被称之为"通勤地狱"。1960年（昭和35年），中央快速线的拥堵率达到279%，东北本线达到307%，常磐线达到247%，总武本线达到312%。国营铁路将旧式电车和客车更换为新型电车101系列和113系列，试图通过加强列车来解决拥堵问题，但还是赶不上运输量的增加，需要在增加线路的同时从根本上加强运输能力。但是，国营铁路对需要巨额资金的通勤投资极为消极，对此国营铁路总裁石田礼助还发表了下述言论。

"接下来必须说明一下通勤方面的措施。现在想起来，当时的想法是错误的。当时我对国营铁路投入巨额资金发展通勤交通的

照片2-17　中野—三鹰间复线化施工照片
（资料来源：东京第一施工局. 东京第一施工局八十年史.）

意见是消极的。也就是说，国营铁路对大城市的通勤运输也负有一部分责任。本来，这是政府或东京都、大阪市等的大城市当局采取主动，同时与住宅政策相关联的问题，但并不是国营铁路能够单独解决的问题。我认为国营铁路还是应该将重点放在其他无人能及的主干线运输能力强化方面，同时推动相应的投资。该意见在国营铁路的投资计划中也有反映，而且主干线重点运输是国营铁路的一贯总方针，而通勤运输只停留在小规模的投资。所以，我对现在所谓的"通勤地狱"负有很大的责任。就任总裁后，我看到新宿和池袋的拥堵情况，深刻感觉到自己的错误。现在已不是追究是政府的工作，还是城市的工作的时候，如果继续这样放任不管，将会造成非常严重的结果。无论如何，必须马上采取措施。我们应该痛改前非，以缓和通勤通为大目标，尽快采取妥善的措施。"

——石田礼助"充实的6年零3个月"，《日本国有铁道检查委员会10年的步伐》，1966年12月（引用自维基百科．通勤五方面作战．）

在这种情况下，通勤轨道运输能力的加强被国营铁路第3次5年计划定位为重点投资线路，并在1965～1966年（昭和40年～昭和44年）之间投入了6800亿日元巨额投资，推动了五方面作战（图2-32）。以复线化为中心的方针如下所述：

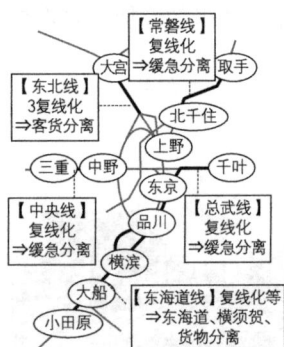

图2-32　国营铁路五方面作战的主要轨道建设

○通过新的投资从根本上满足超过现有设施能力的运输需求；

○为了解决时刻表过于密集的问题，以确保安全运输，尽量分离与主干线运输竞争的通勤运输线；

○在必要区间，向直通市中心的地铁驶入国营电车。

具体线路如下所示：

• 东海道线：增加东京—小田原执之间的线路，东海道线和横须贺线之间的分离，以及总武线和横须贺线的互相直通。

• 中央线：增加中野—三鹰之间的线路，以及地铁东西线的互相直通。

• 东北本线：增加赤羽—大宫之间的线路，客运和货运的分离，以及中电15车厢化。

• 常磐线：增加绫濑—取手之间的线路，中电的缓行分离，以及地铁千代田线的互相直通。

• 总武线：增加东京—千叶之间的线路，快速和缓行的分离，以及横须贺线的互相直通。

通过这些政策，五方面作战的效果显著。比较1965年（昭和40年）和1980年（昭和55年）的运输情况，东海道线高峰时期的运输能力从13.1万人/小时增加至18.2万人/小时，增长140%；中央线从10.7万人/小时增加至14.1万人/小时，增长132%；东北线从9.6万人/小时增加至14.9人万/小时，增长155%；常磐线从6.0万人/小时/增加至12.1万人/小时，增长202%；总武线从9.7万人/小时增加至12.3万人/小时，增长127%；总运输能力从48.5万人/小时增加至71.3万人/小时，实现了147%的增长。根据2003年（平成15年）的调查，京滨东北线的通勤时间段拥堵达到225%，中央快速线达到218%，总武缓行线达到218%，东海道线达到204%，常磐缓行线达到200%。近年来拥堵率能够得到一定程度的控制，可以说主要得益于五方面作战的效果。

通勤五方面作战的资金来自财政投资和融资的贷款。其负担与当地线路建设和新干线建设相同，造成了国营铁路的财政恶化，而且是导致国营铁路民营化的间接原因之一。但是，也有人对其和新干线一起做出了积极的评价，认为首都圈的通勤运输措施吸收了首都圈巨大的需求，成为未来JR东日本的运营基础，不仅限于首都圈，还支援了整个日本经济社会的高速发展。

而且，除了通勤五方面作战的完成，作为新的通勤运输对策还提出了新五方面作战（1972年），作为开发主导线路的特性。

①东海道、东北方面开发线。

②中央、总武开发线。

③高崎、常磐开发线。

由于国营铁路的运营情况恶化及与民营分割，使国营铁路成为项目主体，所以计划并没有得到贯彻实施，JR化后这些计划得以继续，建设了崎京线、京叶线、筑波特快、湘南新宿线、地铁各线等具备相同性质的通勤铁路。

2）民营铁路战后的通勤铁路建设

A．东武铁道

较早完成了网络化的东武铁道作为战后的通勤运输措施，于1962年开启了与营团地铁日比谷线互相直通的运营。为了解决包括该条线路的北千住方面的运输量增加，采取了根本性的措施：于1974年完成了北千住—竹之塚之间的高架复线化；东武日光线整体的复线化完成于1973年；竹之塚—草加的高架复线化完成于1988年；北千住站的改良和草加—越谷的高架复线化完成于1997年，开通了与营团地铁半藏门线的直通运营；越谷—北越谷的高架复线化完成于2001年。另一方面，东武东上线于1987年完成了和光市—志木的复线化，并开通了与营团地铁有乐町的互相直通运营。

如上所述，东武铁道通过一体化推动与地铁的互相直通运营和与连续立体交叉项目的一体复线化业务，加强了通勤铁路的运输能力（图2-33）。

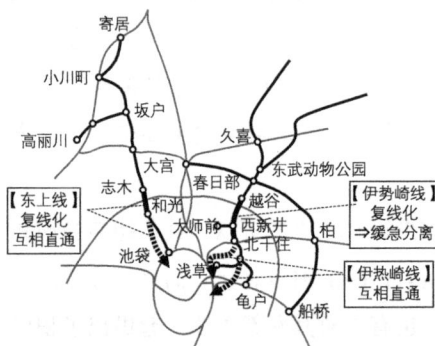

图2-33　东武铁道的主要通勤铁路建设

B．西武铁道

战前，在不断上演公司并购的好戏后，西武铁道终于在1946年成立。1950年开通了小川—玉川水上之间的线路，1926年开通了小川—萩山之间的线路，1925年开通了高田马场—西武新宿之间的市中心直通特快线路。同时线路名称进行了更改；武藏野线改为西武池袋线，村山线改为西武新宿线。新建的线路有1968年开通的玉川上水—拜岛之间的线路、1969年开通的吾野—西武秩父之间的线路。池袋线加强了作为通勤铁路的运输能力，经过1983年开通小竹向原—新樱台

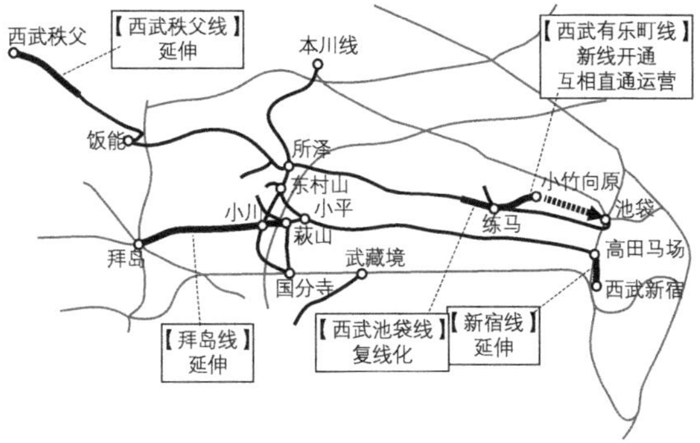

图2-34　西武铁道的主要通勤铁道

之间的线路，1994年开通练马—新樱台之间的线路后，1998年启动了与营团地铁有乐町线的互相直通运营。池袋线与有乐町线的互相直通运营，继小竹向原—练马的新线路建设后，依次建设了以西的复线化，并在2012年完成了截止于石神井公园的线路。新宿线作为特快线路，原本计划进行复线化，但预测无法带来运输量的增加，中止了计划。综上所述，西武铁道的运输能力增强促使池袋线完成了互相直通和复线化，但由于竞争线路较多，新宿线至今还未实现互相直通和复线化（图2-34）。

C. 小田急电铁

1948年，小田急电铁从东京机型电铁分离、独立，开始了战后的经营。之后从事多摩新城市铁路开发，于1974年开通了多摩线新百合丘—小田急永山之间的线路，于1975年开通了多摩线小田急永山—小田急多摩中心之间的线路，于1990年开通了多摩线小田急多摩中心—唐木田之间的线路。作为加强通勤运输能力的措施，于1978年启动了与营团地铁千代田线的相互直通运营。同时，代代木八幡—东北泽之间的线路开通后，完成了复线化。伴随新宿西口广场的建设，小田急线新宿站于1964年完成了第1次建设，包括南口站建筑物的全面改良和南新宿站的转移。第2次新宿站大规模改良于1982年完成。复线化的延伸工程需要与立体交叉项目一体推动。作为东北泽的延伸，规划了东北泽—和泉多摩川之间的线路，1997年开通了喜多见—和泉多摩川之间的线路，2004年开通了世田谷代田—喜多

图2-35　小田急电铁的主要通勤铁路建设

图2-36　京王电铁的主要通勤铁路建设

见之间的线路。目前，东北泽—世田谷代田之间的线路正在建设之中，现有线路的地下化在2013年完成，复线化正在进行之中（图2-35）。

D. 京王电铁

京王帝都电铁在1948年开通了京王线和井之头线，1955年开通了竞马场线，1964年开通了多摩动物园线，1967年开通了高尾线，1971年开通了相模原线京王多摩川—京王读卖乐园之间的线路，1974年开通了相模原线京王读卖乐园—京王多摩中心之间的线路，1988年开通了相模原线京王多摩中心—南大泽之间的线路，1990年开通了相模原线南大泽—桥本之间的线路，由此相模原线从京王多摩川到桥本的全线得以开通。京王新宿站于1963年开通。作为加强运输能力的措施，1978年开通了京王新线（笹塚—新线新宿站），新宿—笹塚之间的线路以增加线路的形式实现了复线化。1980年，与都营地下铁新宿线的互相直通运营。由此，京王线的运输能力加强得以完成（图2-36）。

E. 京滨急行电铁

战后的京滨急行是1948年从大东急分离出来的。作为新线路，1956年开通了穴守线（现在的机场线），即穴守稻—原羽田机场之间的线路；1966年开通了截止久里滨线三浦海岸的线路；1975年开通了截止久里滨线三崎口的线路。作为加强运输能力的措施，通过1968年开通品川—泉岳寺

84

之间的线路，开启了与市营浅草线之间的互相直通运营。京急线较早就完成了互相直通运营，但之后没有采取从根本上加强运输能力的措施，反而致力于羽田机场进入线路的建设，1993年延伸了机场线穴守稻荷—天空桥之间的线路；1998年延伸了机场线天

图2-37　京滨急行电铁的主要通勤铁路建设

空桥—羽田机场之间的线路，完成了机场进入铁路；2010年，主干线及机场线京急蒲田—大鸟居上的高架化完成，同年开通了羽田机场国际线总站。京急线与同步的JR线（东海道线、横须贺线和湘南新宿线、京滨东北线）和东急东横线的竞争加剧，虽然推动了连立体角相差化项目，但并没有一体推动复线化（图2-37）。

F. 京成电铁

1945年，依据《铁道法》，京成电气的授权从国家变为地方，公司名称也改为京成电铁。对于京成电铁来说，虽然没有实现市中心的驶入，但1956年的《城市交通审议会1号报告》明确指出了与地铁的互相直通运营，1957年京成电铁、都营地下铁、京急3家公司签订了驶入协议。京成电铁的轨距原本是1372mm，之后统一为1435mm，并于1959年实施了更改轨距的施工。1959年轨距更改施工长达82.5km，分为11个区间进行，采用白天正常运营、夜晚施工的方式，线路从中心到两侧分别扩宽了31.5mm。1960年，通过开通都营地下铁押上—浅草之间的线路，日本首个城郊铁路和地铁的互相直通线路开始运营。1968年，都营地下铁大门—泉岳寺之间的线路开通，京成电铁、都营地下铁、京急3家公司开始了互相直通运营。1991年，通过开通北总开发铁道高砂—新镰谷之间的线路，4家公司开始了互相直通线路的运营。在通勤铁路的运输能力加强方面，虽然很早就完成了互相直通运营，但增加线路的项目没有进展，而是致力于成田机场进入线路的建设。成田机场进入线路的建设方面，1978年开通了成

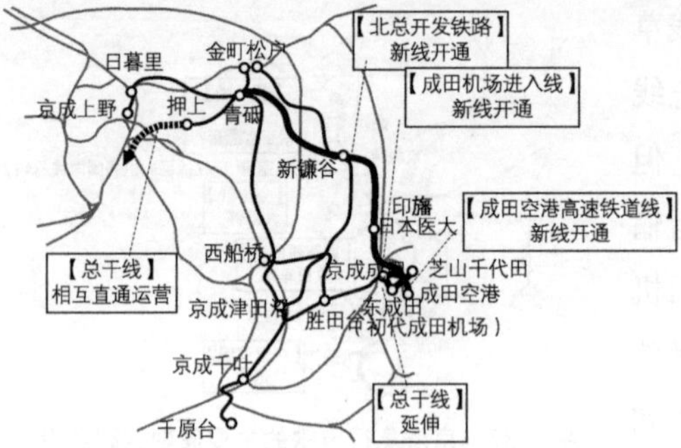

图2-38　京成电铁的主要通勤铁路建设

田—初代成田机场之间的线路。1991年，通过成田机场高速铁道开通了现有的成田机场站，并于JR一起完成了成田机场进入线路。2010年，成田机场线（成田机场进入线路）开通。京成电铁与JR也有竞争，在运输量没有增长的情况下，通过增加线路来加强运输能力的措施没有进展，于是通过推动成田机场进入线路的建设来保证运输量。作为进入机场的铁路，可以说它的情况与京滨特快非常相似（图2-38）。

【参考文献】

[1] 日本国有铁道日本国有铁道百年史（第1卷～第6卷）[M]．东京．交通协力会，1969.

[2] 岛秀雄编．东京站诞生[M]．1990.

[3] 守田久盛，大八木正雄，福田光雄．铁路线变迁史探访续篇第三章[M]．吉井书店，1982.

[4] 越泽明．东京的城市规划[M]．1991.

[5] 蓼沼庆正．国营铁路的通勤运输能力加强投资的事后评估运输政策研究[R]．1998年秋号.

[6] 高松良晴．铁路线形成史[M]．2011.

[7] 官网主页铁路各公司

[8] 维基百科相关项目

2.3 东急电铁的轨道网络的发展及其背景

东急电铁的轨道网络由东横线、目黑线、东急多摩川线、田园都市线、大井町线、池上线、儿童国线、世田谷线这8条线路组成，公司成立于1922年9月2日，以土地开发为主要业务的田园都市株式会社的轨道交通部门分离独立，成立了目黑蒲田

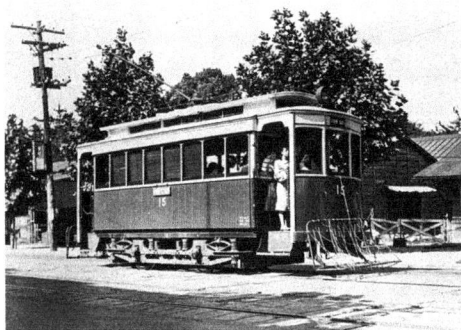

照片2-18　玉电15型（1918年左右）

电铁株式会社（之后的1928年5月5日，这两家公司合并）。如果看单个线路的历史，东横线运营的武藏电气轨道线成立于1910年6月22日，池上线运营的池上电气轨道线成立于1917年6月24日，目黑薄田电铁株式会社成立的时间比这两家公司更早。另外，现在的京王、小田急、京急在一段时期内与东急合并成立了公司（这4家公司于1948年6月1日分离、独立），而民营轨道交通企业主导的轨道线网建设和沿线开发与这种富有流动性的灵活组织形态一同得到发展。接下来，我们将回顾一下东急电铁的轨道线网建设的历史。

2.3.1 轨道网络建设的黎明期

轨道网络建设的历史始于玉川电气轨道线涩谷—玉川（之后的二子玉川园、二子玉川）之间线路的开通。1896年，玉川电气轨道线和玉川砂利电气轨道线几乎同时申请大山街道沿线玉川—三宅坂之间的轨道线路铺设授权，但以1902年2月8日的涩谷—玉川之间轨道线路铺设授权（涩谷—三宅坂之间不授权）为契机，同年3月20日将公司名称统一为玉川电气轨道线。1907年3月6日，道玄坂—三轩茶屋之间的线路开通，4月1日开通了三

照片2-19　池上线五反田站（1928年左右）

轩茶屋—玉川之间的线路，8月11日开通了涉谷—道玄坂上之间的线路，这些线路都是单线，轨距达1067mm。目前撤销的有轨电车在刚开通时，承担了向沿线的村落和商业地块、池尻附近的军事设施运输旅客的任务，连接了运输砂砾货物的车厢，所以被称为"砂砾车"。之后，随着玉川地区的娱乐化和新亭附近的沿线开发项目开始实施，制定了具体的建设计划，并在1920年3月27日实现了驹泽—用贺之间线路的复线化，并与东京市电（之后的东京都电）直通运营，以此为试验，同年9月3日还完成了将轨距从1067mm扩宽为1372mm的施工。1922年6月11日，涉谷—惠比寿之间的线路也得以开通。

1922年10月6日，池上电气轨道线开通了池上线蒲田—池上之间的线路，这是一条向池上本门寺运输参拜游客的线路。1923年3月11日，目黑蒲田电铁株式会社在目黑—蒲田之间的线路中，首先开通了作为第1期工程的目黑—丸子之间的线路，并命名为目黑线。剩下的丸子—蒲田之间的线路于同年4月25日动工，虽然后来在9月1日的关东大地震中遭受了千束变电站倒塌等灾难，但还是于11月1日开通，并将目黑线改为目蒲线。同年的5月4日，池上线从池上延伸至雪谷（现在的雪谷大塚）。

1924年10月7日，目黑蒲田电铁收购了已获得丰多摩郡涉谷村（现在的涉谷区）—横滨市平沼之间线路授权的武藏电铁（武藏电铁之后改称为东京横滨电铁），并获得了东横线丸子多摩川（现在的多摩川）—神奈川（之后撤销）之间的施工授权，同时于1925年4月5日动工，完成了多摩川高架桥的架设和高岛山隧道的挖掘等高难度工程，于1926年2月14日开通了神奈川线，开始了目黑—神奈川之间的直通运营。但是，神奈川并不连接省线（现在的JR东日本），所以在便利性方面还有待加强。

同一时期，玉电网络也得到了扩充。用于复兴关东大地震的砂利运输成为当务之急，所以1924年3月1日 开通了玉川—砧（之后的砧本村、砂利集散地）之间的线

照片2-20　目蒲线开通后的洗足站和电车后面的建筑物是田园都市株式会社的所在地（1923年）

路，5月21日开通从山手线涉谷站地下穿过的涉谷桥—天现寺之间的天现寺线。除此之外，1925年，随着世田谷农村部分的开发，现在的世田谷线部分的三轩茶屋—世田谷之间的线路于1月18日开通，世田谷—下高井户之间的线路于5月1日开通。

1926年7月18日，目黑蒲田电铁启动了大井町线大井町—洗足之间的工程（同年9月1日，洗足站附近的城市化得到发展，但由于地价上涨难以收购土地，所以将施工区间改为大井町—大冈山），并于1927年7月6日开通。作为竞争，同年3月29日开通了玉电惠比寿站前—中目黑之间的线路（中目黑线），7月15日开通了玉川—沟之口（现在的沟口）之间的线路（沟之口线）；由于资金困难和线路更改等原因动工延迟的池上线，也在8月28日从雪谷延伸至桐谷（后来撤销），并于10月9日延伸至大崎广小路。池上线虽然只有300km，但还是在1928年6月17日完成了由于住宅密集导致难以施工的大崎广小路—五反田之间的高架桥，并通过全线开通和连接省线五反田，旅客数量急剧增加。而且由于原本计划跨过山手线延伸至白金和高轮方面，所以在普遍采用钢制门式框架结构的当时，其高度是绝无仅有的。

另一方面，东京横滨电铁运营的东横线在神奈川线丸子多摩川—神奈川之间线路完工的半年后，于1926年12月25日启动了涉谷—丸子多摩川之间的工程，并于1927年8月28日开通了神奈川线改东横线，这一天也

照片2-21 从东横线涉谷站月台出发的电车5000型（1960年）

是池上线桐谷延伸线开通的日子。这一年的12月13日还获得了南部的神奈川—高岛町之间线路的施工授权，并于5个月后的1928年5月18日开通。一系列的铁路网络建设在这一年迎来了最后的时刻。1928年9月6日，目黑蒲田电铁启动了大井町线大冈山—二子玉川之间线路的工程。到了1929年11月1日，自由丘（10月22日以前原名久品佛）—二子玉川线之间的线路开通，12月25日开通了因较迟收购东京高等工业大学（现在的东京工业大学）内用地而剩下的大冈山—二子玉川之间的线路，目黑线至此全线开通。东横线在2年3个月后的1932年3月31日开通了高岛町—樱木町之间的线路后，完成了全线开通。

2.3.2 组织的重组和设备的加强

综上所述，在20世纪20年代，东京西南部的现东急电铁区域内的轨道网络建设快速发展。这其中一个主要原因在于1923年的关东大地震之后，人们的价值观发生了改变，不再流行居住在危险的人口密集市区，而是倾向住在新开发的城郊，然后乘坐地铁上班，形成了日本式的田园城市价值观。另外，玉川电气轨道线、池上电气轨道线、目黑蒲田电铁、东京横滨电铁等各家铁路运营商也绞尽脑汁为了扩大市场份额积极的开展了投资，这一点也不能忽略。但

照片2-22 玉川线二子玉川园站停车所（1932年）

是，20世纪30年代以后，一旦轨道网络构筑大致完成后，这些组织的重组问题就浮出了水面。

首先，池上电气铁路在1934年10月1日被目黑蒲田电铁并购后改为池上线，之后玉川电气铁路在1938年4月1日被东京横滨电铁并购后改为玉川线，1939年10月1日，东京横滨电铁也被目黑蒲田电铁并购，并在稍后的10月16日，目黑蒲田电铁改名为东京横滨电铁。组织的规模在进一步发展，到了1942年5月1日，东京横滨电铁并购了小田急电铁和京滨电气铁路（现在的京滨急行电铁）后，公司名称改为东京急行电铁。1944年5月31日，东京急行电铁并购了京王电气铁路（现在的京王电铁），形成了所谓的"大东急"。但

照片2-23 伴随东横线中目黑—独立大学之间立体交叉工程的临时线路转移，和驹泽大道交叉的佑天寺4号道口（佑天寺大道口）（1966）

是，大东急的时代并没有持续很长时间。战后的1948年6月1日，京王帝都电铁（现在的京王电铁）、小田急电铁、京滨急行电铁中从东京急行电铁中分离并独立。曾经是小田急电铁所有的帝都线（现在的井之头线）成了京王的一部分，作为报复，小田急将箱根登山铁路纳入其麾下。

在此期间，1940年12月1日，大井町线二子玉川站和玉川线读卖游园站合并，改称为二子读卖园站；1943年7月1日，玉川线二子读卖园—沟之口之间线路的轨距从1372mm改为1067mm，并编入大井町线。随着编入沟之口地区的川崎市，为了解决向军需工厂运输急剧增加员工的问题，车辆被较小的玉川线所替换，由此运输能力较强的大井町线开始驶入沟之口。之后，1944年10月20日，二子读卖园站改称为二子玉川站；1945年10月1日，二子玉川—沟之口之间的线路将《轨道法》规定的轨道变为《地方铁路法》规定的铁路，完成了铁路网络的重组。在战后，曾经的玉电天现寺和中目黑线也在1948年3月10日被东京都电转让。

组织重组后，迎来了设备加强的时代。首先是接触网电压。1952年10月1日的东横线，1955年11月15日的目蒲线，1957年8月10日的池上

照片2-24　沟之口站的田园都市延长线开通仪式（1966年）

线，1958年1月15日的大井町线，都将电压从600V升至1500V。从这里可以看出当时线路投资的优先顺序。其次，立体交叉化也在积极推动之中。1957年11月26日，开始着手东横线都立大学站附近的高架化，并于1961年9月14日完工。目蒲线田园调布站附近的高架化完成于1966年3月15日，洗足站附近完成于1967年8月22日。同一时期的1966年3月18日，大井町线二子玉川—沟之口之间的线路完成了高架化，池上线长原站附近的地下化完成于1968年6月9日（池上线之后还实施了户越银座—旗之台之间的立体交叉化，并于1989年3月19日完成荏原中延站的地下化），东横线中目黑—都立大学之间的高架化完成于1970年11月。特别是最后的东横线中目黑—都立大学之间的线路，撤销与佑天寺和学艺大学之间的驹泽大道交叉的瓶颈口，意义非常重大。

与地铁的互相直通运营也始于这个时期。1963年2月19日，为了实现与营团地铁（现在的东京地铁）日比谷线的互相直通运营，开始着手东横线中目黑站的改良工程，并于1964年8月29日启动了东武伊势崎线、日比谷线、东横线的互相直通运营。

2.3.3 多摩田园都市开发的田园都市线

日本的新城市铁路、多摩田园都市的开发，始于东京急行电铁于1953年1月公布的"城西南地区开发构想"。在以铁路为基轴并具备良好居住环境的车的城郊小区，田园都市线于1956年7月23日申请了涉谷—二子玉川园之间的地方铁路铺设授权，并于同年9月28日申请了沟之口—长津田之间的地方铁路铺设授权，然后在1963年10月11日开始了沟之口—长津田之间线路的施工。以此为契机，开发计划的名称改为"多摩田园都市"，计划开发的线路和大井町线改称为田园都市线，并于1966年4月1日开通。之后，面向现在终点中央林之间的线路，1968年4月1日开通了长津田—筑紫野之间的线路，1972年4月1日开通了筑紫野—铃挂台之间的线路，1976

照片2-25　新玉川线开通，到达二子玉川园站的电车（1977年4月7日）

年10月15日开通了铃挂台—月见野之间的线路，1984年4月9日开通了月见野—中央林之间的线路。其间的1967年4月28日，社团法人儿童之国协会运营的儿童之国线长津田—儿童之国之间的线路开通。

伴随东京这个大城市的扩大，东急的轨道建设就此完成，其之后致力于提高现有市区的轨道交通便利性和服务质量，并开始为沿线的城市建设做贡献。打头阵的便是从多摩田园都市到市中心的短程线路，即新玉川线。1968年8月15日，东急电铁、东京都、世田谷区、建设省（现在的国土交通省）、首都高速道路公团（现在的首都高速道路株式会社）共同决定撤销原本是有轨电车的玉川线和砧线，以建设新玉川线。由于国道246号线上空的首都高速公路建设和机动化的发展，有轨电车成了"障碍"。1969年5月10日，玉川线和砧线撤销，经过8年施工后，新玉川线涉谷—二子玉川园之间的线路于1977年4月7日开通。必须指出，该项目之所以能够完成，主要在于轨道建设公团的P线方式，即地方自治体补贴超过5%的利息，以降低铁路运营商的风险。

当时仍有许多土地没有开发，轨道需求也不是很高的田园都市线的市中心联络线，根据未来需求预测建立长大编组（10辆）所对应的站台和樱新町站的特快暂避设施方面有先见之明。而且，1979年8月12日，鉴于营团半藏门线涉谷—青山一丁目之间的线路已于1978年8月1日开通，开始了田园都市线、新玉川线、半藏门线的直通运营，并开通了涉谷—长津田之间的快速电车。1979年，大井听—二子玉川园之间的线路从田园都市线分离，时隔16年再次改回为原来的名称大井町线，并于2000年8月6日整合了用以偿还新玉川线建设费而失去加算运费的新玉川线和田园都市线，同时还将涉谷—中央林之间的线路名称统一为与田园都市线，二子玉川园站改称为二子玉川站。另外，同年3月29日，伴随沿线的城市化，将原来用以往返儿童之国的儿童国线改为通勤线路。

多摩田园都市开发的特色和直通市中心的田园都市线

战后的大城市私营铁路的城郊开发和轨道的一体建设案例中，规划规模最大的便是东急的多摩田园都市开发。这次开发包括很多值得一说的要点。其一，巨大的规模和土地使用。新城市规划（1956年公布）对象区域的总面积达4400hm²，与国家运营的最大级别的多摩城市铁路（约3000hm²）相比，几乎相等（计划开发面积：3160hm²），计划人口达到40万。土地使用不仅限于住宅，还吸引了大学、学校以及研究所等。其二，区划建设项目的开发。东急原则上从地主那里收购20%～30%的土地，在成为地主的一员的同时，组织、运营了土地区划建设行会，推动了有计划性的开发。这种方式的优势在于无论是地主还是东急都可以获得土地区划建设产生的开发利益，在这一点上容易达成一致。实际上，新铁路线（田园都市线）开工前就已对有计划的开发达成一致，行会制定的面积为1189hm²（38%），而新线建设完成前达成一致的比例上升至98%。其三，铁路线选择和开发的一体化。修正授权内容使计划开发的对象区域能建设新线路或新站，推动了新线路的建设。其四，通过与地铁的互相输入实现铁路直接驶入市中心。开发以前，没有从开发地前往市中心的直通线路，而现有的东急大井町线始于沟之口，经二子玉川后，穿过京滨东北线的大井町（图1）。面向涉谷方面的线路始于二子玉川，经原来的有轨电车玉川线后到达涉谷，换乘地铁银座线后前往市中心。东急根据开发情况逐步实施了铁路的改良。首先面向东名高速，以高架的方式在国道246号上建设首都高速公路。以此为契机，在国道的路面下同时建设了未来地铁线路（新玉川线）的构造物（1969年动工）。沟之口开发地内的新铁路线与大井町线相连，1978年，实现了和与地铁银座线同时建设的地铁半藏门线的互相直通运营。与市中心直接相连（图2）的多摩田园都市的居住人口顺利增长（图3），在1990年突破了原计划的40万人（矢岛隆）。

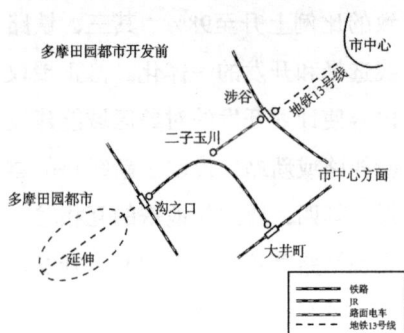

图1　多摩田园都市开发以前的情况　　　　图2　多摩田园都市开发后的情况

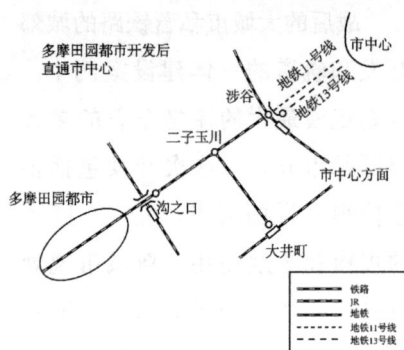

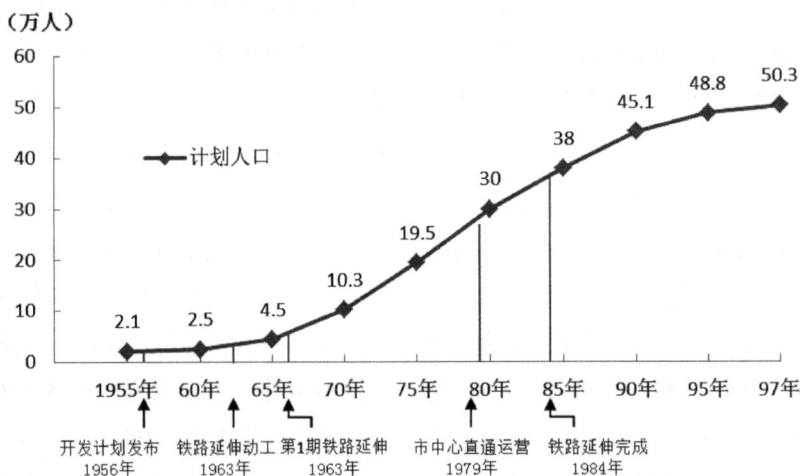

图3　沿线人口的增长

【参考文献】

东京急行电铁株式会社. 多摩田园都市——开发35年的历史—［M］. 1988.

96

2.3.4 运输能力加强和沿线城市建设

20世纪80年代，东京的通勤电车拥堵被认为是巨大的社会问题，为了解决该问题，以降低铁道运营商的投资风险，1986年4月，依据《特殊城市铁路建设促进特别措施法》创立了特殊城市铁路建设储备金制度。通称"特特制度"的这一制度以计划10年以内完成复线化等加强运输能力的工程为对象，对一定比例的运费收入采取不征税的措施，以此来储备一部分施工费用。从运营商的角度看，有无息贷款的优势。另外，储备金在施工结束后会被消耗掉，可以避免开通后折旧费计入运费成本造成的价格大幅度上涨，从旅客的角度看这也是一个优势。

该制度创设的第二年，即1987年12月28日，关东的5家民营铁路巨头——东武（伊势崎线竹之塚—北越谷之间的线路实施复线化，北千住站进行改良）、西武［池袋线樱台（新樱台）—石神井公园之间线路实施复线化］、京王（京王线加长，井之头车辆大型化）、小田急（小田原线东北泽—和泉多摩川之间线路实施复线化）、东急（目黑线目黑—多摩川之间线路进行改良，东横线多摩川—日吉之间线路实施复线化），都在制定了拥堵率和所需时间的服务水平目标后，项目得到了认证。

东急东横线的最拥堵区间为佑天寺，项目认证时的拥堵率达到195%，开通目黑线和南北线、三天线之间的互相直通运营的另一个市中心进入线路的项目完成后达到162%。项目认证后的第二年，即1988年3月

照片2-26 东横线运输能力增加项目的日吉地下车站

照片2-27 田园都市线运输能力加强项目的高津站内的冈本太郎（高津出生）的新作品

11日，开始着手日吉站改良工程，之后各处的施工也开始启动，于1994年11月27日完成了田园调布站的地下化，1997年7月27日完成了目黑站的地下化，同年12月替换、增设了多摩川桥梁，1999年5月15日完成了多摩川园（现在的多摩川）—武藏小杉之间的复线化，同年10月10日完成了不动前站附近的高架化（体力交叉项目的一个环节）。2000年8月6日，多摩川园改称为多摩川，目蒲线目黑—多摩川之间的线路分离，改称为目黑线后延伸至武藏小杉，剩下的多摩川—蒲田之间的线路重组为东急多摩川线（前述的新玉川线的名称的撤销并改称为二子玉川，是在同一天）。2006年7月2日，得益于不动前—洗足之间的立体交叉项目，武藏小山站和西小山站实现了地下化，而武藏小山新设了特快暂避设施，目黑线最终也在2000年8月6日延伸至日吉，至此距离开始动工已有20年。目黑线的日吉延伸与同年3月30日中山—日吉之间开通的横滨市营地铁绿色线路，一起为港北新城市轨道的连接做出了巨大贡献。

另一方面，田园都市线的运输能力加强与东横线的思路相同，即通过改良现有的大井町线来提供一个城市进入线路，同样利用了"特特制度"。大井町线大井町—二子玉川之间的改良工程和田园都市线二子玉川—沟之口之间的复线化工程在1995年3月20日完成了项目认证，目标是将当时的田园都市线的最拥堵区间池尻大桥—涉谷之间的拥堵率从194%降低至173%。经过大井町、旗之台、自由丘、上野毛、二子玉川各站的改良施工后，大井町线大井町—二子玉川之间的线路开始启动特快运营，而大井町线在二子玉川—沟之口之间线路的复线化工程完成的2009年7月11日，延伸至沟之口站。

以互相直通运营为前提的轨道网络建设进一步发展。2004年1月31日，东横线横滨—

照片2-28　横滨港未来地区

98

樱木町之间的线路撤销，从第二天的2月1日开始，东横线到横滨高速铁路港未来线元町中华街站的互相直通运营启动。东横线在涉谷方面启动了与东京地铁副都心的互相直通运营，并在10辆长编组列车化的施工方面适用了"特特制度"，于2002年5月23日开始着手涉谷—代官山之间的地下化施工。

世田谷线在1969年的玉川线和砧线撤销后，一直使用原有设施运营，但在1999～2001年之间更换了以车辆为首的设施，并在2002年7月7日先于其他线路引进了IC车票，并从无障碍设计、接客服务、与沿线地区的合作等角度出发，致力于发展各种崭新的业务。

【参考文献】

［1］历史中的铁路全线大型私营铁路——东京急行电铁①东横线、目黑线、东京多摩川线、大井町线[N]．池上线朝日新闻出版，2010.

［2］历史中的铁路全线大型私营铁路——东京急行电铁②田园都市线、儿童之国线、世田谷线[N]．朝日新闻出版，2010.

［3］那一天，玉电开通了玉电100周年纪念相册[N]．东急机构，2007.

［4］城镇和车站80年代的情景——东横线、池上线、大井町线80周年纪念册[N]．东急机构，2008.

［5］照片由东京急行电铁宣传部提供。

2.4 地铁网络的发展及其背景

2.4.1 日本初期的地铁——上野浅草线

1）地铁以前

明治维新之后，东京的交通工具深受西方文化的影响，呈现出日新月异的变化。1870年（明治3年）首先出现了日本独有的人力车。1872年

（明治5年）则出现了从西方国家引进的公共马车，然而约在其10年后却被轨道马车所替代，并于1882年（明治15年）开通了线路为新桥—上野—浅草—浅草桥—本石町—日本桥—新桥的环线状约16km的马车轨道。当时的轨道马车由2匹马在宽度1372mm的轨道上向前牵引车辆，额定载客人数为24～27人。

在东京周边拥有专用轨道的高速电车的运营，始于1899年（明治32年）大师电气轨道（现在的东京急行电铁）的六乡桥大师线的开通。1909年（明治42年），组成现在山手线部分路段的鸟森（新桥）—品川—新宿—池袋—田端—上野线路实现了电气化，与中央线同属当时铁道部经营的国线电车。山手线环状路线完工是在关东大震灾之后的1925年（大正14年）。而另一方面，近郊地区的私营铁路线路也于大正年间（1912～1925年）得到了扩充，当时已经开始运营的有京浜电气铁路、目黑蒲田电铁、池上电铁、京王电气轨道、西武铁路、武藏野铁路、京成电气轨道等。

东京的市内电车于1903年（明治36年）终于登上了舞台，但相较于明治28年（1895）年开始运营的京都却推迟了八年有余。可以说当时围绕着电车是国营还是民营这一基本政策的对立冲突，以民间各大企业的市内电车建设工程为背景展开了激烈的权力斗争。直至1911年（明治44年），东京市收购了3家民营企业的线路，延长轨道192km，拥有车辆1054辆，借此展开一体化国营的运营模式，1天平均的上下客流量达51万余人次。在此之后，借助第一次世界大战（1914～1919年）的良好经济影响，日本快速成长为了近代的资本主义工业大国，然而工业化推进带来的却是，集中在东京的人口使得交通需求增大，同时市内电车的使用者也急剧增加。正因如此，在当时经常出现早晚上下班时坐不上车而被迫等待30分钟甚至1个小时的现象，同时车内环境混杂不堪，甚至于有时还会有乘客挂在车外。在当时流行的"东京节"滑稽歌曲中，甚至这样唱到："东京的特产是满员电车，任你等多久也甭想坐上去。"

2）地铁之父早川德次前往伦敦视察

早川先生于1881年（明治14年）出生于山梨县，大学毕业后最初立志

照片2-29 当时流行歌曲中提到的东京"特产"——满载乘客的市内电车

当一名政治家，但进入南满洲铁路株式会社工作后，决心走上铁道业的道路，并在递信省下属的国有铁路车站上从事检票等工作，累积实际业务经验。之后，他帮助重新恢复东武铁路系统中的佐野铁路、大阪的高野登山铁路经营业务，进而积累了更多的实际经验。为了进一步调查研究铁路和港湾之间的关系，他之后前往欧美留学，此时正值大正3年8月（1914年8月）。在旅行的首站伦敦，早川了解到了地铁，自此胸怀要在东京建造地铁的大志。

令横渡英国的早川大开眼界的是英国首都伦敦的市内电车，长达402km的高速铁路以及大量穿梭运营的公共汽车。但最让早川感到震惊的还是穿梭于泰晤士河底，行驶贯穿全市范围的地铁。然而在堪称大英帝国心脏的伦敦城区内部，所有的市内电车都已停用，并且不允许再布设电车轨道。换言之，市内电车已经成了"上一个时代的遗物"。由此早川下定决心，要想破除东京那被"广为传唱"的"东京特产是满员电车"的地狱式交通，除了修建地铁外别无他途。随后早川于1916年（大正5年）回到日本。

3）地下铁路建设的申请

首先关注地下铁路的并非早川，早在1903年（明治36年）东京市就已经在市区改建条例中定下了7条高速铁路线路，但一直都缺乏实施计划的具体细节。在当时，有人提倡首先解决线路扩张和车辆增配问题，以作为市内电车拥挤混杂的应对措施，同时也有很多人针对在地面柔软的东京都核心部分挖掘地铁的可行性提出了质疑。

照片2-30 早川半身像

早川亲自站在街头对市内电车、乘客、马车等的交通流量进行观测调查，并参照了当时东京市桥梁科收藏的地质图。同时，由于当时东京市内的道路基本都没有铺设路面，因此还存在一直延伸至路边用于防止沙尘的喷水井。早川通过这些调查，掌握了地下水的深度和涌水量。就这样不断依靠着自身的努力，早川等7名发起人于1917年（大正6年）7月创建了东京轻便地下铁路株式会社，并依据《轻便铁路法》的规定，提交了在品川至浅草以及从中途分支路线车坂町至南千住之间铺设地下高速铁路的申请。

申请到执照后，早川寻求有助于发展的人才并大力游说，聚集了大量的铁路专家和实业界人士并召开演讲会，不断地为提升社会的关注度而努力。在早川等人活动的影响下，虽然也有多家新企业申请铺设地下铁路，但各企业的申请线路相互之间存在不少的重复区间，由此展开了有政客官员参与其中的执照获取运动。

4）市区改建设计、高速铁路计划和地铁许可

东京市公布了高速铁路市有市营的方针，并向国家陈述了针对许可申请应当采取不予许可或附带条件许可的意见，与此同时于1919年（大正8年）9月明确了大规模的市营地铁规划，然而实际上许可申请却并未付诸实践。

最初的市营地铁计划仍然欠缺实际的财力来源和技术证明，但在民间资本不断提出许可申请的氛围下，东京市还是有必要强烈地向内外各界表示其自行建设地铁的意志。

1919年（大正8年）11月，东京轻便地下铁路获得了附带条件的许可证书，附带的条件中增加了不得拒绝东京市的收购请求一项。

在此期间，《私营铁路法》和《轻便铁路法》于大正8年（1919年）合并为了《地方铁路法》，因此东京轻便地下铁路在建设途中改为申请《地方铁路法》规定的线路许可。大正9年8月（1920年），早川的四处奔走终于有所收获，东京地下铁路株式会社召开创立总会，社长由时任铁道作业局长官，同时又是土木建筑业权威人士的古市公威男爵担任，早川德次担任常务董事。早川的地铁终于向着实现迈出了重要的一步（图2-39）。

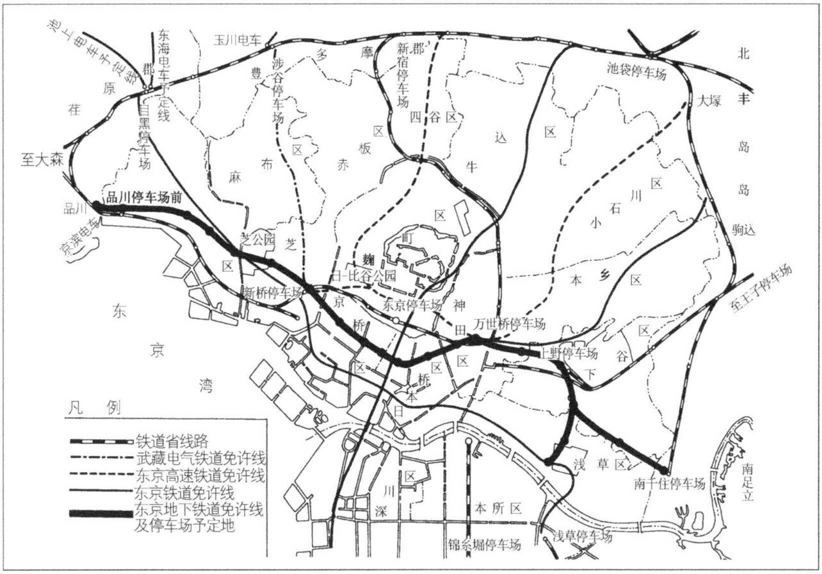

图2-39 东京地下铁路最初的允许运营路线
（资料来源："东京地下铁路史"第3图）

5）关东大地震的考验

东京地下铁路因当时第一次世界大战后的恐慌而导致建设资金调配颇为困难，因此资金调配的渠道转为寻求引进外资，外资引进的谈判于1923年（大正12年）圆满结束，但此时关东大地震却突如其来地袭击了东京。

大地震后，外资引进途径被切断的东京地下铁路株式会社于1924年（大正13年）1月决定改变方针，在公司注册资金（1000万日元）的数额范围内进行施工，也就是将新桥上野线留待后期修建，目前暂时先着手于上野浅草线2.2km铁路的修建。公司于同年5月获得了上野浅草线的工程施

照片2-31 参观地铁工程的市民

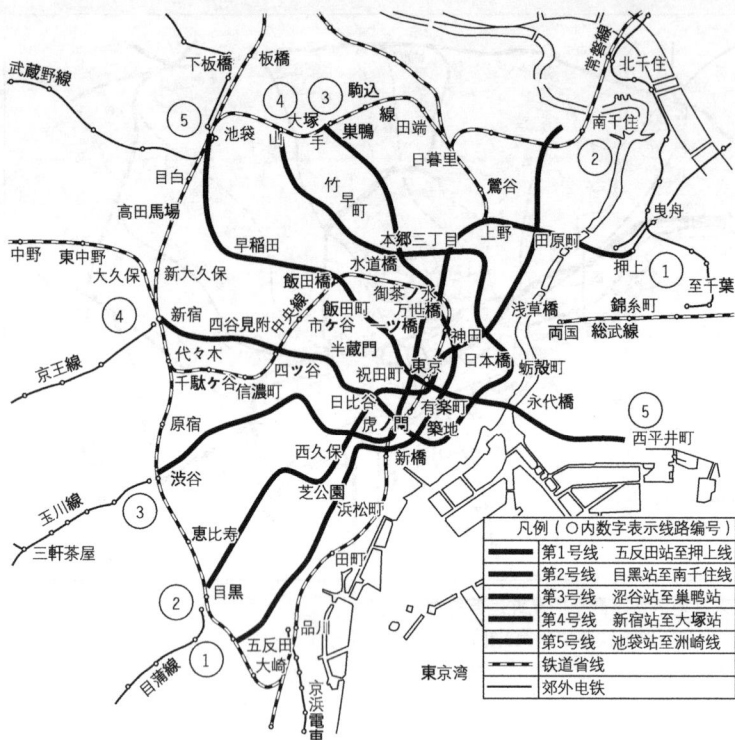

图2-40 东京城市规划高速交通工具线路网（1925年）

工许可，同年9月着手施工。

正所谓"一波未平一波又起"，东京市正式策划了"市营地铁建设计划"，将其作为灾后重建事业的环节之一，并于1925年（大正14年）1月，向铁道省（1920年成立）提出许可申请。该计划网罗了民间各大企业已经计划好的线路，是涵盖整体的计划。其内容重视与灾后重建道路之间的关联性，并将在15年内阶段性地进行建设。

东京的高速铁路问题由灾后重建部、内务省、市等所构成的协议会展开讨论，就5条线路约83km的新计划（图2-40）询问特别城市计划委员会后，同年3月由内务省发布告示。

告示下发后，除第1号线（东京地下铁路公司的许可线路）外，其余4

条线路于同年5月，由东京市一次性取得许可证书。①

东京的城市高速铁路计划和许可证书的长久且迂回曲折的历程，至此看上去似乎已告一段落，但实际上真正在建设运营的只有早川的地铁。

6）参考了各国信息的首批地铁

A. 考虑了经济性和抗震性的隧道结构

在建设地铁的过程中，需要尽可能地减小隧道的截面，以达到减少挖掘土量和所需物资的目的，节约建设成本。因此，东京地下铁路的集电装置采用第三轨道的方式，轨道则采用4英尺8.5英寸（1435mm）的标准轨道间距。铁轨不采用国产品牌，而是从美国进口当时较为少见的50公斤铁轨②。

地铁的隧道类型参考了各国地铁案例，采用箱型隧道。当时考虑到箱型隧道的形状和列车的形状相似，能够减少了多余的空间，而且列车行驶也能更有效地形成空气循环。在构造方面，关注并采用了柏林和纽约地铁结构框架所采用的，以钢铁框架为主体的铁骨架以及钢筋混凝土结构。在设计过程中，考虑了地震承重，尤其钢铁框架的间隔考虑了抗震性，车站部分以外的隧道设计间隔约为1.5m。轨道线形则根据《地方铁路法》的规定提交了特殊设计认可申请，允许设计最小曲线半径91.44m、最陡坡度1/25的轨道。进出车站的长度延伸若要在开始运营后再实施延长工程将非常困难，而且需要耗费工期与费用，因此采用了应对将来6辆车厢配置的92m设计长度。

B. 崭新的车辆与最尖端的安全装置

列车为当时非常少见的全钢制电动列车，当初在制作所必需的10列列车的过程中，车体和底盘由日本车辆制造，主要的电气部件则向美国的GE公司和西屋电气公司订购。被称为1000型的列车，其车身长度为16.31m（连接器之间），车体宽度为2593mm，高度为3495mm；为确保单

---

① 东京都交通局. 东京都交通局80年史[M]. 1992:22，27，36，48–50.

② 帝都高速交通经营财团. 经营财团地铁50年史[M]. 1991:13–21.

照片2-32 最初的地铁车辆

节车厢也能运行，而在前后两个方向都设有驾驶台；车体的涂装颜色采用了柏林地铁开朗明亮的柠檬黄；车厢内的拉手采用美国目前正在使用的装有弹簧的RIKO式拉手；照明采用间接照明，体现出柔和的感觉，而车内的装饰灯则采用了木纹涂装，体现出不同以往的新颖感。出于偶然的机会，在大正15年（1926年）开发出了日本国产的自动门关闭装置，并在铁道省进行实验，自此开始采用并全面地实现了车门开关的自动化。

除此之外还需要特别提到的就是信号安全装置。信号装置当时决定采用的是三位式有色灯自动信号机，但是否要模仿美国地铁采用从未投入实际应用的自动列车停止装置，当时就信号机的位置和闭塞区间的超程裕度等问题展开了争论，不过鉴于安全装置的重要性，最终还是决定引进。这种装置被称为打入式ATS（自动列车停止装置），装置在轨道内侧安装了与红色信号相互联动上升的延迟止动器（地桩），如果列车在红色信号灯亮起的状态下继续行驶，那么车辆上的太平栓就会与地桩接触，形成紧急制动。

7）满是流行元素的地铁开业

1927年正是金融风暴恐慌蔓延的一年。在这一年的12月30日，东洋首列地铁，上野—浅草线的2.2km单节列车开始了3min班次的营业。当时受到热议的当局采用了旋转栅门，和在投入10钱白铜币后进行旋转检票口动作方可进站的检票方式。同时，车内采用不会产生人影的间接照明方式；聘用了身穿经过崭新设计、带有7颗金色纽扣的意大利风格制服的年轻乘务人员，等等，在当时都让人耳目一新。另外，名为"东洋唯一一列地铁"的开业海报（图2-41），也交由当时商业美术界的最高权威——三越的设计师杉浦非水——进行设计制作，其华丽的色彩在当时的东京深受好评。

图2-41 地铁开业海报

开通后的地铁不仅在日本，在东亚也属于首列，因此大受人们的欢迎，也造就了当时的盛况，时尚新颖的交通工具给人们留下了深刻的印象。就连流行歌曲也歌唱其为"新的东京特产"，甚至于平时习惯穿木屐的人们在乘坐地铁时也会换上鞋子，以整洁的仪表乘坐地铁。

2.4.2 地铁骚动和银座线的完工

1）新桥通车之前的艰苦奋斗和副产业的发展

东京的，不，应该是日本的首列地铁，是由被称为"地铁之父"的早川德次先生为实际代表的东京地下铁路株式会社，于昭和2年（1927年）12月开通营业的2.2km上野—浅草线。

在上野—浅草线开通后，东京地下铁路的线路按照当初的目标，相继向着新桥延伸。上野万世桥线（后来车站废弃）于昭和4年（1929年）12月竣工，万世桥神田线于1931年11月竣工。随后，线路延伸至三越前、京桥、银座，最终于1934年6月，新桥之前的轨道工程竣工。自大正14年（1925年）9月上野—浅草线的开工仪式以来，经过满满的10年，投入了3300万日元的工程费用，终于完成了期盼已久的约8km新桥—浅草线地铁的建设。

但是，建设完成之前的道路绝非一片坦途。万世桥神田线除了要横穿神田川外，还要贯穿省线拱门的下方，因此虽然距离短但工程难度却很高。从神田川到靠近神田川的须田町交叉处130m采用的并非是露天挖掘工艺，而是采用山岳隧道的工艺进行挖掘。其原因在于河川底部形成向上的坡度，以及地面上有很多民家住宅。

在建设三越前—日本桥线的过程中，曾暂时性地封闭了日本桥河段，封锁了航路，正因为此必须在很短的时间内完成施工，其工程难度非常之大。

在此期间，东京地下铁路株式会社最为担心的并非只有高难度的工程。当时早川还要与其他交通工具竞争，同时还饱受因资金困难而导致经营管理上无穷无尽烦恼的困扰；而且上野浅—草线的运营区间过短，尚且无法作为真正的城市交通工具，成为市民出行的工具。不仅如此，还有另外两大强敌，那就是地面上的公交汽车和市内电车。尤其与在地铁相同路线上行驶的蓝色公交车（东京载客机动车）之间的竞争最为激烈，当时的蓝色公交车票价仅为地铁的一半，而且路面交通流量和现在不同，较为稀少，因此同样能够快速地到达目的地。

饱受资金调配困扰的东京地下铁路株式会社于是又向位于地铁建设路线上的百货商店寻求分担建设费用。由于上野广小路站距离上野只有不到500m，因此当初计划不修建车站，但在工程完成了绝大部分时，松坂屋提出了请求，最终快速变更了设计方案并修建了车站。地铁方面仅承担站台的骨架结构建设，而其他的车站工程费用均由松坂屋承担。

照片2-33 连接百货商店的上野广小路车站

随后三越方面以如果和三越签订合同，那么车站名称就要命名为"三越前"等为条件，承担了车站几乎所有的建设工程费用。同样的，高岛屋、白木屋（日本桥）、松屋（银座）3家也分别承担了一部分建设费用。

照片2-34　头号附属产业的浅草雷门大厦

照片2-35　新桥开通纪念车票

在初期支撑饱受资金调配困扰的地铁公司的另一项目就是附属产业。头号附属产业就是修建在浅草雷门的直营食堂（昭和4年，即1915年），被戏称为"尖顶帽雷门大厦"。两年后，上野站前地铁连锁商店开业，销售食品、杂货、玩具、药物等，并且宣传称"如果商品比其他百货店的商品贵，那么就九折买走"，在当时大受好评。

万众期待的浅草—新桥线于1934年6月21日开通，东京地下铁路株式会社也于此时发行了100万张宣传名为"新桥开通纪念，新桥至浅草仅需16分钟"的地铁首批纪念车票。跨越了创业艰苦时期的东京地下铁路株式会社自新桥开通后又经过了半年（在这半年内，一天平均的乘客数量急速增长到了87000人），完成了向真正的城市交通工具的成长蜕变，半年期的纯利润甚至达到了50余万日元。然而除本身业务以外的经营项目也在努力地向顺利的方向推行，1941年下半年铁路部门的收入就达到了116万日元。另一方面，附属产业产值达到96万日元，几乎可与本身业务相匹敌。

2）地铁骚动

A. 东京高速铁路引发的骚动

地铁骚动的序曲要追溯至上野—浅草线工程正在逐步开展的时期。东京市除东京地下铁路的许可线路外，一次性囊括了市内其他4条线路的地铁许可，但由于震后重建事业更为迫切，而无法抽身着手于市营地铁的建设。

眼见这种形势，1926年（大正15年）8月以大仓组的门野重九郎为核心的众人，提出了代理东京市持有的所有地下铁路许可路线的申请。但收到申请的东京市坚持市营方针，立刻驳回了申请。

然而东京市不可能一直不着手建设却抓住许可不放，因此在1928年2月，门野等人第三次提出申请时，东京市制定了转让持有许可的4条线路65.7km中约40km的方针，并于1931年12月，东京市和东京高速铁路发起人签订了转让合同。该转让合同中包含了将来会与东京地下铁路合并等条款。

东京高速铁路株式会社以矢野为首，在获得了生命保险协会的出资以及财阀等的加入后，于1934年9月设立，并由东京横滨电铁专务五岛庆太担任常务董事。五岛从很久以前就处心积虑地想要进入城市中心，东京高速铁路让其夙愿得偿。五岛甚至于意图在新桥与东京地下铁路连接铁轨，实现涩谷到浅草之间的直通运行。五岛考虑到将来的合并，邀请东京地下铁路株式会社的董事总经理根津嘉一郎担任董事，但将早川排除在外。

B．两条地铁、两个新桥站

东京高速铁路于1935年（昭和10年）2月向铁道省提出了名为涩谷线的线路中，最初区间涩谷至新桥之间的工程实施认可申请。而另一方面，计划将自身公司线路向品川延伸的东京地下铁路株式会社，则对东京高速铁路株式会社的计划提出了申诉。申诉主张，涩谷线需要从虎之门出发（穿越山手线的内侧）向东京站行进，而虎之门到新桥之间应当由自己公司进行建设。

照片2-36 东京高速铁路新桥站

1938年（昭和13年）12月20日，东京高速地铁的虎之门至涩谷之间的5.5km铁路开通，东京高速铁路又于1939年（昭和14年）1月从虎之门到达了新桥。但由于东京地下铁路线路的终点建有水泥墙，只要东京地下铁路不拆除该分界墙并提交变更施工方法的许可申请，那么东京高速铁路的轨道对接工程就无法获得许可。最终，按捺不住的东京高速铁路株式会社在现在的银座线新桥站内用于停放列车的位置修建了另一个新桥站。乘客要在两个新桥站之间（约50m）往返就必须走到地面。时至今日，仍被介绍为"奇妙的新桥站"的东京高速铁路新桥站，在当初将原本计划用于列车反向设备的位置转而用作了设置临时站点。

这场争端最终由同为两家公司总经理及董事的根津嘉一郎的妥协方案得以终结，同年9月起，在两家公司线路之间终于开始了互相直通运行。列车在最拥挤时为3节车厢，发车间隔2.5min，从涩谷到浅草运行32min。由于期间不需要换乘，大幅度提升了便利性，因而实际载客量得以稳步提升。

C. 五岛对早川

在两个新桥站的问题摆在桌面上以前，五岛就已经放弃了与早川之间的调和，策划通过购买东京地下铁路的股份来侵占公司，最终，在1939年8月，五岛手上持有的东京地下铁路股份已经超过半数。1940年1月，一直扮演两家公司矛盾协调者的东京地下铁路株式会社总经理根津嘉一郎突然逝世，早川就任新的总经理，五岛与早川的对立变得更为激化。

同年3月，早川和五岛分别预定召开股东大会，并为说服各自的股东而四处奔走。东京地下铁路的股东大会分裂成为两大部分，也导致从业人员变得躁动不安。此事经新闻媒体详细报道后，成了社会问题，铁道省暂停双方的股东大会并介入调停，在1940年7月，经仲裁人劝告，双方停止纷争。调停的内容为，早川和五岛两人分别从东京地下铁路（图2-45）以及东京高速铁路（图2-46）退出，东京地下铁路参与东京高速铁路一方的经营（但股东决议权暂时搁置）。

这次的地铁骚动加速了后续交通业的调整的时机的到来，其相关的

图2-42　东京地下铁路株式会社徽章

图2-43　东京高速铁路株式会社徽章

法制化进程得以推行，以法律为依据进行调整的具体方案在争论之中得以形成。最终，两家公司均由1941年建立的帝都高速交通经营财团接手相关业务，并最终分别解散。

翌年，1942年11月，从顾问一职退下来的早川因狭心病，结束了其跌宕起伏的61年人生。

照片2-37　两家地铁公司的相互直通运行

2.4.3 交通业调整与经营财团地铁的诞生

1）交通业调整的必要性

前面有提及早川的地铁和竞争对手蓝色公交的相互竞争，然而这种现象是东京市全市或者说日本全国大城市的共同现象之一。从关东大地震到昭和初期之间，机动车运输业虽然有所抬头，但小规模运输企业林立，且不说轨道交通与机动车运输业的竞争，就连机动车运输企业相互之间也存在着尤为激烈的竞争。不仅如此，自1929年以后，金融风暴大恐慌导致的需求下降，使得城市交通运输企业一同陷入了经营不振的困境。

政府于1931年制定了《机动车交通业法》，确立了以一条路线、一家运营企业为原则的许可方针，对小规模企业纷乱林立的机动车运输业进行了合并整理。同时，与铁路并行或存在竞争关系的机动车运输业则采取向轨道交通发放许可或与之合并的行政举措，首先保护轨道运输业不受机动车运输业的影响。

1935年，日本政府受到伦敦等国外案例的刺激，再次针对包括铁路轨道在内的交通进行调整的必要性提出了问题。以此为契机，各类团体和民间人士相继提出了有关于交通调整的具体试行草案。在社会舆论热烈的背景之下，1936年12月，由议员立法提出《交通工具调整法（草案）》，终于，政府于翌年（1937年）下定了自行法制化的决心。

2）路面交通事业调整法的成立和意义

1938年3月22日，《路面交通事业调整法》通过了议会审议，并于同年8月1日起施行。在该部法律的指导下，日本的民营铁路、民营公交、国营交通事业被整合重新编制，为战后体制保留了庞大的遗产。当时的社会是统筹经济时代，但法律采用的不是"交通统筹"，而是"交通调整"的表现方式，其体现的就是该法律绝非战时立法，而是以修正并消除资本主义经济所体现出的弊端为目的，以该中心思想为依据而形成的法律。

3）东京市内实施的交通调整

依据《路面交通事业调整法》设立的交通事业调整委员会于昭和13年（1938年）9月，由总理大臣担任会长召开总会，决定将最有必要进行调整的东京市作为优先施行城市，为此，东京府知事、警视总监、东京市副市长、东京市电力局长、东京横滨电铁、目黑蒲田电铁、京滨电气轨道、东京高速铁路代表（五岛庆太），以及东京地下铁路代表（早川德次），展开了长达两年多的讨论。

委员会在1940年12月末大致整理归纳出了下列方案。

①旧市区内（山手线的品川、新宿、池袋、赤羽以东，荒川放水路以西的地区）分为路面和地下，路面交通事业交由东京市管理，地下铁路事业则新设特殊机构进行整合。

②旧市区以外的地区划分为4大板块，改善各地区相互之间的联络设

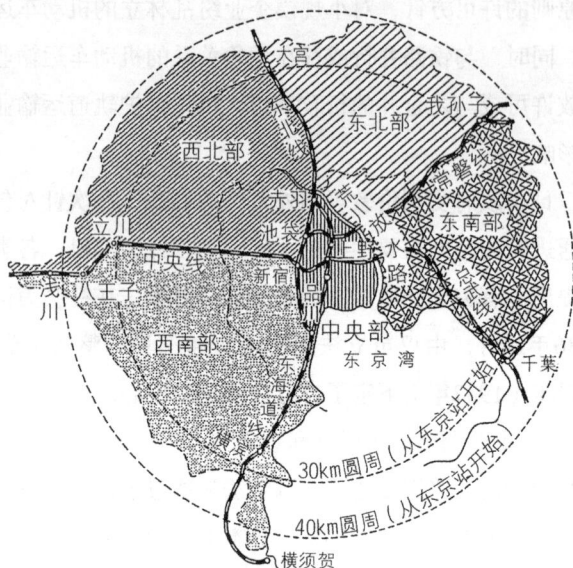

图2-44 东京地方交通调整示意图

备，扩充直通运行和联络运输，实施标准统一等（图2-44）。

③国营铁路不属于调整对象，应当与其他交通事业实现紧密联络协作。

这份方案针对以旧市区内为中心的地铁事业这样写道，"完成地下高速交通网的建立，以及设立最为适合实现地下高速交通工具与其他交通工具之间联络设施的完善及扩张的特殊机构，政府则对其实施适当的帮助。针对现有已经完成的地下高速交通事业线路以及未完成的线路，应完全转交给相应机构，或者将相关事业的管理委托给机构施行"。

4）经营财团的设立和创业

该份方案中提到的特殊机构的相关设立法律名称为《帝都高速交通经营财团法》，它于1941年3月公布，5月起施行，而帝都高速交通经营财团（下称"经营财团"）则将在1941年7月4日正式设立。该机构作为政府参与的机构，其特点在于，考虑到会在东京周边与私营铁路相互协作，允许私营铁路等的资本参与进来①。机构的注册资本共计6000万日元，出资比例为政府出资4000万日元，东京市出资1000万日元，8家私营铁路企业以及国铁互助联盟合计出资1000万日元。机构一经建立就立刻接手了东京地下铁路、东京高速铁路、京滨地下铁路这三大企业以及东京市所持有的有关于东京地下铁路的一切许可、营业路线、车辆以及其他设备。

经营财团设立之初的运行概况截至1941年9月1日，涩谷浅草线14.3km运行所需时间控制在32min，高峰时期部分3车厢配置的列车以2.5min的间隔运行。

另一方面，随着经营财团的建立，新线路建设所涉及的各类讨论项目也在政府的指导下不断地展开讨论。经过讨论，经营财团决定将现在丸之内线的新宿至池袋线定为紧急施行路线，并于1942年6月着手第1期建设区间（新宿至东京线）中的，赤坂见附到弁庆濠间项路段的土木工程建设。然而该项工程却并未取得应有的进展，最终于1944年6月，在政府的命令下不得不停止施工②。

2.4.4 战后重建和两大地铁网络

1）城市重建计划和地铁

战争结束时，东京都的人口急剧下降到了350万人左右，不足战前最鼎盛时期的一半，但国家以及城市的执政人却预测东京都将会出现快速的发展膨胀，不断地为树立重建计划而付出努力。然而对于地铁，有识之士认为将来它会成为城市交通的根基，有必要将其作为灾后重建计划的一个环节，并综合性地制定计划。在这种认识之下，战后重建院不仅有国家参与，还让东京都、经营财团、各大私营铁路企业、有学识经验的人士等相关方面积极地参与到地铁计划的制定中来。另一方面，东京都于1946年9月提出了"地铁都营论"的主张，并于同年10月发布了《都营高速铁

---

① 帝都高速交通经营财团. 经营财团地铁50年史 [M]. 1991：41–42.
② 帝都高速交通经营财团. 经营财团地铁50年史 [M]. 1991：73.

路建设计划》。该《计划》会以1亿日元收购经营财团的从事业务，并在1947年后对新宿至赤坂见附线和池袋至万世桥线的共计11.7km铁路进行建设；甚至于从1950年起，会每年延长两条线路，长约4km，并进行新线路铺设。1946年10月，运输省设立由分属众议院、运输省、东京都的5名委员所组成的"地铁问题协议会"，并针对《计划》中的问题开始展开讨论。在这样的积极活动之中，战后重建院于1946年12月发布了由5条线路（共计101.6km）所组成的东京城市重建计划高速铁路网的告示。该"计划"使得地铁线路的起点、终点首次延伸到了山手线以外，并且实现了与郊外铁路站点的连接交汇。

2）经营财团的改组和新线路建设的重启

经营财团在收到战后重建院的告示后，就着手办理了必要的许可手续（开业计划书记载事项变更的许可申请），但直至1949年5月，许可方才下达。在这种情况下，首先应当修建的路线选定为4号线（现在的丸之内线），池袋至神田路段最先施工。

然而如何调配建设资金成为最大的问题，最终甚至要向当时正处于立案阶段的资金运用部寻求资金来源。1951年《经营财团法》修订，规定经营财团的资本构成变为纯粹的国家和东京都等国有性质，并且其体制可以接受国家的财政投资融资。在此过程中，国家收购并抵消了私营铁路等民间资本。

丸之内线中的池袋至御茶水线于1954年1月开始运营，随后相继延伸至淡路町、东京、西银座、霞关，并陆续开始运营。

3）都营地铁的诞生

1955年（昭和30年）7月，运输省为了应对以东京为首的大城市交通情况恶化的问题，设立了城市交通审议会，以作为运输大臣的咨询机构。审议会于同年9月接受了题为《关于完善强化大城市及周边交通尤其上班上学时乘客输送力度的相关基本计划》的咨询，并首先针对东京展开了审议。

1956年8月14日，城市交通审议会第1次方案是针对首都圈交通情况进行的综合性讨论，而对于最为紧急的地铁完善扩充事宜，当时的对策却是

让非经营财团以外的机构在
经营财团的带动指挥下协助
进行建设。

　　基于这份方案，城市计
划高速铁路于1957年6月被修
改为5条线路共计108.6km。

　　这份计划是以郊外各线
路之间的直通运行为大原则
的划时代性的大计划。计划
中的1号线（品川以及马入—

照片2-38　丸之内线池袋新宿路段全线通车（1959
年3月14日）

五反田—新桥—人形町—浅草桥—押上路段）为17.3km，1957年年初在相
关省厅之间了解到将有都级政府机构的交通局负责建设，并了解到了大致
的方案，而经营财团也表现出了会把许可线路中的一部分转让给都级政府
机构的意向。1957年10月，都交通局提交了藏前二丁目至押上路段的地铁
许可申请，以及帝都高速交通经营财团许可线路马入至藏前二丁目的转让
许可申请，翌年3月获得许可。

　　1958年3月24日举行了浅草桥至押上路段的开工仪式，该区间将在
1960年12月4日开始运营，之后将陆续开通7个部分，期望在1968年11月15
日迎来全线开通。另外，地铁1号线首次在日本实现了与郊外私营铁路的
相互直通运行，但由于轨道间隔为1435mm，因此京成电铁以往1372mm
的轨距（都电、新宿线等同样）就需要变更为与都营1号线和京滨急行电
铁相同的1435mm轨距。

　　经历了上述种种，东京诞生了经营财团和都营这两大地铁集团。

2.4.5 路面电车的撤销和地铁的兴盛

1）道路交通堵塞和路面电车的衰退

　　1950年下半年，越发明显的道路交通堵塞导致路面电车和公交车的速
度不断下降。

1959年4月，城市交通审议会针对路面电车进行以下表述："路面电车从其运营方式和速度来看，它的存在已与路面交通格格不入，就算近期对道路进行完善，对交通管制进行强化，但预计其今后的改善余地依然很小。所以，为了实现公共交通运输的使命以及缓解道路拥挤，在这里决定撤销路面电车，由其他交通工具加以替代更为合理。"

然而，让已经面临困境的路面电车"雪上加霜"的则是1961年的《道路交通法》修订，原本禁止驶入的路面电车轨道内涌入了大量的机动车，这就导致路面电车的行驶速度明显下降，无法确保准时运营，乘客也持续减少。

2）路面电车的撤销和都营地铁

1961年以后，都交通局的财政持续恶化，然而1964年将要召开东京奥林匹克运动会，高速道路需要建设，相关街道需要扩宽，因而以此为契机，开始撤销路面电车。在1966年12月发布的《关于财政重建的基本方针》中，废除了路面电车（包括无轨电车），并明确由地铁和公交车加以替代；而在1967～1972年期间，除无法用其他交通工具替代的荒川线两系统外，路面电车全部拆除。废除的有轨电车路线的全长约为180km。

随着路面电车的撤销，大量的都交通局工作人员需要办理岗位调换以及离职申请。从1967～1973年期间的第1次财政重建计划职员削减结果可以看出，路面电车企业的内部岗位调换人员约为3400名，其中约3000名工作人员接受了地铁企业的工作，而其他则进入公交车企业工作。可以说，已经开始的都营地铁的建设运营从侧面让路面电车的撤销等成为可能。

2.4.6 地铁的大建设时代和互相直通运行

1）第2次城市化和地铁建设的课题

自1960年代起的40年间，对于东京的地铁（经营财团以及都营）而言，正是大建设时代。

战后从1950年下半年至1970年之间的第2次城市化时期，大量的人口涌入了东京都市圈，而着重扩大城市中心部分的上下班输送力就成为解决当时城市交通吃紧的应对措施。

市中心的商圈逐步扩大，相应的住宅地就愈发地向远处延伸，这就使得前往各区尤其是市中心上班的流动人口增大，日间人口远远大于夜间人口。1955年东京整体的日夜间人口差为25万人，而仅各区就达到35万人。首都交通圈的交通量在1953～1958年的5年间，按照每年平均4亿人次的比例持续增长，在1958年甚至达到了64亿人次。因此，除路面电车外的所有运输工具的运输量都出现了增长。日本国电在1956年度的运输量超过了20亿人次，早晚上下班高峰期时的拥堵惊人。

统计1955年度日本国电最拥挤时的一小时拥塞度，京滨东北线大井町至品川线达298%，中央线快速新宿至四谷线达280%，总武线平井至龟户线达286%，营磐线三河岛至日暮里线达286%，等等。拥塞度达到250%就表示"电车每次摇动时身体会随之倾斜，但即便如此手和身体都无法移

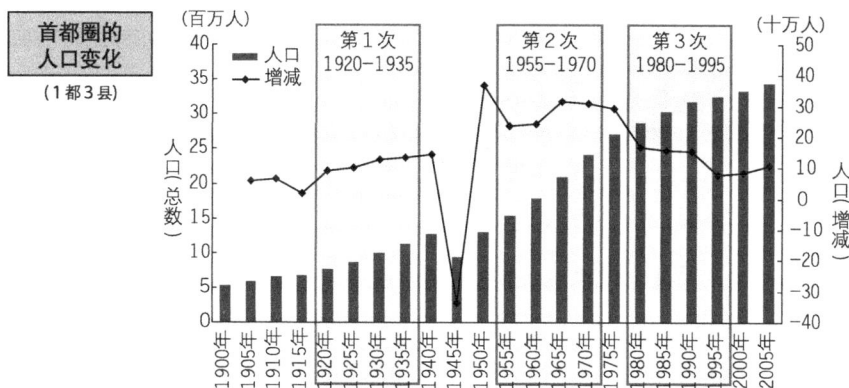

	时间	社会背景	人口增加的情况	铁路整备情况
第一次	1920~1935年左右	轻工业发达	缓慢增加	现在的铁路网络大体成型
第二次	**1955~1970年左右**	**重化工业发达**	**急速增加，都市圈扩大**	**地铁的直通运行、复线化等模式提高运输能力**
第三次	1985~1995年左右	IT、服务业发达	缓慢增加	充分使用既有网络改善运输

图2-45 首都圈的城市化进程（再次给出）

动"；而300%则表示"已经接近物理极限，会对人体造成危害"。当时的"通勤"正如其字面意思一样，就是"痛苦的上下班"。郊外的私营铁路虽然不如国电那样，但其拥塞度仍然高达200%~250%，并且每年都呈现出增加的趋势。

将经由近郊铁路被送至山手线上各个中转站点的乘客再运送至市中心各地，这正是地铁应承担的使命；而在各个中转站点消除换乘时产生的拥挤，同样也是地铁所面临的巨大课题。

2）地铁新线建设和互相直通运行

照片2-39 经营财团和东武铁路横渡隅田川的相互直通列车

针对前面提到的课题，当时的应对措施就是相继建设地铁新线路和与郊外铁路实现互相直通运行。从新线路的建设来看，战后重建时期重新开始运营的地铁丸之内线的建设已经逐步开展，并且于1956年开通了池袋至东京线。甚至包括新宿以西的荻窪线在内，也于1962年3月前完工，并且全线27.4km开始营业。荻窪线正是为了缓和当时日本国铁中央线的拥挤情况而加紧建设完成的线路。继丸之内线后着手建设的是经营财团铁路的日比谷线（1959年5月）和都营铁路的浅草线（1958年3月），两条线路依据1956年8月的《城市交通审议会第1号方案》，均具备了与郊外铁路实现互相直通运行的特征，并且需考虑东京奥林匹克运动会（1964年）召开所面临的城市交通问题以及应对策略。

3）互相直通运行引进的背景

关于与郊外铁路实现直通运行，从1955年以前就已经针对其可行性和必要性在各个相关方面展开了讨论，而在正式场合对外发表却是东京市政调查会大都市交通问题研究会发布的《首都交通对策相关意见书》（1955

年7月）。《意见书》中首次提到了"促进地铁计划线路的再次讨论及促进其建设，实现高速线路标准的统一以及与郊外线路的直通"。1956年8月的《城市交通审议会第1号方案》在明确具体的地铁线路建设计划的同时，也明确了郊外铁路与地铁线路实现互相直通运行的方针。接收该方针的运输省在1957年9月下达了有关新铁路线路的经营主体、直通运行以及线路转让等的指示。

从提倡互相直通运行到最终实施，需要首先解决几大课题。第一，针对城市郊外的发展势头强劲，上下班运输要在确保长距离的同时扩大运输量，并且作为城市内交通工具的地铁同样需要具备等同于郊外铁路的运输能力。第二，在郊外铁路山手线上中转站点换乘城市内交通工具（包括国铁的山手线等）时的拥挤情况严重，需要采取相应的对策。第三，郊外私营铁路在战前就希望能够进入市中心，战前的交通调整在战后有所松懈，而"郊外私营铁路进入市中心"这一愿望，就被各家私营铁路公司以进入市中心许可申请的方式摆在了桌面上。

各大郊外电铁公司经过战前的交通调整，最终大致按照4个方面进行了重组，但战后以西南部为中心出现了分裂，基本上又重新回到了战前的状态。在这种交通调整战后松懈以及市内地铁经营财团的垄断体制有所动摇的背景下，各大电铁企业在1947～1955年之间，为谋求在山手线内的线路延伸，提出了地方铁路铺设的许可申请（随着互相直通运行的实现，1957年其在运输省的指示下撤销了申请）。而能够一次性解决上述几大问题的手段，正是互相直通运行。

4）相互直通的技术性课题

然而，要实现相互直通运行依然存在着许多问题。从地铁方面来看，第一，要对郊外铁路和地铁的铁路规格进行调整，首先需要统一轨距（铁路宽度）和集电方式；轨距方面，能够与经营财团的日比谷线实现相互直通的郊外铁路是东武铁路和东京急行电铁，所以日比谷线需要采用上述两条郊外铁路的轨距1067mm。而与都营浅草线进行互相直通的京急线是1435mm，京成线轨距则为1372mm。

最终调整的结果是轨距定为1435mm，因此京成电铁从过去的1372mm轨距（与都电、新宿线等相同）变更为了和都营电铁和京浜急行电铁相同的1435mm轨距。京成电铁的轨距变更工程在整条线路上划分为了十余个工段，并每晚动员600名作业人员进行作业，利用收车至发车这段时间，一个工段一个工段地进行施工。在全线工程结束以前，各不相同的两种轨距各自分开运行，无法实现直通运行，因此在工段分界处的转乘站点上需要修建并特设站台存车线。

照片2-40　刚体电车线

集电方式上，过去的地铁（银座线和丸之内线）采用第三轨方式，降低了隧道的高度，将隧道截面积控制在较小程度。在郊外铁路进入地铁实现相互直通运行的方式中，地铁就不得不采用郊外电车所使用的受电弓，隧道也会因此而增加高度，隧道截面积随之增加，土木建设工程费用增加。同时，在地下的部分，还需要减轻架空式电车线维护工程所必需的张力等的复杂性问题。为解决该问题，开发出了刚性电车线并实际投入使用。通过这种方式，在采用受电弓集电方式的同时，也能尽可能缩小隧道截面积，大幅度减轻电力线维护作业的负担。

第二，需要针对郊外铁路多车厢配置列车及大型列车的直通运行，修建对应的地铁新线路。其具体方法有，根据列车长度的增加等提升线路最小曲线半径，增加车站站台的长度，确保单列列车的车厢数量最大能够达到10节，等等。

第三，需要实现运行安全装置的共通化，以确保一列列车能够同时在地铁和郊外铁路线上行驶，部分车载装置需要根据不同线路的铁路重复搭载，还需要根据线路进行切换。

5）相互直通运行的实现与效果

日本首例地铁相互直通运行出现在都营铁路浅草线的浅草桥至押上线，1960年12月，与京成线的相互直通并正式开始运营。

随后在1962年5月，经营财团铁路日比谷线的北千住至人形町线（南千住至仲御徒町线于1961年3月开始运营）也开始了与武伊势崎的互相直通运行。这些线路的直通运行效果非常显著，让人们可以无需从郊外换乘即可到达市中心，因而大幅度提升了郊外铁路的便利性，并促进了郊外铁路沿线的开发。另一方面，两条地铁新线路的建设还使得在市中心形成了4条线路相互连接的一个网络，同样提升了市中心的交通便利性，承担市中心功能的区域也随之扩大；甚至就连过去山手线上各个中转站点换乘拥挤的情况也得到了大幅度的缓和。这些效果随着后来相互直通运行的扩大，不断累积增加，直至今日。

6）《城市交通审议会6号方案》和地铁扶助制度

城市交通审议会先于东京奥林匹克运动会，在1962年（昭和37年）6月形成了《6号方案》，并提交给了运输大臣。在以前的《第1号方案》中，需要有从市内11个方向前往市中心的线路，当时只考虑了大约5条线路，后来又对其中部分线路进行变更，同时追加了新线路，最终合计计划了10条线路。这份方案在后来又修改了其中部分内容，并于1962～1965年间，3次被定为城市计划，成了1960年以后的地铁完善方针。同时，重新设定后的线路建设主体（经营财团或都营），其各方当事人也达成了共识。

在这个时期，除了东京，大阪、名古屋同样也在推动地铁建设，但地铁的工程费用相比地面铁路多达10倍，新线路建设的资金调配以及开始运营后的管理费用负担，都给经营带来了巨大的压力。因此根据地铁企业的要求，政府在1962年度预算中，对应计利息的部分实施了补助。该补助制度在后来又经过了数次修订，最终发展为现在的地铁补助制度。

7）东京奥林匹克运动会召开以前

在当时，以即将于1964年10月召开的东京奥林匹克运动会为目标，东京市的城市交通设施建设急速进步。经营财团日比谷线于1964年8月全线

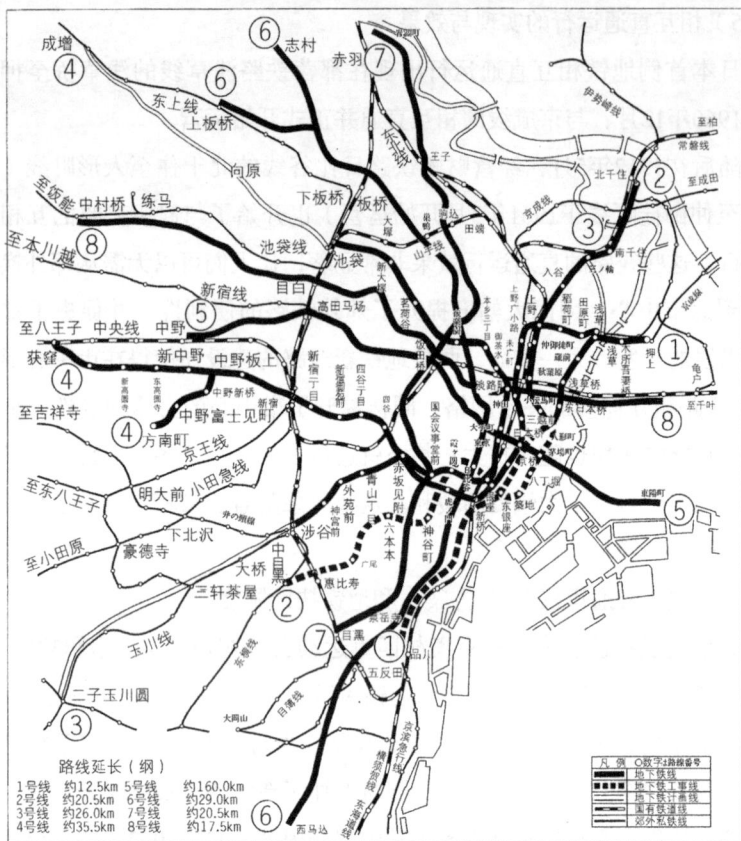

図例 ○数字:路线番号
地下铁线
地下铁施工线
地下铁设计线
国有铁道线
郊外私铁线

路线延长（纲）
1号线 约12.5km　5号线 约160.0km
2号线 约20.5km　6号线 约29.0km
3号线 约26.0km　7号线 约20.5km
4号线 约35.5km　8号线 约17.5km

图2-46　东京城市计划高速铁路网（1962年8月29日，建设省告示第2187号）

开通；同时，东武伊势崎线的中目黑至北越谷线，以及东京急行东横线的北千住至日吉线也开始了互相直通运行；都营铁路的浅草线则于1964年10月开通了押上至大门线长8.8km的铁路。

　　同时，经营财团铁路的东西线以国铁双线之间实现互相直通运行为前提，从中野方向开始着手建设，以此作为缓和国铁中央线及总武线上、下班拥挤的应对措施，并且最终于奥林匹克运动会召开前的1964年9月，依次开通了中野至东阳町线长15.8km铁路的运营。后来更是为了增强银座线和丸之内线的运输能力，延长了各个车站的站台，增设变电站、增配列车

124

照片2-41　以横贯农田的姿态呈现于眼前的东西线桥墩

等，在奥林匹克运动会召开前后，实现了每日6列运行。东西线则于奥林匹克运动会结束后的1969年3月完成了东阳町至西船桥路段的建设，实现了东西线全线贯通。另外，在荒川以东，由于沿线多为未开发的低洼湿地，因此铁路线整体以高架结构为特征。

8）1970年以后的经营财团地铁新线开业运营

1969年12月，千代田线的北千住至大手町线长9.9km的铁路开始运营，经营财团地铁的营业路线自此迈进了长100km的大关。

进入1970年代后，在1972年以前，千代田线开了代代木公园线路长20.9km铁路的运营，但剩余的代代木上原线路1.0km路段却因用地问题而迟迟无法完工。最后到1978年代代木上原线路才开始运营，同时开始互相直通运行。千代田线专用车库以及车库线绫濑至北绫濑线开通运营，使得千代田线在1979年末实现全线开通运营。

有乐町线大幅度采用了盾构工艺，1974年10月，池袋至银座一丁目线长10.2km线路开通运营，后来计划在池袋以西预计用于扩张的城市计划街道的下方修建轨道，也因为这个关系，受到了反对街道计划的居民运动等的影响，延后了工程。最终于1987年开通了至和光市的线路，而抵达新木场在1988年实现全线（小竹向原至池袋线的双线路部分除外）开通运营。

出于缓和银座线拥挤的目的，半藏门线在1978年前开通了涩谷至永田町线长4.1km线路的运营，但在转弯区域通过住宅下方的半藏门附近却发生了"一坪反对运动"（一坪土地由261名业主共同登记）。后来通过采用泥水加压式盾构工艺等解决了该问题，并于

照片2-42　冰川台2号工段的盾构隧道

1990年以前实现了水天宫前线路的运营。在2003年，押上区间的线路开业运营，实现了与东武伊势崎线的相互直通。

另一方面，南北线虽然在1980年代就已着手施工，但直至1997年才开通了赤羽岩渊至溜池山王线，2000年开通剩下的至目黑的区间，实现全线开业。

2.4.7 地铁建设的收缩和经营财团地铁的民营化

1）地铁网络大致形成后

经营财团民营化的方针最早由政府在1986年12月提出，由当时的内阁会议决定，"地铁网络已经基本成型，为了实现在线路运营成为主要业务时完全民营化的目标……经营财团应立刻改组为特殊公司"。同时期国铁的分割民营化制定了细节并于1987年4月付诸实施，具体就是在1983年6月设立的"临时行政改革推进审议会（行革审）"上1986年6月最终方案得以通过。之后，在1995年的内阁决定中明确提到特殊公司成立的时期是"目前正在建设的7号（南北）线以及11号（半藏门）线完工之时"。经营财团民营化与国铁分割民营化的不同之处在于，民营化的理由自始至终都是如果地铁网络基本成型，那么就不再需要政府等的建设扶助，而在线路运营方面，交由民营企业将更为有效。

2）东京地下铁株式会社的成立

在2001年由内阁议会决定的特殊法人等整理合理化计划中，经营财团民营化的时期定为"平成16年春（2004年）"，并且在国土交通省和经营财团等内，也正式开始了民营化的准备。在2002年秋的临时国会上，《东京地下铁株式会社法案》通过并成立，同年12月公布。就这样，帝都高速交通经营财团在2004年3月末，为其62年有余的历史画上了句号，并在4月1日成立新公司（东京地下铁株式会社）。

新公司继承经营财团的一切业务，企业规模及员工数量没有改变，其注册资本与经营财团相同，为581亿日元；政府以及东京都仍然按照31：27的比例保有股份。

另外，过去部分人曾有关于东京地下铁株式会社和都营地铁整合的论调，但为民营化开辟了道路的行革审小委员会认为，"都营地铁一体化的理论并不恰当，还需要观察都营地铁合理化的努力结果来加以讨论"。

3）副中心线路的开通

在经营财团名下于2001年着手施工的副中心线路在新东京地下铁的组织体制下继续建设，于2008年迎来了池袋至涩谷线长8.9km线路的全线开通，同时在池袋，开始与东武东上线以及西武池袋线的互相直通。此时，东京地下铁株式会社的营业线路延长约195km，包含了都营地铁的东京市地铁营业线路延长约304km。

【参考文献】

［1］矢岛隆．行走于地下的高速铁路——发于上野行于浅草[J]．新都市2000，54（3）．

［2］矢岛隆．跨越昭和时代的地下铁[J]．新都市．2000，54（5）．

［3］东京都交通局．东京都交通局80年史[M]．1992．

［4］帝都高速交通经营财团．跨越昭和时代的地下铁[M]．株式会社电通，1977．

［5］帝都高速交通经营财团．经营财团地下铁50年史[M]．1991．

［6］东京地下铁株式会社．东京地下铁路史（乾坤第2卷）．实业之日本社，1934．

［7］帝都高速交通经营财团．东京地下铁开通50年的记录[M]．1979．

［8］东京急行电铁株式会社．东京急行电铁50年史[M]．1973．

［9］铃木清秀．交通调整的实质[M]．株式会社交通经济社，1954．

［10］广冈治哉编．近代日本交通史[M]．财团法人法政大学出版局，1987．

［11］冈本尧生．东京的城市交通[M]．株式会社GYOSEI，1994．

［12］东京地下铁株式会社．帝都高速交通经营财团史[M]．2004．

第三章　与轨道建设完全一体化的城市开发

3.1 城市交通设施建设与城市开发

日本城市化的特征在于，在正式开始城市化以前，首先建设轨道网络（国营铁路和城市近郊的私营铁路网络）的骨架。这一特征为初期的国土成型创造了条件，也是日本实现其特有的、以轨道为基础大城市结构的主要原因。本章节将主要以首都圈为对象，纵览以轨道为中心的大都市结构经过了怎样的经历最终得以实现，以及交通设施建设与城市开发之间的关联性。

3.1.1 时代划分与城市开发的主题

1）第1次城市化和城市计划制度的制定

①第1次城市化（1920～1935年）的背景

日本近代首次经历城市化是在第一次世界大战后的1920年。城市化的先进国——英国，凭借在18~19世纪末期间开展的工业革命，实现了城市人口高度集中。

日本的城市化相比英国晚了约一个世纪，工业化的发展历经了日俄战争（1904年）、第一次世界大战（1914年），最终带来的结果就是在1900~1930年代之间城市和城市人口急剧增长；至1918年末，6大城市大约集中了日本总人口的12%，共计613万人；东京和大阪等大都市向市区以外的郊外膨胀的现象显得尤为明显。当时轨道网络的存在作为城市化和郊外快速发展的背景之一，不容忽视。

英国是同时推动工业革命和铁路网络建设，而与之相对的明治政府则逐步锐意建设作为工业基础的全国铁路网络，先于工业化发展。1872年开通运营新桥至横滨线，以此为开端，1889年全线开通了现在的东海道本线新桥站至神户站。同时，在1880年初，日本首家私营铁路——日本铁路——创立，并且在时至1906年的25年间构建了从东京到青森的大型铁路网络。在1894年中日甲午战争开战之时，从日本铁路及国建东海道线，以

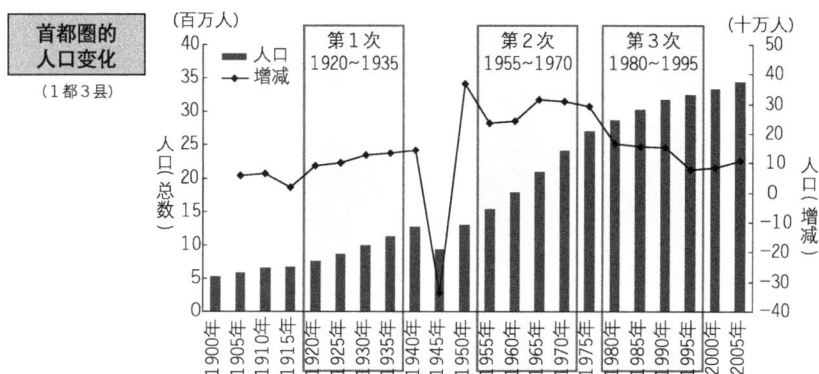

	首都圈的人口变化 (1都3县)			

图表说明：首都圈的人口变化（1都3县），第1次 1920~1935，第2次 1955~1970，第3次 1980~1995

	时间	社会背景	人口增加的情况	铁路整备情况
第一次	1920~1935年左右	轻工业发达	缓慢增加	现在的铁路网络大体成型
第二次	1955~1970年左右	重化工业发达	急速增加，都市圈扩大	地铁的直通运行、复线化等模式提高运输能力
第三次	1985~1995年左右	IT、服务业发达	缓慢增加	充分使用既有网络改善运输

图3-1　首都圈的城市化进程（再次给出）

及山阳线至青森—东京—大阪—广岛之间，已经建设到了可以实现直通运输的程度。

在大都市人口正式急剧增长的第1次城市化时期，7大城市的人口集中尤为显著，在国土干线铁路网络的基础上，大城市近郊的私营铁路也相继开办创业。

初期铁路主要用于货物运输，客运需求则仅限于运送旅客上山朝拜等，然而1892年作为西武铁路前身的川越铁路却在1897年创办了东武铁路，并在1930年前开通了现在大型私营铁路的主要线路。正因为近郊铁路与城市化相辅相成地发展，而快速促进了大城市市区街道郊外化发展的进程（图3-1）。

②《都市计划法》的制定

第1次城市化时期同样在城市规划方面迎来了新时代的转机。人口集中到城市，最终导致住宅房屋密集化、住宅难、贫民街出现、地价高涨等城市问题更加深刻。要解决城市问题，当务之急就是实现城市制度的近代化和法律制度的改革等。

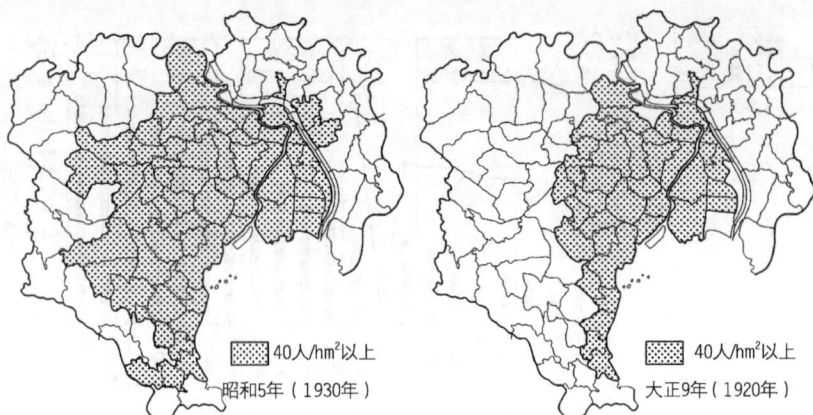

图3-2 市区街道的变迁
（资料来源：东京城市计划百年修改）

1919年（大正8年）《都市计划法》以及《市区街道建筑物法》制定，日本的城市计划法制和组织在全国范围内得以确立，用于应对土地区划整理、建筑红线制度、地域地区制度等市区街道扩张的新城市计划手法得以制度化。但是当时多数的官僚和政治家出于"农村是国家基础"这一农本主义的考虑，对需要耗费庞大财力资源的城市改造持消极态度（图3-2）。

在交通方面，当时的机动车保有数量受到限制，仍然以铁路和路面电车为核心，当时的东京市区改建（1903年新设计），从1900年初至1920年的道路建设以市区街道铁路（路面电车）为杠杆，向铺设路面电车轨道的铁路企业征收一种名为受益者负担金的电铁缴纳金，以扩充财源。

③震灾重建城市计划

1923年（大正12年）袭击日本首都圈的关东大震灾，最终使得东京城市中心的城市改造迫切程度一口气迈进了一大步。340余万人的受灾总人数中，绝大部分都是因为东京及横滨的市区街道受到了毁灭性的打击所致，灾后重建正是意味着首都的重新建设。从1924~1930年，通过7年间开展的震灾重建城市计划事业，东京横滨原有市区街道的城市改造得到了飞速的发展，完成了3600hm²的土地区划整理事业，让从江户时代就继承下来的街道划分面貌一新；同时，区划整理事业还使得总长为253km、共

照片3-1 关东大震灾

计526hm²的道路得以建设，今天的市中心及居住区的城市构造基础也在这里得以成型。但是，随着市中心及居住区的城市改造稳步发展，东京西侧地域也比过去有所增大，市区街道加速扩张，并沿轨道走向逐步侵蚀近郊农业地带，导致研究郊外土地无序规划的应对措施成为重要的课题，然而尚未充分去应对，日本就突然进入了战时体制。山手线西侧的木屋集中地带正是这种无序规划的地带，它在战后重建的过程中，在没有建设基地的情况下向着高密度化方向发展。

2）第2次城市化和城市开发的多样化发展

①人口及产业向大城市集中

第2次城市化的时期（1955～1970年）正好赶上战后的经济高速成长期。1955年，国民总产值超过战前；1956年的《经济白皮书》更是以"我们已经脱离战后时期"，意气风发地宣布该事实。以化学重工业为主导的高速发展，使得大量的人口从地方向战后重建效果显著的大城市涌入。尤其东京、大阪、名古屋这3大城市的人口更是急剧膨胀，进而出现了东海道巨大城市群。从东京都市圈来看，人口在1955~1965年的10年间，由1328万人变为了1886万人，增长了558万人，增长率高达42.0%。然而容纳这些大量涌入人口的地方，与战前并无两样，同样是郊外地区，当时既有市区街道已无法完全容纳。因为交通需求的增大，战后轨道的复原异常显著，郊外发展沿轨道路线逐步展开，形成了急剧的城市扩张。

除了城市人口增加，还应关注的变动就是就业人口结构的变化。第1次城市化后工业人口减少，第2次、第3次城市化后工业人口却有所增加。这表现着这个时期的城市化和工业化发展，为日本的国土和国民生活带来了结构性的变化。

②从抑制城市过大到大都市政策的转变

伴随人口集中产生的大都市问题，引发了1924年的阿姆斯特丹国际城市规划会议的召开，已经在战前有过第1次城市化经验的日本，同样认识到了广域的地域计划的重要性。特别是利用绿地包围城市街道，以达到限制城市街道膨胀目的的绿化地带建设的必要性更是成为讨论热点。首先是以东京市区为中心的50～100km环状地带内的《东京绿地计划》（1933～1939年）被提起讨论，之后又由后来的《东京防空空地计划》和《灾后重建计划》继承。

绿化带思想——以东京都为对象的绿地地区建设想法，扩散到了整个首都圈，在《第1次首都圈建设基本计划》（1958年）中被定位为"近郊地域"，然而在刚刚制定之时，就面临了原本很是期待住宅用地化的近郊农村地主阶层发起的激烈反对运动，最终未能体现实效性（图3-3）。

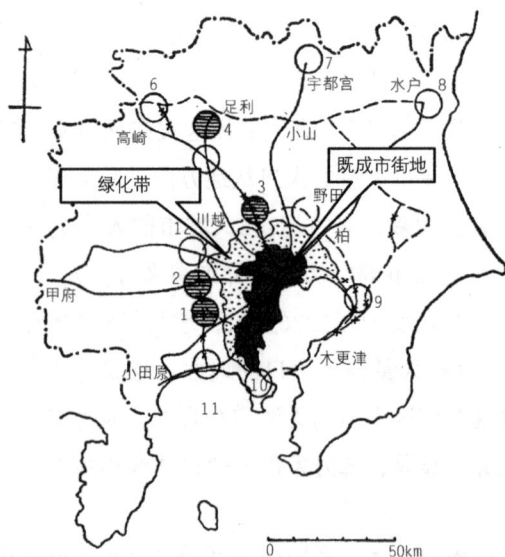

图3-3　绿化带（资料来源：《第1次首都圈建设基本计划》）

134

铁路沿线的城市化不仅没被有效抑制，在巨大的人口压力面前，更是从铁路沿线向周边逐步。而且，就像可以在《东急多摩田园都市计划》中看到的新线路开发和一体式的郊外住宅用地开发等那样，已经表现出了作为新型规划性郊外开发手段的可能性，所以不得不从近郊地域向近郊整改区域进行政策转移。

《第1次首都圈建设基本计划》（1958年）中提及的"城市绿化带"构想，在《第2次首都圈建设基本计划》（1968年）中放弃了将近郊地带作为城市绿化带的计划，并将50km环线变更为"有计划地建设市区街道土地，同时能够保全绿地"的近郊建设地带，具有开发可能性的地域。针对东京人口及工业的集中，政策从过去的抑制城市过大化向着接纳集中、允许巨大化的方向转变，市区街道土地建设的中心思想向着在集中容纳的过程中解决都市问题的方向迈进（图3-4）。

③都市开发正式展开

在以东京地区为首的大都市地区中，人口过密、住宅不足、交通不

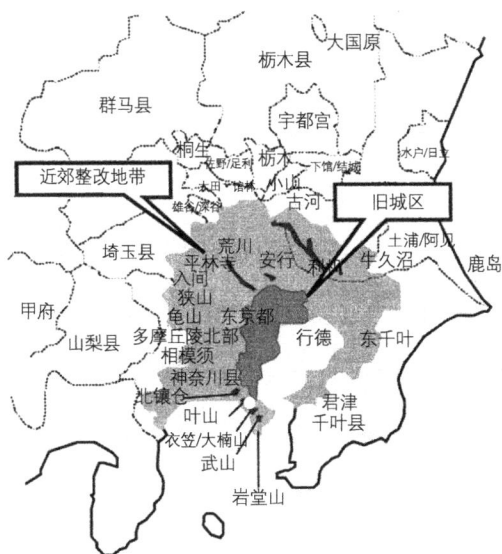

图3-4　近郊整改地区（资料来源：《第2次首都圈建设基本计划》）

畅、用水不足、发生公害等大都市问题相继出现。针对这种情况，《城市计划》继承《灾后重建都市计划》，创立了多样化城市开发事业制度。该时期的市区街道土地开发事业包括：以日本特定范围的市区街道土体整改事业为核心的土地区划整理事业（1954年）；以同时推行道路整改和城市再开发为目的的《防灾建设街区改造法》以及《市街地改造法》（1961年）；以开发大规模住宅为目的的《新住宅市街地开发法》（1963年）等。与此同时，创立负责积极城市开发的国有事业主体——日本住宅公团（1955年），并推动多摩卫星城等大规模的新城市开发。

这个时期的城市开发不光有国有主体，更有多种多样的民间开发商闪亮登场。在过去的电铁、不动产的基础上，金融、人寿保险、建筑等各个行业加入到了住宅开发的领域中，以郊外地区为中心提供住宅用地。在这期间，从1953年就开始的《东急多摩田园都市计划》更是体现出了迄今为止从未有过的轨道沿线开发规模：计划在东京西南部丘陵地带开发出占地约5000hm^2、居住人口约40万人的巨大住宅用地；不仅城市部分和郊外的开发住宅用地要连接铁路新线路，东急公司还采用与沿线土地所有者共同构建土地区划整理，相关开发事业由东急公司统一签订代理合同并计划施工的一种全新的轨道沿线整体住宅用地开发方式。在第2次城市化时期以庞大的住宅需求为背景成立的日本型TOD堪称经典案例（图3-5）。

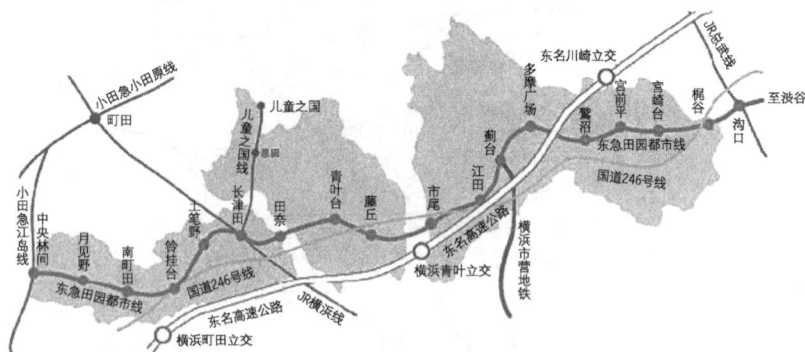

图3-5 《东急多摩田园都市计划》

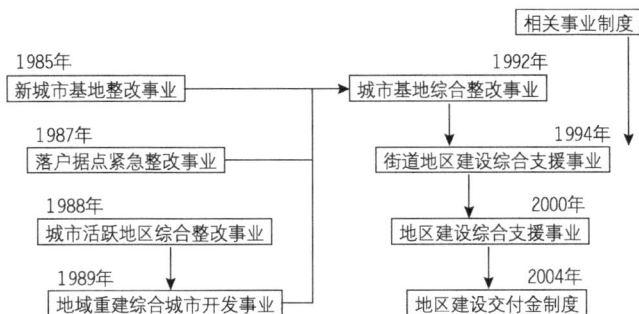

图3-6　城市基地整改事业的变迁

④"姗姗来迟"的道路整改

战前道路整改最重要的在于普通国道的改建和铺设道路的延伸，与轨道网络相比，整改明显有所延后。进入战后时期，在日本政府的请求下，沃特金斯调查团对名神高速道路展开了可行性调查（1956年），对当时的日本道路情况这样讲道："日本道路的恶劣程度令人难以置信。在工业国家里，像这样完全忽略道路网络的国家也就只有你们日本了。"

为了推动当时一直迟迟不动的道路建设，日本制定了《道路整改紧急措施法》（1953年），道路整改在这个时期正式开始（图3-6）。在第4次道路整改5年计划中，计划了长7600km的高速道路网络（图3-7）。通过加入《新全国综合开发计划》（1969年）进而确立了全国性的高速道路网络计划，该高速道路网络和新干线网络共同构成了新国土干线的高速交通体系。

1967年，机动车的保有数量突破了1000万台，正式进入了机动化的时代。全国各地城市地区内因为轨道而发生的道口拥挤、交通拥堵、市区道路阻断等问题相继呈现。1969年签订《城市内道路和轨道连续立体交错的相关协定》（《建运协定》），在日本各地的城市地区推行轨道连续立体交错线路和一体式的街道建设。

3）第3次城市化和多极分散型国土的形成

①东京一元化集中

第3次城市化时期（1980～1995年）是1970年以后稳定推移的大城市

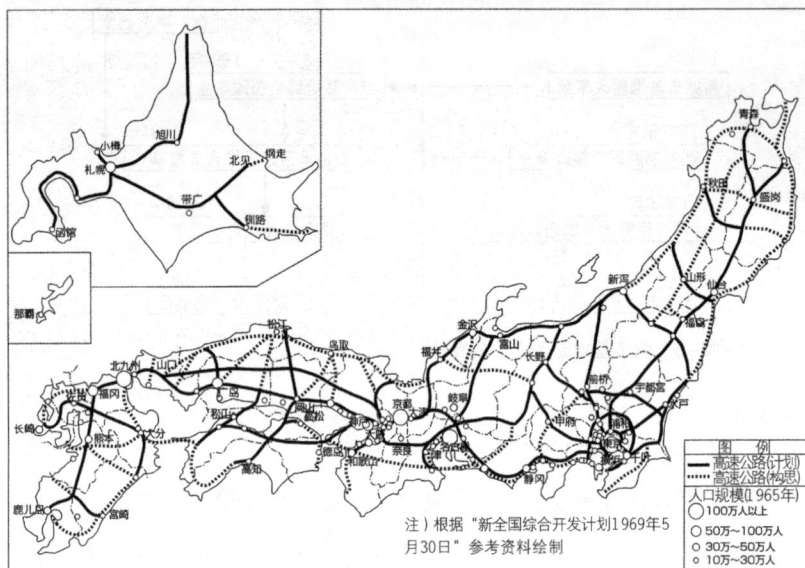

注）根据"新全国综合开发计划1969年5月30日"参考资料绘制

图3-7　长达7600km的高速道路网络（资料来源：东京的都市计划百年）

地区涌入人口量，在实现高度城市功能的东京一元化集中的背景下，再次活跃涌向东京地区的一个时期。人口集中使得市区街道在向外延伸的同时，业务功能进一步向城市中心集中迈进。跨越了第2次石油危机后的经济调整期，连同泡沫经济的到来，为世界级的城市东京的魅力更增色彩，东京市中心地区的办公需求压力也随之急剧增加。

业务功能向市中心集中引发了交通拥堵、上下班距离远等城市问题。与此同时，办公用地需求集中在市中心地区有限的土地上也导致市中心地区的地价飞涨，并波及了周边地区，使得整个首都圈的地价异常得高。这就是所谓的"不动产泡沫"，不动产泡沫使得进一步强化有意识地抑制城市过大化和城市功能分散化政策的必要性摆在了眼前。

②业务核心城市构想

在广域规划方面，为了纠正人口城市功能在东京一元化集中的结构，4全总（第4次全面总体规划，1987年）提出了构建多极分散型国土和全国一日交流圈的交流网络构想。东京地区则在《首都改造计划》（1980年）

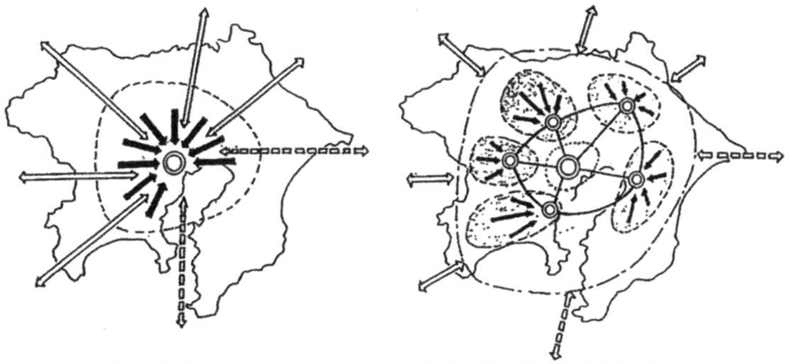

a）一元依赖型结构　　　　　　　　b）联合都市圈型结构的构想图

图3-8　东京从一元集中化向多级分散型的转变（资料来源：首都改造构想）

以及《第4次首都圈整改计划》（1986年）中提出，纠正东京一元依赖型结构，重新构建以业务核心都市为中心的自立都市圈集群的业务核心城市构想。

在东京地区，市中心集中业务功能的分散政策是城市政策的重要支柱之一。1982年的《东京都长期计划》认为，"为了让东京成为适宜居住的城市，其城市结构必须从一元集中型向工作和居住相互均衡的多元型城市转变"。针对多元的"元"这个概念，《计划》认为"交通的连接节点，预计将会进行大规模的未用地开发和二次开发，是对于将来的城市建设存在极大可能性的地域，它不仅要成为业务功能的中心，还必须成为能够维持文化、信息、交通等多方面建设的东京市活跃与发展中心，同时是能够拉近工作与居住地的据点"（图3-8）。

随后除新宿、涩谷、池袋以外，上野、浅草、锦系町、龟户、大崎等也被定位为副城市中心；而八王子、立川、町田等则被定位为多摩地域的"核心"（图3-9）。

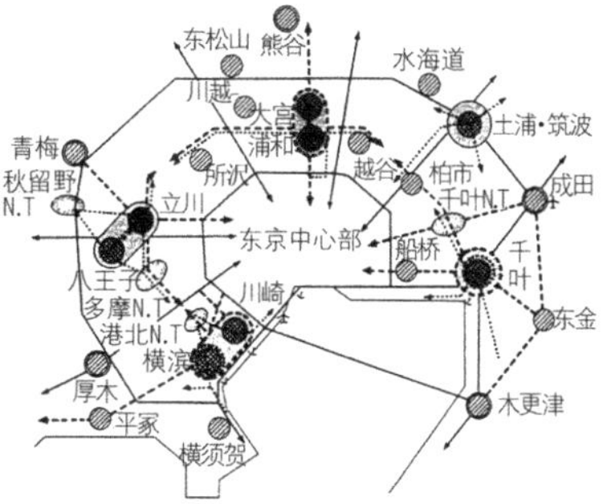

③国铁分割民营化和城市基地

图3-9　业务核心城市构想（资料来源：《首都改造计划》）

建设

进入1970年代后，机动化进一步发展，旅客和货物的国铁运输分离明显化。1980年代，经营不振加剧，1987年国铁分割实现民营化。同时，全国各地城市的中心城区出现了国铁清算事业住宅用地（国铁货物车站拆迁地等）以及工厂拆迁地等大规模的闲置土地，着眼于此，以实现多极分散型国土形成态势的地方中心城市活性化为目的，城市基地建设的一系列制度由此开始。而以促进城市基地建设，并借此承担具备成长性的地方产业集约化和创造个性丰富的城市文化为目的，全国性的城市政策正式启动。

以再次开发国铁货运车站拆迁地等为目标，1985年的新城市基地整改事业在全国主要城市开展，并针对包含国铁货运车站拆迁地等在内的交通节点周边地域再次进行开发。该制度随着时代需求的变化经历了数次变迁，并不断地被继承延续，最终形成了2004年的街道建设交付金制度。

④城市功能郊区化的新发展

在交通方面，机动车的比重越来越高。结合国土干线的建设，城市郊外地区的干线道路也在逐步建设，但与之相反的，中心城区以及边缘地带的道路建设情况却迟迟未见进展，结果就使得城市功能沿着干线道路向外延伸。利于机动车通行的郊外大规模购物中心之间的竞争，导致市中心城区明显衰退。对地方城市而言，中心城区的活跃化成了最重要的课题。

大城市郊外地区的干线道路避开密集的城市街道，从相对比较容易确保用地的市区边缘地带和铁路与铁路之间包夹的"中间地带"线路开始进行整改。整改之后，与过去市区街道从铁路沿线开始向外延伸渗透不同，面向干线道路沿线的城市功能向外延伸情况变得更为显著。选址位于郊外并且具备大规模停车场的大型商业、工厂、运输等重视机动车往来的设施，以及选址位于市中心的市政府、医院、文化等设施也借助增设的机会，将新设施地址选在了郊外。

东京卫星城市车站周边的商业功能对比

出于缓和东京都市圈一元集中化弊端的目的，通过《第4次全国综合开发计划》，于1988年在《多极分散型国土形成促进法》中对"业务核心都市"这一概念实施了制度化。计划在距离城市中心大约20~30km的位置，不仅建成近郊住宅区卫星镇，同时还要将其培养成为以业务功能和商业功能为支柱，具备高度城市功能的集中地。埼玉县、东京都多摩地区、神奈川县、千叶县、茨城县分别在从市中心起呈放射状延伸的主要轨道线路上指定了多个城镇，并且一直到现在仍在不断实施各类城市培育政策。从当时的时代走来又经过了20多年，现在我们再从公共交通指向型城市开发的侧面进行观察时，这些城市群又将会具备怎样的特征呢？下面我们就对调查分析的部分结果进行介绍。

首先我们尝试分别对城镇轨道旅客的数量和车站及其周边的商业经营情况进行比较。对比结果理所当然地，两者都呈现出了正面的关系，但其中相对来看，立川在特定的铁路旅客数量比例下，商业经营销售额明显较多；而町田的经营销售额则明显较少。两者都是以新宿为中转，并且均是位于东京西郊类似距离带的卫星城市。那么，两者的差异从何而来呢？

在这里，我们尝试以车站为原点绘制图表，观察两个车站周边的商业用地面积，以及在车站周边都有哪些距离带进行了整改。通过图表发现，两者周边商业情况有明显的差异：立川的商业用地明显集中在车站的附近，而与之对应的，町田的商业用地则相对分散在周边地区。

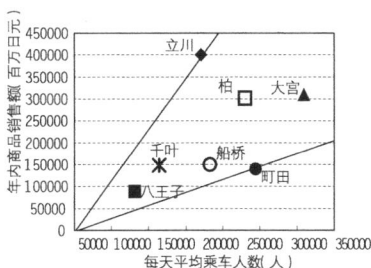

图1　东京圈卫星城市的铁路乘降人员和车站周边商业销售额的对比

另外，城市游客在立川选择利用的交通工具明显多为地铁。换句话说，从公共交通指向型城市开发（TOD）的观点出发进行对比，立川相比町田，建设得更符合TOD的性质。

那么，究竟是什么原因导致这样有所差异的城市结构一再出现呢？相关疑问在于以下几点：立川在很早以前提出"集约化城市"这种说法之时，就已经预见性地有意在车站的附近集中建设商业功能吗？还是反过来町田没有考虑这些，而仅仅是随意地进行城市开发才最终导致的呢？在对过去的历史文献研究和对相关人士的采访调查后得知，实际上根本不是那样。结论就是立川的商业设施因为战后美军基地依然存续等，导致商业设施整改场所没有选择的余地，与其说是"有意为之"，不如说是"顺其自然"最终形成了现在的形态。而町田反而是完全相反的结论。町田

原本是地理位置远离国铁横滨线的原町田车站于1980年迁移到了小田急的新原町田车站位置后建成的，并且举全市之力努力提升新町田车站的铁路便利性和聚集性，发挥作用的正是"TOD型"政策。可即便如此，政策方面还是不得不注意旧国铁车站附近的商业设施，也因此导致时至今日商业用地依旧较为分散。町田就是所谓的行政和地域"努力"与"苦涩"的产物。

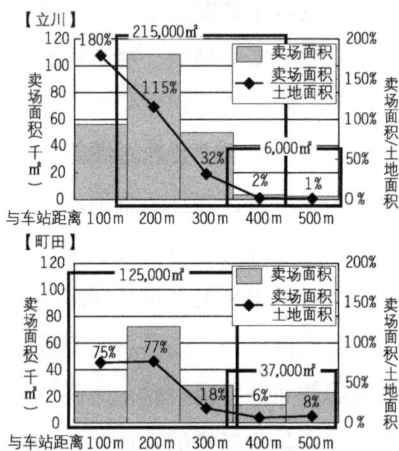

图2 立川和町田的商业用地面积

3.1.2 铁路中转站周边的城市开发

在前面章节中，我们在关注轨道网络的同时观察日本的城市化进程在何时以何种方式得以推进。城市化的时期和各个时期轨道网络的建设情况一直在对日本特有的以轨道为基础的大都市圈结构成型产生影响。同时还指出，针对城市化施行的城市计划和城市开发事业，一边与轨道紧密相连，一边自身不断发展。在本章节，我们将观察这些城市的开发具体是以何种方式进行的。首先来看铁路中转车站周边的城市开发。

1）战前城市中心中转站的形成

①战前的市内交通

关东大地震不仅是东京市区街道膨胀的契机，同时也促进了市内交通的发展。居民从烧毁的市中心及居住区向安全的郊外住宅地转移，在此基础上还增加了从地方转入的居民，这就导致山手线以西的范围市区街道扩大，据称郊外地区的人口在震后10年间增加了3倍。灾后重建时期随着郊外地区人口的增加，各大私营铁路企业的郊外铁路网络也在快速建设，新宿、涩谷、池袋等山手线西侧的站点交通量大增。国铁涩谷站的乘客数量在震后短短不足2个月的时间内，就从震灾前的33800人变为了65000人，几乎翻倍增长。

在大正末年到昭和初期之间，城市内交通量大增，当时正处城市交通黄金时代的路面电车明显已经无法应对增大的交通需求，有必要转用高速铁路（地铁）的事宜则被提起讨论。但战前已经建设的地铁仅有银座线。

由于当时城市内的主要交通工具依然是路面电车（图3-10），并且私营铁路是以山手线等国铁主要站点为起点向郊外地区延伸，因此就出现了大量的换乘。

图3-10　1920年代的市内交通工具（资料来源：东京的都市计划百年）

鉴于这种形势，针对人口增加明显且腹地包含郊外部分的大塚、池袋、新宿、涩谷、目黑等山手线西侧的私营铁路停靠站点，以及连接市内和市中心地区的高速铁路网络制定了计划（1925年高速铁路网络特别都市计划委员会）。该计划因为重建计划的收缩而未能实现，但却成了战后地铁计划的原点。

②副城市中心的萌芽

在大震灾的10年前，东京站开通运营，丸之内逐步成了商务办公街，由于其在大震灾中并未受到太大的伤害，所以震灾后的发展并不明显。与丸之内类似，但在大震灾后实现了惊人发展的却是涩谷和新宿等副城市中心。住宅区房屋被烧毁的人们迁移至了山手，然而之后仍然持续增长的郊外居住者使得该地区的中转站——涩谷和新宿，从过去的繁华街道上升到了副城市中心的高度。

丸之内的副城市中心的变化很大程度上依赖于交通工具的发展。而东京的私营铁路网络完成也基本上处于这个时期。继明治时期就已开始营业的京滨电铁和东武铁路之后，东横线、小田急线、目蒲线、京王线、京成线、西武线等各大铁路企业，在大正末年到昭和初期之间开始了运营。

2）站前地区的发展

①站前广场计划

通过帝都重建事业，对大震灾受灾地市中心及居住区的干线街道、公园、区划整理制定了计划，在1930年已基本形成今天的街道设施。虽然车站周边地区道路也经过了整修，但当时的计划是以城市地区级别的干线道路网络为中心，明明已有很多铁路站点，但往来于铁路站点的道路和站前广场却均不属于城市计划的对象。正因如此，在重建计划中经过整修的山手线东侧东京站、上野、新桥的站前广场就成了不上不下的交通中转型站前广场。

从帝都重建计划后的1930年代往后，作为省线、市内电车、私营铁路郊外电车换乘中转站的山手线各个站点出现了拥挤的问题，城市计划东京委员会为了应对站前混乱拥堵的问题，实现交通顺畅，对街道以及站前广场的设置制定了计划。1934
年，以新宿站周边广场街道计划
为开端，不久之后的大塚站、池
袋站、涩谷站，以及随后的驹入
站、巢鸭站、目白站、目黑站、
五反田站、大森站、蒲田站的站
台街道计划相继立案。各个站前
广场计划的内容包含街道、广
场、小街道，而广场则被视作是
城市计划街道的一种。

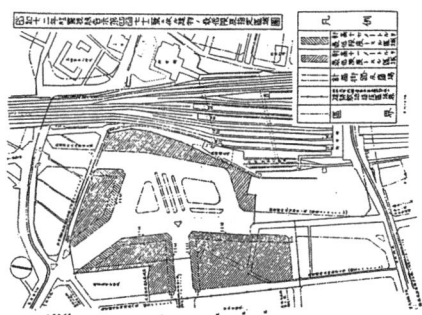

图3-11　新宿站前广场计划图（1937年）
（资料来源：东京的都市计划百年）

　　在计划后的站前广场中，已于战前实施事业化且已经完工的广场，仅
有乘客数量较多并出现在相邻的淀桥净水场再配置计划中的新宿站西口广
场（图3-11）。新宿、池袋、涩谷、大塚等非帝都重建计划区域的山手线
西侧交通中转站的站前广场，在战后重建土地区划整理事业中进行整改，
进入1960年代后终于宣告完工。

　　②新宿站、涩谷站、池袋站的站前广场开发变迁

　　新宿站在1885年日本铁路株式会社开通运营赤羽至品川之间线路（现
在的山手线）之际设立。1889年开设从甲武铁路到立川的线路（现在的中
央线），之后私营铁路相继驶入。1915年京王电气铁路线（现在的京王电
铁）开通运营，1927年小田原急行铁路线（现在的小田急电铁）开通运
营。新宿站繁荣是在1923年的关东大震灾以后。在私营铁路小田急、京王
线的沿线形成了住宅地，并且自然而然地形成了以新宿站东口为中心的繁
华街道。伴随着街道的繁荣，交通量也急剧增加。对于这种情况，城市计
划东京委员会认为，"需要在站前设置相当规模的广场，并对甲州街道、
青梅街道等与周边街道相互联系的街道制定计划"，并依此制定了涵盖震
后受灾的专卖局淀桥工厂迁址和淀桥净水场在内的新宿站西口改建计划。
1934年，包含新宿站西口周边地区在内约6hm^{2}的区域修建了占地约2.1hm^2
的新宿站西口广场，并决定了道路整改计划。在此之后，变更过计划的部分内容，在1941年完成了站前广场和街道的部分工程，即于战前正式建设的第1号站前广场。计划虽然因战时而临时中断，但在战后继续由战后重建计划继承，并于1968年完成了包含淀桥净水场拆迁地在内约96hm²的工程，也就是今天新宿副城市中心的基础工程。

池袋站开设于1903年间，池袋周边为农村地带，凭借着日本铁路丰岛线（现在的山手线）的开通运营，池袋信号站被提升为车站级别。之后的1914年和1915年，东上铁路（现在的东武东上线）和武藏野铁路（现在的西武池袋线）分别驶入池袋，但这两条线路是以驶入当时的繁华街道神田和巢鸭为前提，而并非以池袋为起点。

1935年，菊屋百货商店（现在的西武百货）在池袋站开店。从都电铁路驶入池袋站的1939年起，池袋站逐渐体现出了其交通连接点的繁华。新宿站前广场的计划推迟了2年，在1936年才被定为城市计划事业，但该事业先于战后的战争重建区划整理事业实施，并于1960年代完工。1957和1958年，三越池袋店以及东武百货的总店分别在池袋开店营业。1966年更是针对包含东京拘留所迁址地在内约7.5hm²的地区，公布了池袋副城市中心计划的告示，并且于1978年，以"Sunshine60"为中心的阳关城市建成完工。

涩谷站和新宿站同样开业于1885年。1907年玉川电气铁路线开通，并连接涩谷站和世田谷方向，借助池尻方向庞大的陆军演习基地的背景成了繁荣的烟花柳巷，据称元山花街在关东大地震前拥有420名艺妓。涩谷站震灾前的铁路就只有玉川电气铁路，铁路建设晚于新宿和池袋，但震灾后的1927年和1933年，东京横滨电铁（现在的东急东横线）以及帝都电铁涩谷线（现在的京王井之头线）相继开通运营。随后，1934年东横百货开业，1938年作为玉川线中转站的玉电大厦开业，形成了以车站为中心的街道形态，因购物游客而变得非常繁华。然而，车站周边的街道和站前广场虽然和池袋处于同一时期，都于1936年制定计划，但涩谷站开始实施却是在战后重建区划整理事业结束以后（图3-12）。

③车站周边的商业集中和铁路百货商店的布局

照片3-2　明治时期的池袋站（再版）

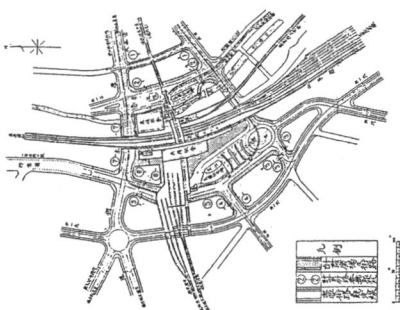

图3-12　涩谷站前广场计划图（1936年）
（资料来源：东京的都市计划百年）

照片3-3　昭和32年（1957年）涩谷站周边

百货商店被当作站前商业设施的代名词，是于1904年三井吴服店设立株式会社三越吴服店之时起。自此以后，前身为吴服店等的百货商场开在了日本全国各地。当初三越、伊势丹等老牌百货商店布局在城市中心地区的繁华街道，并形成了商业街的核心。之后，1929年开在梅田站的阪急百货（现在的阪急梅田百货）取得成功，以此为开端，百货商店纷纷选择建设在中转车站旁边或靠近车站的位置，呈现出了繁华的景象。1934年涩谷站的东横百货（现在的东急百货东横店）、1935年池袋站的菊屋百货商店（现在的西武百货）、1937年大阪阿倍野站的大铁百货（现在的近铁百货阿贝野桥本店）等电铁周边百货商店相继开业。着眼于中转站点集客能力的中转车站布局型百货商店逐渐增多。

百货商店进出城市中心交通枢纽站首先由以关西地区为中心的铁路企业发起，而关东地区则是从1960年代中期起通过战后重建土地区划整理，整改山手线西侧交通枢纽站的站前广场，并针对其相邻街区的铁路百货商

照片3-4　昭和32年（1957年）涩谷站附近

店的阵容进行整理。小田急百货以及京王百货分别于1962年和1964年在新宿站开业；西武百货以及东武百货分别于1949年和1962年在池袋站开业；东急百货（公司名称变更为东横）以及西武百货则于1967年在涩谷站开业。

另一方面，高岛屋玉川店和东急百货TAMAPLAZA店等，看中了郊外地区新兴住宅地的新客户群而将百货商店布局在郊外地区，但随着机动化的发展，也出现了地方百货商店自行开设郊外购物中心进行发展的例子。

④车站周边用途地域的变迁

在这种变迁之下，商业功能逐渐集中在车站周边，在此过程中城市计划又将会采取何种应对措施呢？随着1919年《城市计划法》的施行，1925年（大正14年）公布首次《地域指定公告》。最初《指定公告》的内容将几乎所有的住宅区域都指定为商业地域。山手台地被指定为居住地域，其中干线道路沿线被指定为商业用地。同时，赤坂、九段、白山、驹入、大塚、四谷、神乐坂、新宿、涩谷等的商业用地也成了零星的商业地域。而涩谷站周边和池袋站周边因为集团性的商业设施集中较少，因此没有被指定为商业地域。

关东大地震为东京的城市结构带来了巨大的变化。人口在向东京集中的过程中，大震灾使得市区街道的居住者向市外转移，使得东

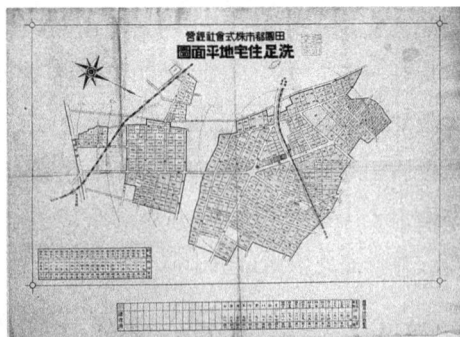
照片3-5　田园都市株式会社、洗足住宅地平面图

148

京西部郊外地区私营铁路沿线上的住宅地快速成型。与此同时，随着郊外地区的人口增加以及前往市中心上下班的劳动者增加，新宿、池袋、涩谷等中转车站和中野、巢鸭这些郊外地区主要车站附近开始形成商店街。最终，在《战争重建城市计划》中对用途地域的指定发生了变更，以车站为中心的商业地域范围扩大。用途地域变更的主要内容包括：以新宿站、涩谷站、池袋站、大塚站、中野站、巢鸭站等为中心的商业地域范围扩大；震灾重建事业的道路扩宽以及随着土地区划整理事业的实施扩大商业地域。

私营轨道交通枢纽站百货建筑的设计   第一人 久野节

东京晴空塔（高634m）以及东京站丸之内站堪称纪念碑式的大规模设施复原工程事业完成于2012年。在该年的秋季，东武铁路终点站浅草站的交通枢纽站点百货建筑（包含松屋百货的复合大厦）恢复了1931年开业之初的外貌。自1974年利用金属板幕墙工艺覆盖建筑外墙以来，终于在近40年后恢复了其本来的历史外貌（照片1，照片2）。

照片1　现在的东武浅草站设施建筑外观（2012年12月摄影）

照片2　2010年当时的东武浅草站外观

当时建筑车站的名称叫浅草雷门站（14年后的1945年，更名为现在的浅草站），1927年，与名为"东洋首列地铁"开业运营的东京地下铁路（现在的东京地铁）银座线的浅草站相连，实现了东武铁路的夙愿，开通隅田川以西的运行。最初东武浅草站在东岸现在的东京晴空塔站（原为业平桥站，1917年开业），过去的列车专用线大型旧址的区划整理事业地区内建成了晴空塔和商业设施东京那条街（照片3）。

东武浅草的中转站设施一直保留了设立之初的形态，即便是现在也随处可见昭和初期的设计风格。大厦的二层采用三面四线结构的港湾式站台，西侧的1线在两侧均有站台（4、5号线），前方则通过连接通道连接道路地下的东京地铁浅草站。东京圈的车站和百货商店合建站台晚于1928年（昭和3年）原池上电气铁路（现在的东急池上线）五反田站和白木屋百货的合建站台，位居第二。但东京的站台建设远远大于前者，采用

当时最先进的钢筋混凝土结构，
建有地下1层，地上7层，总楼面
规模达34610m²，是日本最大的新
文艺复兴风格的车站建筑。设计
者由铁道省首任建筑科长久野节
（1882~1962，1927年退出铁道省，
同时设立久野设计事务所）担任。

久野后来还设计了同样车站百
货商店合建类型的关西南海难波站
（1932年，南海电气铁路高岛屋大
阪店，照片4）、阪神三宫站（1933
年，神户三宫百货）、近铁南大阪
线大阪阿倍野桥站（1934年，当时
的大板铁路大铁百货，现在的阿倍
野Harukas位置），其设计师的名号
闻名于当时。另外，上野的京成电
铁上野公园站本屋的商业复合型大
厦，也就是于1936年完工的聚乐大
厦（2005年解体，原来的上野京成
聚乐酒店），也是由久野设计的。
顺带一提，车站百货建筑的先驱，
正是1920年（大正9年）阪神急行

照片3　晴空塔和商业设施东京空
中城市

照片4　南海难波站（1932年，原南
海电气铁路高岛屋大阪店）的外观

电铁（现在的阪急电铁）梅田站内
的5层车站大厦（原来的阪急大厦）
其中一层入驻"株式会社白木屋"。
【中野恒明】

3.1.3 轨道沿线有计划的市区街道整改

受关东大地震前后东京人口增加的影响，市区街道的郊外发展一举取得了进展，并将郊外的住宅地作为腹地形成了车站中转站。后来经过《灾后重建计划》和《战后重建计划》，对站前广场和街道进行整改后，站前百货商店就集中布局于此，并逐渐形成了我们今天所看到的以中转车站为中心的商业聚集地。那么，作为站前商业用地腹地的轨道沿线郊外地区又是如何形成的呢？本节就将阐述郊外地区的城市化进程与轨道之间的关系以及如何推进轨道发展。

1）铁路企业导致的郊外用地开发

①大都市的变貌

图3-13　多摩川住宅地计划图

经过20世纪初的日俄战争和第一次世界大战，日本的资本主义呈现出飞跃性的发展，促进了人口向城市的集中，导致产业结构发生了变化。这些变化使得当时的特权阶级本位制社会体系开始发生转变，以新兴资本家和城市中间阶层抬头为背景的所谓"大正全民平等风潮"席卷整个社会。随着交通工具的发展，城市功能实现近代化，工薪阶层的生活方式也呈现出了变化。在郊外开发的文化住宅和便于生活面向中流阶层的住宅让人不禁想起由此而来的理想生活；百货商店进入由铁路连接的副城市中心和繁华街区，将经营对象由过去的上流阶级扩大到中间阶层，并提供新型的消费文化。城市居住市民的生活在震灾以后出现了"短暂的时尚"（图3-13）。

②电铁导致的住宅地开发

住宅用地在大地震以前就已经开始了计划性的开发。计划将在路面电车等沿线上建造用于应对增加的工薪阶层的住宅地。这些住宅地的开发同样以路面电车增加的旅客为目标，1912年由东京信托株式会社在玉川电铁沿线开展的樱新町卫星城开发就是此类住宅用地开发的代表例子。1918年，由涩泽荣一设立的田园都市株式会社在开发中加入了欧美都市概念的"田园都市"，着手收购洗足地区、大冈山地区、多摩川台地区（现在

照片3-6　多摩川台（田园调布）住宅地航拍照片（1932年）

的田园调布）的事业用地，并在大震灾的前一年（1922年）快速开始分块出售洗足地区的土地。田园都市株式会社在开发住宅地的同时，为确保当地交通的便利性还在经营轨道事业，不过铁路事业由1922年创立的目黑蒲田电铁继承，1923年目黑至蒲田间的线路（现在的东急目黑线以及多摩川线）全线开通。像这样在轨道及其沿线有计划地进行住宅地开发事业，正是以先于东京一步实现工业都市化的大阪为模板而来的，这点在当时已广为人知。在第一次世界大战中，日本最大的工业城市大阪，先于东京从早期就开始对轨道网络进行建设，并且还在阪神、阪急、京阪、南海、大轨（现在的近铁）等轨道沿线建成了芦屋、西宫、丰中、枚方、堺、八尾等郊外住宅地区。

　　首都圈内像东武铁路和京滨铁路等很早就开始运营的私营铁路企业大多数还在从事相关的供电事业（电气供给），但却没有一家从事住宅地的开发。因此轨道运营无法与住宅地的发展紧密相连，不过后来在大震灾前后开始营业的公司就积极地在轨道沿线开展住宅地的开发。东京急行电铁的前身，目黑蒲田电铁和东京横滨电铁就一口气开发出了目黑、荏原、马入、玉川、东调布等住宅地。这些住宅地成了大震灾后郊外地区居住的基础，也使得郊外住宅的居住者急剧增加。

　　池上电铁（1922年）：荏原、马入、东调布、池上。

　　目蒲电铁（1923年）：目黑、荏原、碑衾、马入、玉川、东调布、矢口。

东恒电铁（1926年）：目黑、碑衾、玉川、东调布。

小田急电铁（1927年）：代代幡、世田谷、松泽。

西武铁路（1927年）：落合、野方、井荻。

③《耕地整理法》和住宅地开发

在郊外住宅地开发活跃的时期，在城市计划区域内有计划地进行住宅地开发所采用的手段就是利用《耕地整理法》。《耕地整理法》制定于1899年，在1954年制定《土地区划整理法》以前，一直都被用于住宅地的开发。横跨品川、大田、目黑、世田谷、杉并、练马、板桥各个地区的广泛区域内都在实施耕地整理，例如大规模的事业就有井荻耕地整理事业和玉川全元耕地整理事业。井荻耕地整理事业的对象区域面积为882hm^2，在1925年获得组合设立许可，1935年完成工程。玉川全元耕地整理事业则在玉川村招揽铁路企业，并以玉川村整体为对象，在1924年开始组合设立准备工作，1954年完成工程。耕地整理事业使得约1000hm^2，占世田谷区1/4的耕地得以整理建设。

④以郊外车站为起点的线路公车的发展

在交通方面为郊外增加人口提供支持的是铁路，但大震灾后，作为铁路的辅助交通工具的公交车快速发展壮大。东京的公交汽车发展始于1919年，1923年的关东大地震导致东京市民的交通工具——东京市内电车——完全损毁，东京市电力局匆忙进口福特公司的底盘，并投入运行市公交车（蓝色公车）。据称当时市公交的车辆引进了44台准载11人、双系统的T型改良版福特。在大震灾前，在市郡区域通行的仅有2家公交企业，1930年却增加到了53家企业，而且其中46家企业主要运营区域都是市郡区域。在郡级地区，公交车的起终点多数都在车站前，公交车在帮助车站腹地扩展并促进郊外发展的同时，还为公交车路线集中主要车站的站前商店街形成作出了贡献。

⑤铁路企业的商品销售、流通、休闲设施经营

大多数铁路企业不仅从事铁路事业，还会从事各种的相关事业或不同业种的事业。这样做的原因除了在公共交通的性质方面仅依靠轨道事

业难以形成利益外，也可以说是为了使轨道使用者和轨道沿线居民成为自己的顾客而积极创造有利条件。特别是轨道沿线的住宅地开发等不动产行业和商业设施的发展，轨道和车站配套开发的案例尤为多见。业种除了不动产、百货外，还有游乐场和主题公园等娱乐产业，以及温泉和滑雪场等观光旅游地开发、酒店事业等等。近几年，轨道车站设施内（就是所谓的"站内"）和高架桥下等处的出租行业也逐步盛行。

2）卫星城开发和轨道建设

①卫星城开发的背景

继战后经济复兴的1955~1964年经济高度增长，使得人口和工业急剧向大城市集中。集中的结果就是超出战前已经成型的原有城市街道，市区街道向郊外进行延伸，而将近郊地带作为绿化带以此来抑制城市街道向外延伸的政策措施也不得不进行转变。"无序延伸的原因在于住宅需求，单纯限制住宅地的建造并不能解决问题，应当大量提供优质的住宅地"的舆论非常强烈，当务之急应当"在适当的地区配备必需的公共设施以及公益化设施，开发建设能够切实发挥健全城市街道功能，且具备相当规模的住宅地区，并提供大量的住宅"，鉴于此，1963年发布了《新住宅市街地开发法》。

新居事业是以全面收购具有土地征用权用地为前提的事业，继千里卫星城后，以提供大量住宅为目的的多摩卫星城正适合该事业，并且在1965年决定了城市计划：未来将要开发计划人口30万人、计划面积约3000hm²的大规模住宅城市。事业由东京都、住宅及城市建设公团、东京都住宅供给公社三方共同推行。多摩卫星城的确是有利于建设相关公共设施以及建造具有地域集中性住宅用地的优秀计划，但在当时却被指出了各种问题，如事业调整需要时间，从1965年计划决定开始到1971年居民开始入住，需要耗时6年；并且即便是在1980年居住人口也仅为6万人，才停留在计划人口的2成，等等。必要时期的供应量受到限制，无法充分满足急剧的住宅需求（图3-14）。

②国有卫星城开发和轨道建设

图3-14 多摩卫星城

大规模卫星城的开发从确保卫星城居民的交通便利和促进卫星城开发的观点来看，需要和铁路建设呈一体式的推进，但如果按照卫星城和铁路整改时期的关系进行整理，那么未必就能如人所愿，在初期就曾出现过卫星城的住宅用地整改先行，而铁路建设随后紧追的案例。多摩卫星城的铁路部分开通运营还是在卫星城开始入住后3年，全线开通则需要耗时约20年。就连1983年开始入住的港北卫星城，全线开通也需要10年时间。

略微推迟的"千叶卫星城计划"意识到了卫星城开发和轨道整改之间的联动性，将开始入住和轨道开通运营选在了相同的时间，只是开始入住的时期正值人口涌入大城市暂告一段落的1979年。

近年来筑波特快（TX）沿线的开发，就采取了轨道和沿线开发一体化进行的事业模式，结合轨道的开通运营，在2000年各个车站周边的部分地区先行建设，进行街道建设等，与迄今为止以住宅需求为背景的沿线开发不同，推行以轨道的利用性为卖点的沿线开发（图3-15）。

图3-15 TX沿线开发

照片3-7 筑波特快

③国家对卫星城铁路建设的补助

针对住宅需求增加而紧急采取应对的千里卫星城就推进了北大阪急行线路和阪急千里线的整改建设，但在开通运营时的1970年，国家尚未确立补助制度，而是由开发商签订协议，承担部分的事业费用。

在此之后，以多摩卫星城的京王相模原线以及小田急多摩线的整改建设为契机，鉴于铁路整改需要大量的初期投资，1972年《关于大城市高速铁路整改建设相关扶助措施的备忘录》在大藏省、运输省以及建设省3省之间听取意见。随后为了促进铁路建设，日本铁路建设公团着手铁路建设，并重建了建设费用制度，创立了由国家和地方补助部分利息，开发商再承担部分费用的制度（称之为"P线方式"）。多摩卫星城的铁路建设就根据这份备忘录，在小田急、京王两家私营铁路企业和3家施工企业之间，签订了《开发商承担建设费用的备忘录》，并由日本铁路建设公团首次开始私营铁路的施工建设。

1973年，同样建立了国有卫星城铁路部分事业建设费用由国家和地方补助的制度，并引进了开发商费用负担制度，同时适用于泉北卫星城和港北卫星城。

④民营卫星城的开发和铁路建设

在这个时期，不仅有国有卫星城的开发，借助住宅需求的浪潮，由各类事业主体开展的较大规模民营住宅开发活动（卫星城）同样活跃。

虽然开发出的住宅小区大多数都需要依赖于现有轨道和以轨道站点为起点的路线公交车来实现互访，但其中也有自行建设轨道的案例。代表案例就有东急多摩田园都市的开发和山万株式会社开发的尤加利丘。

东京多摩田园都市的开发规模超过了多摩卫星城，开发总面积约5000hm^2，拥有居住人口40万人，在当时被誉为日本国内最大规模民营主体的住宅用地开发项目。计划构想始于1953年，不过以1959年川崎市野川地区的开发为开端，于1966年开通运营田园都市线（沟口站至长津田站之间），并且开了田园都市的正式入住。这个时期正值多摩卫星城决定实施城市计划的第二年，也是开始入住前的5年。1977年面向涩谷站的直通

图3-16 尤加利丘卫星城

照片3-8 尤加利丘线

运行开始，长津田以西则根据土地区划整理事业的推进逐步延伸，在1980年实现了中央林之间的全线开通。需要特别提到的是，土地区划整理组合根据铁路新线路的计划实现组织化，而东急铁路公司以统一代理业务的方式对沿线整体进行有计划的开发，与此同时，通过在土地区划整理事业中划拨开发相关的事业用地和费用，让铁路整改施工成为可能。

开发尤加利丘卫星城的山万株式会社之前曾在大阪经营纤维批发业务，在1965年进入东京开始从事住宅开发事业，在横须贺的高级住宅湘南高地取得成功后，又在千叶县佐仓市建成了尤加利丘卫星城。卫星城于1971年开始开发，1979年开始土地分块销售。尤加利丘卫星城引人注目的则是，为确保卫星城的交通互通，身为不动产企业的山万自行建设尤加利丘线（新交通系统线路），并由公司的铁道事业部直接负责运营（图3-16）。

从不同业种跨行业参与轨道事业的案例非常少见，由纯粹的民营企业建设新交通体系在日本同样属首例。从制定以交通计划为主的城市计划方案到由民营企业主导推动街道建设，为确保在建设街道所需必要设施的同时稳定提供让所有家庭都能够持续舒适居住的住宅，而规定每年的分块出售数量等等，将独特的街道成长管理付诸实践这一点同样值得关注。

3.1.4 城市再生和轨道交通

从战前到战后的经济高度增长期间，逐步推进的大都市政策让东京大都市圈成长为人口达4000万人，世界上独一无二靠轨道网络支撑的巨大都市圈。虽然后来人口集中暂告一段落，但自迎来初期的城市化以来经历了约1个世纪的时间，围绕日本的经济社会形势同样发生了巨大的变化，国际化、信息化等首都功能需要高度化的呼声高涨，城市的更新和再生被列为重要课题之一。希望我们能够稍微改变一下视角，以一直以来承担城市结构更新及再生责任的铁路为中心进行整理，尝试考虑今后城市建设的方向。

1）国铁货物车站旧址等和城市基地建设事业

①大规模闲置土地的产生

明治以来，为日本社会和经济发展做出巨大贡献的国铁也在机动化的浪潮下推动了客运和货运的分离，最终在1987年因为巨额赤字而被分割，开始了民营化运营。为了解决国铁长期以来的债务，对能够出售的土地进行处理，以及之后为了解决剩余的长期债务而转由国铁清算事业团体继承的货物车站旧址等原国铁用地，甚至达到了约8000hm^2。与全国各地城市中心部分车站相邻的国铁货物车站旧址等（国铁清算事业团体用地），以及与之相关联的工厂旧址等，形成了大规模的闲置土地。

②灵活利用大规模闲置土地建设城市基地

国铁施行分割民营化的1980年代是城市开发领域迎来巨大转机的时代，也是东京各项职能一元集中化问题较为明显，《日本列岛改造论》和《首都改造计划》被提起议论和用于应对，并且在"4次全总"上提倡形成多极分散型国土的时代。在城市建设方面，技术革新的进展、高度信息化社会的转变、国际化进程、经济服务化等巨大浪潮浮于表面。同时，为了实现充满活力的都市社会，建设洋溢着国际性和成长性且具备产业和文化等多方面职能的城市基地，更是成了重要的城市建设课题。

照片3-9 埼玉业务核心城市——埼玉新城市中心站周边地区

另一方面，地方城市将衰退明显的中心市区街道的活跃化定为重要的特定课题，将目标放在通过强化中心城市的交流功能稳定人口以及施行地区振兴政策。将国铁分割民营化所产生的国铁清算事业团体用地灵活用于城市职能的更新，以推动地域社会的核心。新型城市基地的形成，以及建立以建设综合型城市为目的的新城市基地建设事业（1985年），同样也是在这个时期。

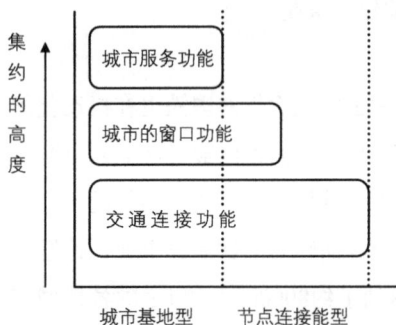

图3-17　交通节点的功能
（资料来源：《帮助城市再生的交通节点建设方法调查》（2003年））

着眼于铁路站点所拥有的乘客集散功能，强化车站的交通节点功能以及将国铁货物车站旧址等有效用于城市建设，形成有助于地方定居的城市基地，以逐步推动城市结构变化为目的的城市基地建设事业，都在当时的日本各地相继开展（图3-17）。

城市基地建设根据时代的要求，一次又一次修改制度，最终一点点地被今天的街道建设交付金制度和交通节点建设事业所继承。城市基地的成型也体现出了一定的成果，例如自明治时期以来不断努力构建而成的铁路资本转变为多功能广场、人造地基、漫步长廊、高度信息中心、地域交流中心等新型高层次城市的基础设施等。

2）铁路高架事业和沿线城镇建设

①铁路高架事业的背景

铁路高架事业与铁路沿线的城市街道化进程，以车站为中心的店铺以及服务设施的布局，这一系列的日本城市化经历之间有着很深的联系。铺设铁路时通常会将车站设立在市区街道的边缘地带，然而后来的急剧城市化进程却围绕着车站发展，因此形成了日本特有的轨道在平面上分割城市中心地区的城市问题。在机动化正式到来的昭和40年代（1965~1974年），平面轨道分割市区街道导致道口拥堵已成为了全国性的问题，因此日本各地迫切地需要实现铁路和道路的立体交错化。在此之中，当属将特定的铁路区间建成高架结构或者地下结构的方法更能一次性消除大多数的道口拥堵现象，因此旨在消除市区街道分割现象的连续立体交错化（铁路高架）事业无论在铁路方面还是城市方面，都对其抱有很高的期望。

为了在1969年（昭和44年）顺利实现城市内铁路和道路间的连续立体交错化，当时的建设省和运输省，就城市计划事业实施者和铁路企业费用承担的问题，签订了《关于城市内道路和铁路间实现连续立体交错化的协议》，也就是所谓的《运建协议》。"铁路高架事业并非单纯的道路和铁路的问题，而是城市二次开发的问题"，基于这样的认识，而在日本全国近189处（包括2012年正在开展事业工程的场所）开始实施改建工程。在市区街道以车站为中心快速扩张的车站周边地区，其道路和站前广场等城市基础设施通常都不够完善，所以铁路高架事业在更新铁路设施的同时，也给重新构建车站周边城市基础设施提供了绝无仅有的良机。

②车站周边地区的二次开发

铁路高架事业并未停留于车站设施和铁路设施的改建、相关的交错道路，以及相关的辅道、站前广场、机动车停车场等交通设施的建设，而是通常与车站周边地区的土地区划整理事业、市区街道二次开发事业、用途地域等的土地利用计划、交通管理计划的城市建设一体式推进。铁路高架事业的结果使得在铁路的连续立体交错事业中，主干高架事业成了周边地区城市二次开发的导火线，即所谓的契机，相关的交错道路、车站设施、站内通道、站前广场等城市基础设施得以有序建设，促进了车站周边地区和沿线的民间投资，体现出了堪称促进城市二次开发和沿线城市建设的计划连锁现象。这也是日本特有的市区街道与铁路紧密相连同步发展的现象。

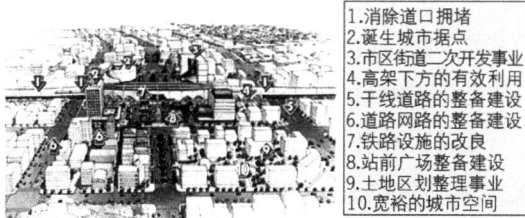

1.消除道口拥堵
2.诞生城市据点
3.市区街道二次开发事业
4.高架下方的有效利用
5.干线道路的整备建设
6.道路网络的整备建设
7.铁路设施的改良
8.站前广场整备建设
9.土地区划整理事业
10.宽裕的城市空间

图3-18 铁路高架事业的相关事业

3）交通节点建设与城市再生

①着眼于交通节点的全国城市再生

经济泡沫破裂后，从20世纪末到21世纪初，日本的经济一直处于严峻的停滞状态，必须处理不良债权和采取经济低迷对策的呼声高涨。然而在世界范围内，也迎来了城市开发计划相继破产等的巨大转型时期。针对这种情况，由小泉内阁发起的2001年（平成13年）《紧急经济对策》决定，"从环境、防灾以及国际化等观点出发，应将目标指向城市的再生，推进21世纪新型城市再生计划，综合性地强力推动土地有效利用等有关于城市再生的政策举措"。提升城市的魅力和国际竞争力已成为内政的重要课题，而致力于城市再生则成了经济结构改革的重要课题之一。为了让上述政策具体可行，开展了"全国城市再生调查"，并从全国征集城市再生计划的提案。结果，从全国的自治体寄来的832件城市再生计划中，有504件都涉及了交通节点。鉴于此，政府重点提出了广泛存在于全国范围，与市民生活息息相关，同时有望获得民间投资的"聚集人气的交通节点"相关举措，并将其作为全国城市再生的紧急措施。

②车站和城市的融合

日本的近代化是铁路发展带来的，正如前面提到的那样，新型的市区街道以车站为中心发展。将目光聚焦在以实现全国城市再生为目的的紧急措施"聚集人气的交通节点"上，这也可以说是必然的结果。

但是，日本的铁路已经因为应对快速增长的交通需求而疲于奔命，因此更为重视铁路的搭乘和换乘这样的交通职能，往往会让人感觉仅仅是为利用者提供了最小限度的必要服务。而且轨道车站和地区的生活以及经济紧密相关，是大量人口集中使用的重要设施，可是迄今为止在城市计划中，并没有将其作为城市设施进行明确的定位。也正是因为这一点，导致从城市生活的品质提升和地区社会活跃化的角度来看，它没能充分发挥其自身的作用。

车站具有日常生活中大量人口集中使用的潜力，而且它还具有多年代人群、多目的、多地区利用的特征，同时还是普遍存在于全国范围的设施，因此我们应当着眼于车站聚集人口的潜力，解决铁路分割市区街道的问题和限制车站内部空间的结构性问题，同时提升其繁华功能、城市服务功能，增加流动人口，提升中心市区街道的活跃度。作为城市再生的关键，应将目光聚焦在以车站为中心的交通节点上（图3-19）。

③始于车站的城市再生

大都市圈的交通枢纽车站每天有超过200万人的乘客

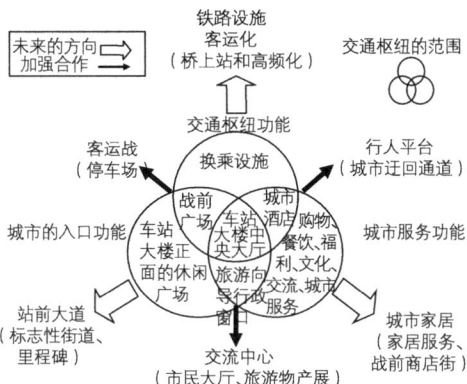

图3-19　交通枢纽节点建设的方向
（资料来源：《帮助城市再生的交通节点完善方法调查》（2003年））

在此集散，是世界上独一无二的设施，也是支撑大都市圈经济活动的重要城市设施。在交通节点功能方面，它高度实现了多种交通工具相互之间高效且流畅的换乘功能，国营铁路被分割民营化，JR各公司可以迅猛地向运输事业以外的相关事业扩展。被民营化的JR东日本在"车站复兴"的呼声中，展开了以车站为中心的开发事业。关于详细情况将在第5章"由国铁JR展开的车站开发"中进行阐述。在都市化时代，轨道引导着城市化进程，如今，以车站为中心的交通节点功能的更新引导着城市的更新与再生，与轨道的功能更新相互连动的城市化再生事业将更加活跃。

【参考文献】

[1] 今井清一. 日本历史（23卷）[M]. 中央公论.

[2] 松平乘昌. 日本铁道公司的历史[M]. 河出书房，2010.

[3] 石田赖房. 日本近现代城市规划的展望[M]. 自治体研究社，2004.

[4] 池田祯男. 东京城市规划用途地区史（从一开始指定到1975年）[M].

[5] 成户寿彦. 战后东京的城市政策和市区特性相关研究[M]. 2001.

[6] 越泽明. 东京城市规划故事[M]日本经济评论社，1991年.

[7] 交通博物馆车站的历史，东京的终端.[M].2006.

世界首个高架轨道在哪里？　柏林、纽约、巴黎、伦敦

• 东京"新永间市街线高架桥"的模型——柏林城市铁道（1882年）

日本首个高架铁路是东京的"新永间市街线高架桥"，它属于山手线的一部分，滨松町至东京站之间采用了砖筑拱形高架桥（1910年完成），由德国工程师Franz Baltzer以柏林都市铁道（Stadtbahn，1882年）为模型设计。柏林的高架铁路在第二次世界大战中被毁，目前，大多数采用了近代发明的钢筋混凝土结构进行改造，但是，原东柏林地区仍残留着当时采用砖拱建筑的铁道（照片1）。它与新桥站—有乐町站周围以及神田站—原万世桥站周围的砖拱形式基本相同。

• 美国的钢铁制高架铁路（1868年）

1868年，纽约布鲁克林第9街高架铁路正式运营，之后，又建设了第2街、第3街和第6街铁路。截至19世纪末，年均乘客数已经超过10亿人。但是，由于交通及噪声问题，这些铁路逐渐转为地下铁路。现在讲述的是

2009年完成的高线公园步行街，它是在20世纪30年代建设的，是在现已废弃的高架货运铁路历史遗产基础上改造而成，目前已成为供居民生活使用的步行街（照片2）。

• 巴黎的原文森门站铁路（1859年）

另一个引起热议的高架铁路遗迹步行街，是1994年完成的巴黎的原万塞纳铁路。"艺术高架桥"原本是连接巴士底广场前的巴黎万塞

照片1　柏林詹诺布鲁克桥车站

照片2　纽约高线步行街

纳车站（现l'Opéra歌剧院附近）到万塞纳郊区的原万塞纳铁路。该铁路于1859年开通，到1969年废弃的110年间，主要用于物资和旅客的运输。后来，铁路高架桥下方的砖瓦拱洞被改造为商店和工房，上方则形成了步行街（照片3）。

• 伦敦的高架铁路（1836年）

铁路发明国家——英国（1825年）——此后在各地成立民营铁路，铁道建设竞争激烈。1837年（天保8年），英国首都伦敦第一条铁路，即伦敦&伯明翰铁路（起点：尤斯顿站）正式运营。实际上，在1836年（天保7年），伦敦至格林威治铁路（起点：伦敦桥站)已经开始运营，但由于当时的泰晤士河南岸不属于伦敦市，故没有记录在案。该路线上至格林威治约5km的铁道采用了高架桥方式施工（目前依然存在），在伦敦桥站附近的贫民街上空穿行而过，通过减少征地面积缩短了工期（图1，照片4）。该路线于1864年延长至泰晤士河北岸的查令十字车站。由于存在上述历史

演变过程，作者决定以"伦敦的高架铁路（1836年）"作为本栏的栏题【中野恒明】

照片3　巴黎里昂车站附近的"艺术高架桥"

图1　伦敦市内的高架桥格林威治铁道、1936年当时的版画
（资料来源：小池滋英国铁道物语[M].）

照片4　现在伦敦市内的格林威治线高架区间

3.2 轨道交通枢纽的形成——多中心的城市结构

日本大都市的市中心并非集中在一点，而是以铁路火车站周围为核心形成多的城市结构。从东京及大阪的现状比较来看，东京主要在山手线的各站设立了民营铁路火车站，大阪主要在大阪环状线设立了火车站或者相当于火车站的联运站，主要的民营铁路火车站设置在环状线的内部。为什么会形成这样的局面呢？主要由于很多民营铁路火车站的形成期与第一次城市化时期相互重合，这导致了很多比原有环状线小很多的市区逐渐朝向环状线扩展，或超过原有环状线范围向外扩展（图3-20）。随着市区向外

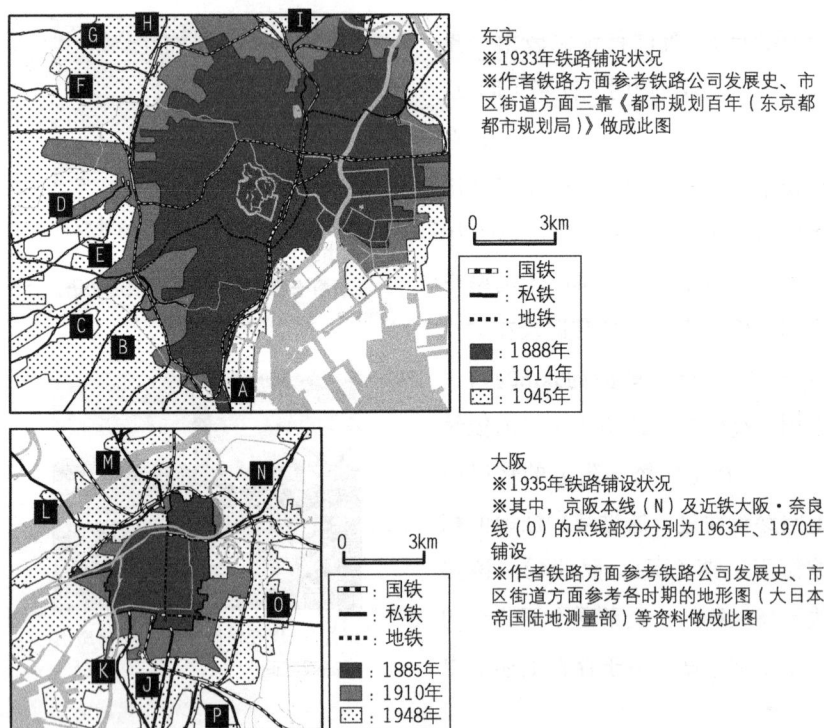

东京
※1933年铁路铺设状况
※作者铁路方面参考铁路公司发展史、市区街道方面三靠《都市规划百年（东京都都市规划局）》做成此图

0   3km

☐ ：国铁
— ：私铁
⋯ ：地铁

■ ：1888年
▨ ：1914年
▧ ：1945年

大阪
※1935年铁路铺设状况
※其中，京阪本线（N）及近铁大阪·奈良线（O）的点线部分分别为1963年、1970年铺设
※作者铁路方面参考铁路公司发展史、市区街道方面参考各时期的地形图（大日本帝国陆地测量部）等资料做成此图

0   3km

☐ ：国铁
— ：私铁
⋯ ：地铁

■ ：1885年
▨ ：1910年
▧ ：1948年

图3-20　环状线、民营铁路车站与市区的关系（战前）

166

围扩展，作为市内交通工具的地上电车也开始逐渐向环状线的各站扩展，或者超出环状线范围扩展，形成了庞大的交通网络。另外，原本承担郊区客运任务的民营铁路也希望能够通过自身能力将旅客运输到尽量靠近市中心的地方，所以，铁路逐渐向城市中心方向扩展。可以说，民营铁路火车站是在两者相互竞争的背景下形成的。下面，将通过三个角度探索东京与大阪铁路火车站形成的具体经过。第一，环状线具备的城市中心连接功能；第二，当时市区的扩张；第三，郊外民营铁路与市内交通工具的连接。

3.2.1 东京山手线上的民营铁路火车站

截至1919年，山手线只开通了上野至东京的C字形铁路（上野至秋叶原之间为单线货运线）。当时的城市中心主要分布在上野、秋叶原、东京、新桥，而上野至东京开通较晚主要是由于此区间的土地征用工作进展举步维艰。1923年发生了关东大地震，通过震后复兴土地规划，使得长期以来悬而未决的征地问题得以解决。1925年，山手线正式竣工，开始环线运营。民营铁路各公司截至1933年，在山手线各站设立了火车站（东武伊势崎线除外）（表3-1）。竣工后的山手线与中央线结合，具备了与山手线东侧区间的城市中心的连接功能，民营铁路各公司从郊外运来的旅客大多通过山手线及中央线前往城市中心方向。

另一方面，地上电车（民营和市营）逐渐从城市中心向山手线扩展铁路网。当时，部分铁路火车站尚未与路上电车连接。例如，尽管池袋的东武和西武较早成立了火车站，但受护国寺影响，市营电车开通时间延长，直至1939年方才正式开通。另外，民营铁路根据《轨道法》（1921年以前称为《轨道条例》，该法律主要适用于路上低速行驶的铁路）规定，开始向山手线内的市营电车终点扩张。例如，原玉川电气轨道以1920年国营铁道涉谷站迁移为契机，在该车站下方构筑了通道，将线路延长至天现寺（天现寺线后来被市营电车收购）。

路线（目前）	站名	建设时间	详细
A	京急干线	品川	1933	国铁将八山（1904）、高轮（1925*）站合并设置
B	东急东横线	涩谷	1927	
C	东急田园都市线	涩谷	1907	过去的玉川电气轨道向天现寺（1924*）延伸，后来后退
D	京王干线	新宿	1945	从新宿追分（1913*）后退，国有铁道合并设置
E	小田急干线	新宿	1915	
F	西武新宿线	高田马场	1928	早稻田*延伸许可失效，向西武新宿（1952*）延伸
G	西武池袋线	池袋	1915	护国寺*延伸许可失效
H	东武东上线	池袋	1914	
I	京成上野线	日暮里	1931	向京成上野（1933*）延伸

带 * 符号的地方位于山手线内

（资料来源：根据参考文献[3]、[7]及民营铁道各公司社史编撰）

3.2.2 大阪环状线内的民营铁路火车站

1889~1900年，大阪环状线完成了今宫、天王寺、玉造、大阪、西九条之间的铁路建设，整体成倒C字形（战后整体竣工）。西侧未开通运营，通向大阪湾的物流主要依靠船运。当时的城市中心主要分布在河流两岸，周围市区规模尚小，环状线远远围住市区（图3-20）。

与东京相比，关西地区的民营铁路发展较早。在环状线建设之前，民营铁路已经在繁华的难波新地外围建设了南海干线的火车站。南海高野线的汐见桥站就建设在环状线西侧的道顿堀外围（表3-2）。从目前角度看来，这两个火车站已经进入了环状线的内侧。随后，阪神及阪急在国营铁路大阪站设立了梅田火车站。南部的难波至北部的梅田区间位于大阪城市中心轴上，至1910年与市营电车连接，1935年通过地铁御堂筋线连接。

168

京阪电气铁路和近畿日本铁道从东侧与已有环状线交叉，向内侧的市区外围扩张。这主要考虑到即使与环状线连接，也无法直接与当时的城市中心连接。京阪电气铁路原计划在繁荣的市中心——北滨附近（高丽桥东诘）——建设火车站，但由于《市内电车市营主义》（1903年市议会决议通过）对大阪市进行调整，无奈只能后退至天满桥。在此次调整中，大阪市通过市营电车将梅田—天满桥区间连接起来，阪神与京阪电气铁路希望通过签订协议加入市营电车区间，最终未能实现。京阪电气铁路与近畿日本铁道得以在环状线上设立车站，主要缘于1932年的环状线东侧高架化建设，国营铁路与民营铁路得以在此设立新车站或将车站迁移至此。

主要民营铁路车站的建设情况（大阪环状线上）　　　表 3-2

路线（目前）		站名	建设时间	详细
J	南海干线	难波 *	1885	（原）阪堺铁道
K	南海高野线	汐见桥 *	1900	（原名称）道顿堀、（原）高野铁道
L	阪神干线	梅田	1906	从出入桥（1905*）向地下延伸
M	阪急宝塚线等	梅田	1910	在大阪站南侧并线，1973 年迁到现在位置
N	京阪干线	天满桥 *	1910	在淀屋桥（1963*）向地下延伸
		京桥	1932	迁移（原）蒲生，1949 年改名
O	近铁大阪奈良线	上本町 *	1914	在近铁难波（1970*）向地下延伸
		鹤桥	1932	迁移（原）鹤桥
P	近铁南大阪线	阿部野桥	1923	（原）大阪铁道

带 * 符号的地方位于山手线内
（资料来源：根据参考文献[3]、[7]及民营铁道各公司社史编撰）

3.2.3 民营铁路通过地下铁路进入城市中心

1938年根据《陆上交通事业调整法》开展交通调整，最后决定，东京市内交通工具的路面电车由市政府负责整合，地下铁路由新成立的经营财团进行整合。这导致民营铁路进入城市中心的计划搁浅。战后，民营铁路最终通过建设地下铁路的形式，最终实现了进入城市中心的愿望。1956年召开的都市交通审议会通过的第一次报告提出，经营财团（原有）与东京都经营财团（新成立）建设的地下铁路通过国有铁路与民营铁路直通运营。这使得各民营铁路通过间接方式实现了进入城市中心的愿望。在大阪，都市交通审议会大阪部会于1958年批准，京阪电气铁路可以在京阪干线建设淀屋桥地下延长线，实现了直接进入城市中心的愿望。近畿日本铁道同样于1970年开通了至难波的地下延长线。至此，各家民营铁路公司在环状线的基础上，实现了与贯穿城市中心轴的地下铁御堂筋线的直接连接。

【参考文献】

［1］矢岛隆．铁路支撑的日本大都市——其历史经纬的探索[J]．社团法人日本铁道技术协会杂志（JREA），2006，149（8）．

［2］武知京三．都市近郊铁路的历史开展铁道史丛书3[J]．日本经济评论社，1986．

［3］宇田正等．民营铁路的历史与文化（西日本篇）[M]．古今书院，1995．

［4］社团法人都市开发协会．民营铁路集团开展的城市建设一览（1910～2003年）[M]．2003．

［5］和久田康雄．日本的民营铁路[M]．岩波新书，1981．

［6］中村建治．山手线的诞生[M]．IKAROSU出版株式会社，2005．

［7］藤本均．民营铁路车站物语[M]．橘出版，2005．

［8］青木荣一等．民营铁路经营的历史及文化（东日本篇）[M]．古今书院，1992．

［9］京阪电气铁路株式会社．京阪70年历史[M]．

［10］东乡尚武．创造城市、思考系列．东京5[M]．都市出版，1995．

［11］矢岛隆．铁路支撑的日本大都市形成——城市化、郊区住宅用地、车站[J]．土木学会杂志，2008，193(8)．

池田祯男【简历】

1957年东京大学理学部地理专业毕业；

1977年东京都都市规划局土地利用规划课课长；

1984年台东区都市建设室主干；

1988年东京都地下铁建设株式会社事业部部长；

1993年东京都退休后，历任东京市町村自治调查会专业研究员，东京都新都市建设公社顾问，台东区城市规划审议会委员，等等；

工学博士（东京大学）；

获1999年日本城市规划学会石川奖励奖（多摩城市规划史）。

3.3 实现多核心型城市结构（池田演讲）

本书选自2009年2月20日TOD研究会上池田祯男先生的演讲记录。为了使与会者了解铁路网及都市建设的过程，认识到市中心火车站形成与城市规划之间关系的重要性，会议邀请了长期从事东京都城市规划工作的池田先生，针对东京市中心火车站形成、土地利用规划及土地用途规定变迁进行了详细介绍。最后，由TOD研究会对演讲文稿进行了编撰。

· 东京城市规划的长期目标

本次演讲以东京都长期以来为了将火车站商业地带改造成理想的副中心地区及地区中心为主题。主要包括以下内容：

第一，火车站繁华商业区的形成。"实现多核心型城市结构"是东京都城市规划的长期目标，但实际进展并不顺利。为了实现多核心型城市结构，最初要将火车站商业区发展成为副中心地区。

第二，以火车站作为副中心。东京都的副中心地区并不是指单纯的商业区，除此之外还要在此建设办公区及商务区。单纯的商业区属于地区中心。虽然未给出明确定义，但将不同地区分开使用是长年的习惯。那么，如何在火车站周围创造办公区及商业区呢，这也是我们今天要探讨的一个话题。

第三，目前火车站相关状况的介绍。虽然副中心地区的建设耗费了较长的时间，但是效果并不理想。自从石原知事上任以来，副中心地区的建设工作发生了一些变化。本次演讲中也会稍作提及。

• 火车站商业区的产生

众所周知，火车站成为繁华的商业区始于关东大地震以后，由于郊区人口增加，以新宿、涩谷为首的交通枢纽地区商铺增加，东京都的很多店铺也都搬迁至此。但随着市中心的复兴，以前迁往涩谷的人口及商铺返回了市中心，只有新宿等少数地区震后发展顺利，商业区得以扩大。但此后并没有较大的发展。

具体来讲，1925年确定了最初的分区如图3-21所示。分区草案早在地震前就已经确定，但在提交内务省进行公示期间恰好发生了大地震，故1925年决定重新修改计划案，其中固然受到了大地震的部分影响。1年后（1926年），对新宿、涩谷、池袋、大冢、中野、巢鸭的商业区进行了大幅度的扩张和变更，原因在于这些地区的商业街发展迅速。此时，由于市中心尚未进行规划调整，所以，市中心的商店搬迁到了这些地区，有些百货商店还在这些地区成立了分店。据此判断，这些火车站适宜发展为商业区。因此，在1926年讨论分区时，对这类商业区进行了扩张。但由于土地利用难以预测，之后只有新宿地区发展成为了商业区。

《大东京繁盛记》记载了当时的具体情况。1927~1928年期间，当时最大的新闻社邀请了芥川龙之介、久保田万太狼以及与东京有缘的有识之士对自己出生地的情况进行了介绍。我也忘记了当时描述新宿的作者的名字，他在文中写到，虽然新宿发展迅速，但神乐坂却的繁荣却只是昙花一现。这是一本非常有意思的书。

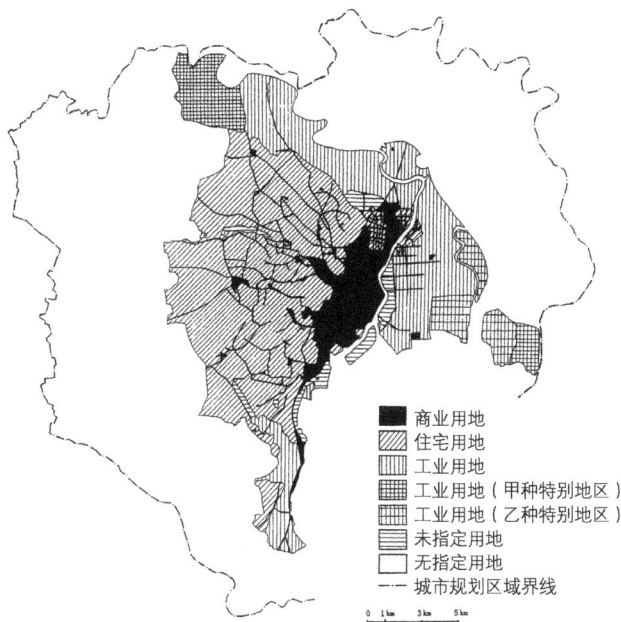

图3-21　东京城市规划图（当初指定）
（1925年1月26日内务省告示第14号，1925年2月15日实施）

• 在西部郊外地区规划道路沿线式商业用地

　　受震灾影响，火车站商业区形成。在随后的时间里，除新宿外，其他地区的商业区发展并不理想。进入昭和时代后，西部郊外地区的住宅区本应得到迅速扩展，但在1992年却对这里进行了规划。规划确定了宽度为12m的道路网，将面向道路的土地指定为沿线式商业用地。在进行规划调整时，根据支路网规划，在很多地方建设了许多狭窄的道路。然而，这种做法并没有促进理想商业区的形成。创造商业区需要选择合适的土地，无视土地适用性的规划不会收到理想的效果，欲使土地利用朝向理想方向发展，不能简单地进行规划。单纯地认为只要将道路连接起来就能形成商业区的想法是不正确的，断断续续的道路对商业区的形成无法发挥应有的功能。这是我们在1929~1935年期间通过实践总结的经验。如果保持现状分区，必将会引起社会问题，使大片土地荒废。因此，我们对城市规划进行

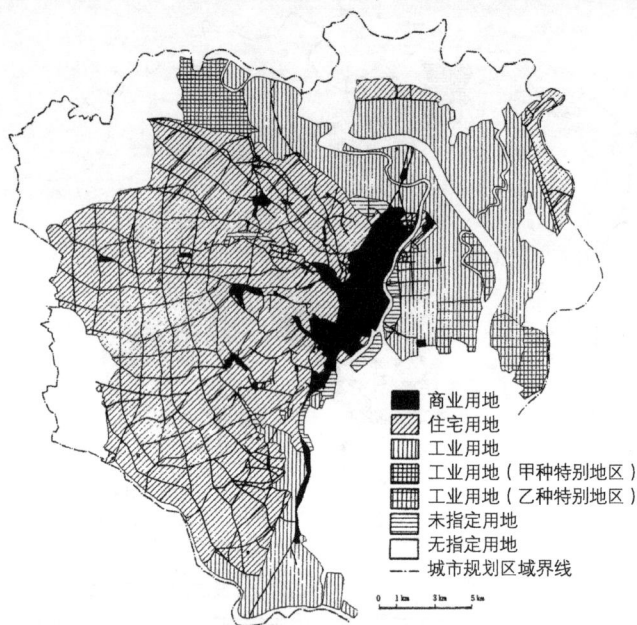

图3-22 东京城市规划图
（1929年4月25日内务省告示第125号，1929年5月15日实施）

了修改，让商业区恢复其应有的状态（图3-22）。

•《战后复兴计划》中的商业地域

1946年制定的《战后复兴计划》中，完全废除了网络式商业用地的规划，而将商业用地分散在各个地区（图3-23）。这就是"石川城市规划"。石川先生从生活圈角度出发，将商业区建设在生活圈的中心；在形成若干生活圈后，在生活圈中心建设商业区。但就我个人看来，这或许可以理解为在黑市存在的地方建设商业区。因为当时战争刚刚结束，所有商业繁华街道就是黑市的存在场所，这并未使真正的商业街得到复兴。

石川先生将新宿规划成为大规模的商业区。当时的审议会认为，市中心地基不稳固，如果将大量商业设施集中在此处会非常危险，而新宿地基稳固，适合将其建设为繁华的中心区域。基于这点考虑，新宿被规划为特

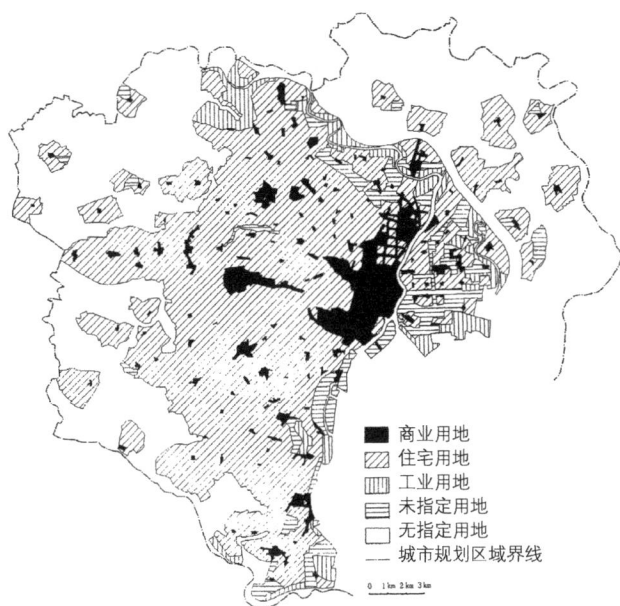

图3-23 东京城市规划区划图
（1946年8月20日战后复兴院告示第97号，1946年9月9日实施）

大型商业区。除石川先生提出的城市规划外，国家制定的《战后城市相关
基本方针》中规定，不得将东京地区建设为过大城市。因此，石川先生为
了不将东京建设为过大城市，通过战后复兴城市规划，减少了东京地区
内的商业用地和工业用地。商业用地保留了战前的3/5左右，工业用地只
保留了战前的1/3左右。然而，在该计划确定不到两年后，国家方针发生
了变化，决定要在东京复兴工业。其目的是为了在东京发展轻工业，制造
相机、收音机、玩具等产品用于出口，由此赚取充足的金钱来进口粮食。
由于战后复兴基本方针的改变，规划也随之发生了变化。为了复兴工业，
一度缩小的工业用地被大幅度扩张；1年后朝鲜战争爆发，促使东京工业
强势复兴。为了扩大工业用地面积，许多居住区被改造成了工业区。工业
区扩大，劳动人口增长后，必定会出现商业街，因此，商业区也随之迅速
扩大。这种情况一直持续到昭和30年代（1955~1964年）后期。为了迎合

市区的变化，对规划进行了修改。结果，进入昭和30年代以后出现了人口过密、工业过密等问题。为了解决这些问题，昭和30年代制定了《首都圈建设法》。该法律在1955年颁布，并于1958年制定了第一次首都圈建设规划。该规划阐明了东京的建设方向，并首次明确了对新宿、涩谷、池袋三个地区进行重新开发，将其建设为副中心地区。另外，1959年制定的工业等《限制法》中明确规定了限制23区的工业。

• 副中心地区的火车站

进入昭和30年代之后，工业、商业、办公楼汇集到东京，由此产生的最大问题就是通勤交通。涩谷和新宿之间人流极度拥挤，电力与燃气供给不足。因此，政府考虑在人群最为集中的新宿—涩谷的外围地区建设新宿副中心地区，根据战争前制定的规划，以新宿的净水厂原址为中心进行开发。新宿、涩谷和池袋在当时是最拥挤的火车站，也是民营铁路最为集中的地方。选择在此处建设副中心地区是理所当然的。1960年，正式确定了建设新宿副中心地区的城市规划。最初规划要求严格控制新宿副中心地区的容积率，然而，根据实际情况需要，建设了很多高层建筑。在池袋建设了阳光大厦，首都高速公路指示灯就安装在这里，并且建设公交车站和高层办公楼，并希望以此为核心扩大商业区的范围。关于涩谷，并没有朝向东京都期待的方向发展。

• 《"都市再开发问题恳谈会"第一次中间报告》

副中心地区建设方面，除新宿外并没有大规模的项目。1963年召开的"大都市再开发问题恳谈会"的第一次中间报告给东京都的城市规划带来了最大的冲击。这次恳谈会属于建设大臣的咨询机构，报告中附带了模式图。模式图通过市中心、副中心地区、新市区、高速公路、大量运输工具展示了东京应有的结构；并提到新市区应该具备将批发商、仓库等产生的交通从市中心转移到周边地区的功能，在高速公路及大量交通工具的枢纽地区建设副中心地区及新市区。这种思路对如今的东京都城市规划仍起到了借鉴作用。另外，副中心地区应该作为主要的办公区，而交通量较大的设施应该转移到新市区。

《报告书》中提到，要控制交通量必须限制建筑物的容积率。此时，人们对限制容积率的必要性已经达成了共识。1963年正式将限制容积率纳入了法律；1964年将环状6号线纳入了限制容积率地区范围；1968年进一步将6号线外侧也纳入了限制容积率地区范围。此时，人们针对《基本方针》向城市规划审议会发起了咨询，于是，城市规划审议会成立的土地利用规划特别委员会对此问题进行了讨论，并对《基本方针》给出了批复。《基本方针》在大都市再开发问题恳谈会期间就得到了批复，其内容在日后发表的"未来土地利用规划图"中进行了阐述（图3-24）。

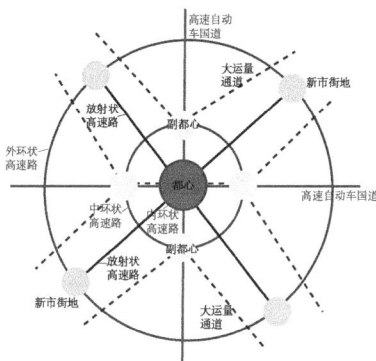

图3-24　东京再开发相关基本方针

• 限制容积率地区的规划

随后，政府以《基本方针》及未来土地利用规划图为基础，制定了限制容积率地区的规划标准，并规定了限制容积率的相关地区。《基本方针》内容十分详尽，而规划标准却相当简单，只规定了对东京都进行规划时的基本标准，而未记载实际操作的具体内容，工作时会经常感到困惑。

因此，1964年和1968年分两次规划了限制容积率地区。容积率的含义相当复杂，例如商业用地的限制内容应该是一致的，但商业用地却被进一步划分为重要商业用地和非重要商业用地。根据限制容积率地区的划分种类，土地价格也会发生变化，最终引起了很多不满。虽然不同场所的工业用地的差异不大，但商业用地则会根据重要度的不同产生极大的差异。更重要的是，在强化限制基调下确定的限制容积率地区，其影响一直持续至今。《基本方针》中提到要重视副中心地区，要将新宿副中心地区与市中心同等对待。涩谷和池袋也都获得了优惠政策。

• 美浓部"东京构想"

美浓部知事上任时期，城市规划也比较混乱。1967年美浓部就任知事，在1971年重新当选前，其本人说不打算制定整体构想，但再次当选后仍然发表了"广场与青空东京构想"。该构想对典型地区进行了分析，并绘制了很多模式图，但具体内容极其缺乏。他强力主张要重视居住环境，严格限制工厂侵害。该构想中将新宿、涩谷、池袋三个副中心地区捆绑在一起，称为"生活城市中心带"。通过生活城市中心带分散市中心功能的想法，与大都市再开

図3-25　广场与青空的东京构想（1971年8月东京都发行）

发问题恳谈会的想法是完全一致的。"广场与青空的东京构想"作为创新知事的构想受到了众人关注，但未作为行政规划予以实施，无疾而终（图3-25）。

• 功能核心都市构想

新宿是唯一一个在承担部分市中心功能的同时，充分发展商业的副中心地区，池袋发挥的作用非常小，涩谷几乎没有发挥任何作用。与此同时，市中心三区功能却在不断增加。1976年国家在第三次首都圈基本规划中提出，不能只依靠副中心地区，要创造功能核心都市，将川崎、千叶等东京周边各县创造成功能核心都市，将功能分散到这些地区。其中最麻烦的是东京，因为东京非常希望尽量对23区进行再开发，并吸收其中增加的功能。因此，政府感觉仅依靠三个地区分担增加功能已经不能满足需要，必须想办法应对。1981年制定东京长期规划时，决定将上野、浅草、锦线町、龟户、大崎、13号地也建设成副中心地区。随后，只有大崎进行了再开发功能，建设了办公大楼等设施。而上野、浅草却不知道应该做些什

么，就连相关负责人员也不清楚如何建设副中心地区。因此，这些地区均无项目启动。

• 新用地属性的决定

刚才我们介绍了副中心地区，接下来，重新回到用地属性这个话题。1973年，通过法律将用地属性从原来的4种增加至8种，并有义务规定每块用地的属性。当时，东京都制定方针和标准，区市町村各级政府负责编撰分区指定草案。1973年制定了重视副中心地区的方针和标准，并启动了相关工作。随后，根据上层政府部门指示，在1981年对1973年制定的方针和标准进行修改，在《中曾根民生计划》推进最关键的时刻，上层政府指示放宽限制。东京最大的问题是在山手线内，比如西片町、神宫前等距离市中心较近的地方建设高层住宅。实际工作委托区政府进行操作。很多居民提出质疑：为什么必须在适宜建设低层住宅的地方修建高层建筑呢？东京都当然不能说这是国家的旨意，因此，《中曾根民生计划》告吹。但是，东京都却把不定期对限制容积率进行修改和调整写入了规划标准，并说如果在副中心地区开展项目，也要适当调整容积率。随着地价的高涨，平成元年对用地属性进行了修改。此时，国家希望取消对建筑物高度的限制。美浓部知事在任时，由于抢购公寓暴乱频繁，所以对22000hm²住宅区及商铺建筑用地的建设高度进行了限制；1973年在修改用地属性时规定，如果占地面积广阔，可以建设高层建筑，其中包括了商业区在内的43000hm²面积。此时，上级政府有指示要尽量缩小这个数值。但如果这样做必定会引起纠纷，于是草草了事。

• 建设一体化的副中心地区和中心地区

由于市中心功能集中，必须要将市中心功能分散到地方。作为对策之一就是强化用地属性制，因此，1992年将8类用地属性增加到12类用地属性。当时依然由东京都负责制定方针和标准，由区政府部门负责制定具体实施规划，在当地举办说明会，向各家各户分发修改草案。从美浓部时代开始，修改用地属性制时就充分听取了当地居民的意见。但在变更12类用地属性时，由建设省直接下达方针，将用地属性从8类修改为12类，并规定按照最接近的限制标准进行平行移动；由于土地利用现状等原因，难以平行移动时可以适当进行修改。这虽然没有给出具体思想，但有利于公共团体的具体实施。当时，东京贯彻了市中心建设与副中心地区建设方针，市中心周边居住区也放宽了对容积率的限制。1994年出台的《副中心地区建设建设方针》，以及1997年制定的《副中心地区建设规划》，均与首都转移形成了对垒局面。东京都多次制定了长期规划，并采取了重视和完善副中心地区及中心地区的方针。

· 石原构想"环状巨大都市结构"

1999年，《石原都市计划》出台，提出了"将东京建设成新都市"的构想，并取名为"环状巨大都市结构"。由"环状"与"巨大都市"两个词语组成的名称看起来有些奇怪，但这并不违背美浓部提出的构想，也不违背石原的构想。环状巨大都市结构的主要内容是在首都50km范围内完善首都功能。"50km"这个概念既将首都周围地区囊括在内，又不会损伤附近各县的颜面。其管辖区域以高速公路中央环状线为核心地域，选择并完善该地域内的核心地区，以期实现对市中心整体的改造。虽然以创造多核心型城市为目标，但对于创造副中心地区的决心不够坚决（图3-26）。

· "一极集中论"稳定，促进市中心再开发

1992年经济泡沫破裂，经济长时间处于不景气状态。因此，"一极集中论"将功能分散的讨论趋于平缓，人们开始思考市中心再开发。为了复苏东京都的经济，除副中心地区外，极力促进包括市中心和市中心临近地域在内广阔区域的高度利用，并给丸之内很大的优惠。为了高度利用汐留、六本木、赤坂，对这些地区也进行了再开发。

最后，我想阐述一下自己对市中心及副中心地区的看法。以前提到过副中心地区存在业务不集中的问题，但今后商业集中在副中心地区也会成为

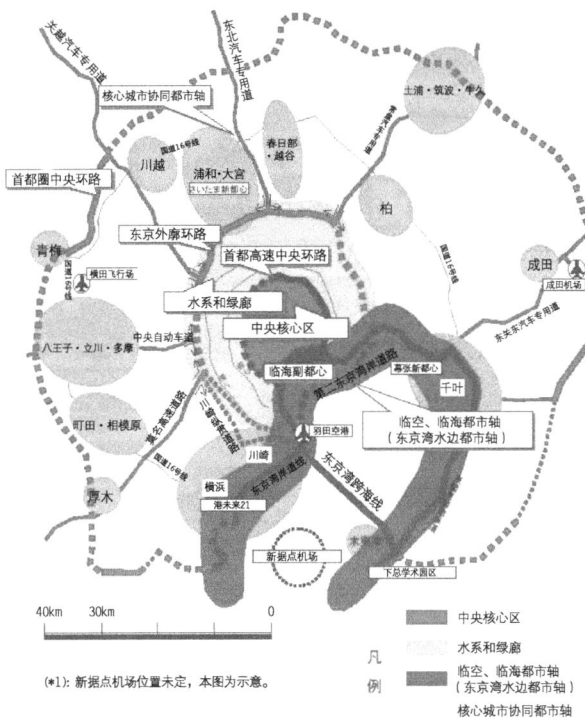

图3-26　东京环状巨大都市构想

一个问题。第一，新建设的高速铁路绕过新宿、涩谷等大型火车站，经由高田马场、原宿、惠比寿进入市中心，原有的高速铁路也相互交叉，绕过新宿和池袋，这会给副中心地区的商业带来负面影响。第二，许多火车站及车站大厦聚集了大量商铺，这也会给火车站商业带来负面冲击。畅货中心及品牌店都会成为副中心地区的直接竞争对手。第三，副中心地区居住人口虽然比较少，但他们会产生前往市中心的想法。第四，郊外住宅开发可能停滞。

目前，地下铁路都穿过市中心的商业地带或者距离市中心商业地带不远的地方，但是大江户线却远离了市中心商业区。如何发挥大江户线的功能已经成为人们关注的问题。我在负责大江户线（地铁12号线）建设的公司工作了三年，当时，东京都的目标是创造"多核心型城市结构"，公司本想买下车站出入口用地后对周围地区进行再开发，形成小型区域中心，但是，由于泡沫经济发展迅速而没有买下这块土地，原本想通过建设大江户线实现"多核心型都市结构"，但市区却没有因此发生变化。我认为大江户线具有明示市中心区域的功能。

山手线内侧地域宽广，不能认为山手线内侧等同于市中心，超出山手线范围的还有银座；大江户线更接近市中心。从目前的土地利用趋势来看，我认为应该将商务、商业、住宅集中在大江户线内侧，强化"一核心型城市结构"。

我的演讲到此结束，谢谢！

3.4 通过民营铁路开发郊区

3.4.1 "田园都市（Garden city）"概念

日本的大都市具有市区沿着铁路线从市中心向郊外扩展的特点。围绕着市中心的环状铁路—山手线上存在若干火车站，民间资本投资建设的铁路网络以此为中心呈放射状分布。因此，从空中俯瞰东京圈市区呈海星状，这与限制开发、被大片绿化带包围的欧美诸多城市存在很大的差异。

作为基本城市结构骨骼的铁路像是海星的触角，支撑着居民的日常生活，在现代化的数十年过程中发挥了非常重要的作用。在郊外居住、在市中心工作，是居民典型的生活方式。最近，在市中心居住的人数逐渐增加，价值观呈现多样化。在经济高速发展时期，很多年轻人离开父母单独居住，虽然刚结婚时仍居住在集体宿舍，最终还是

照片3-10 多摩田园都市开发前的Tama-plaza

会在绿草如茵的郊区构筑一套独栋楼房。名曲、商业广告、人气电视剧等各种媒体中也出现了以铁路为基础的生活场景，铁路的利用已经融入了都市生活。

民营铁路公司提出更高级的都市生活形态，并在为实现这种生活形态的同时完成了自身的发展。随着日本经济发展和人口向大城市集中现象凸显，日本私家车持有率低于欧美发达国家水平等问题，必须要改善道路基础设施比较缺乏的局面。与此同时，日本国民开始对居住在"铁路沿线"、"路线"等地区产生了兴趣。随着这种想法的深入，"田园城市（Garden City）"概念应运而生。

19世纪末，埃比尼泽·霍华德在《明日的田园城市》中首次提到了"田园城市"（Garden City）的概念。当时正处于工业革命高度发展后的一段休息时期，正如狄更斯在小说《圣诞颂歌》中描写的一样，在伦敦市区出现了由于工业过度集中所导致的生活环境恶化、卫生状况不良、贫困、犯罪率增加等严重的社会问题。此时，人们追求优美生活环境的意识开始提高。霍华德提倡的"田园城市"，是指远离环境恶劣的伦敦，在郊外建设新城市的构想。关键词"self-containment"包含了在田园城市居住、劳动的想法。随后，在伦敦北部郊区，距离伦敦市内70km的莱奇沃斯作为试点建造了第一座田园城市，并根据1946年颁布的《新兴城市法》，在距离市中心30~50km的地方规划开发了8座新兴城市。该项目由开发公社（Development Corporation）在伦敦政府主导下，以生活居住地点临近为前提开发的卫星城市。所有城市均位于绿化带内，为居住者提供了绿意盎然的、极具魅力的生活环境。

"田园城市"概念随后被引入日本。但是，在伦敦作为公共政策性较强的"田园城市"开发，在日本却成了一种民营商业。小林一三、涩泽荣一等企业家按照自己的意志在郊外进行城市开发，人们效仿伦敦为了摆脱恶劣的生活环境搬迁到他们提供的郊区住宅。在东京，受到关东大地震的影响，以田园布局为主的新兴住宅区获得了防灾意识较强的消费者的欢迎。但是，"田园城市"的开发者并没有遵从霍华德提倡的"self-

照片3-11 田园调布车站附近行驶的目蒲线，对面是田园竞技场与网球场

containment"（自给自足）标准，而在这里修建了与市中心商务区相同的铁路，从而形成了像东京及大阪一样以铁道为支柱的城市结构。

1920年代，东京的田园城市开发与铁路建设［1923年，目蒲线目黑—丸子（沼部）区间开通］在涩泽的主导下同时实施，并获得了成功。东京急行电铁株式会社后继领袖五岛庆太在距离市中心较远的地方，按照相同概念拓展了更大规模的业务。根据五岛所著《城西南地区开发意向书》开发的多摩田园城市虽然在如今确立了东京郊外新兴城市住宅地的稳固地位，但却违背了当时计划东京郊外实施的"绿化带"政策（《第一次首都圈基本规划》，1958年）。该《规划》中规定，"距离市中心20~30km区域的现有市区外侧、农林地均作为限制开发的'近郊地带'"。

原本，"绿化带"的目的是为了防止大城市市区无秩序地向外扩展。"绿化带"的概念是1944年由城市规划学者阿伯克比在伦敦圈规划"大伦敦规划"中提倡的，之后被纳入到1947年制定的英国城市规划基本法《城市农村规划法》（Town and Country Planning Act）之中。该法律的意义在于将城市规划相关权限大幅度地委托给了地方自治体，另外，明确了土地开发权归国家所有而非私有的理念。虽然郊外住宅开发所导致的公共设施及基础设施完善给各自治体造成了一定程度的财政负担，但他们也具有了使用"绿化带"这个城市规划工具的权利。

伦敦自1940年代开始实施"绿化带"政策，东京则在1950年代开始实施"绿化带"政策。采用相同政策的两个城市面临着截然不同的时代背景。1940年代，与关东地区面积相当的英国东南部地区的人口增长率低于英国平均水平，也就是说，已经进入了平稳发展期。但是，1950年代，关东地区的人口增长率10年间突破了20%，达到日本全国平均值的2倍左右。这意味着东京在面对人口自然增长的同时，还要应对其他地区流入的人口。与欧洲不同，日本大城市在经济高度发展的同时，人口对住宅的需求也在不断扩大。

照片3-12　多摩田园城市　开发前的多摩广场（航拍）（1972年）

此时，东京郊外土地所有权拥有者对土地开发的欲望膨胀。英国的国民中拥有大面积土地的人居多，与开发相比，他们更加重视环境保护；而在日本的大城市近郊及郊外，中小规模土地拥有者居多，与保护农林地相比，他们更加希望将土地用于城市化开发，以此创造收益，提高生活水平。实际在1965年，即第一次首都圈基本规划实施7年后，日本对《首都圈建设法》进行了修改，期间将"近郊地带"改名为"近郊建设地带"，明确提出应该对应大都市的高速发展，应该促进为居民提供优良的居住环境。也就是说，日本放弃了"绿化带"的理念。位于东急田园都市沿线，规模达5000hm，自1950年起开发的多摩田园都市，正是顺应了上述潮流的实际案例。

3.4.2 民营铁路企业的商业动机

将铁路业务委托民营企业经营，在全世界范围内未见先例，尤其在东京、大阪这些大都市近郊，以进入高度发展期为背景的"车站城市建设"具有很高的收益性及坚实的经营基础。被定义为"大型民营铁路"的公司一共有16家，具体包括关东9家（包括民营化的东京METORO公司）、关西5家、名古屋1家、福冈1家。民营铁路企业的特点是，他们不仅提供运输服务，而且强烈希望能够参与城市开发、流通等附带关联业务，与铁路形成协同效应。他们并非将铁路作为一条"线"，而是以带状形式创造"沿线"文化，形成了综合性的生活产业集团。

民营铁路的发展过程大致可以分为三个阶段。首先，在高度发展期，

照片3-13 在多摩田园城市的住宅区行驶的东急电车（1987年）

流入大都市圈的人口激增，市区扩大，给铁路公司带来了巨大的商机。铁路向郊外延伸，开发沿线，以承担庞大的增加人口；将原来的农地和山林改造为住宅用地，同时为居民提供铁路服务，也就是所谓的实现了"田园城市"。例如，在东急田园都市沿线的铁道沿线区域成立了56个区划整理组合，由各个组合负责相应的业务，按照"多摩田园都市"的统一概念进行战略性的城市开发。有人居住后，就需要提供相关的生活服务。城市公交、商场、媒体等各种新业务以沿线为苗床蓬勃发展。随后，休闲度假开发、宾馆、高尔夫球场等诸多商业也在沿线外围开展起来。

另一个通过民营铁路进行城市开发的典型实例是，副中心地区型据点的完善。郊外住宅的建设促使很多原市区居民搬迁。但是，新城市无法为居民提供充足的生活服务。居民虽然享受了良好的生活环境，却需要克服很多生活上的不便。这就促使人们通过铁路前往新宿、池袋、涩谷等副中心地区的火车站或者附近的百货店。可以说铁路促进了沿线地域服务的提高。由于住宅区所处地的交通非常方便，居民利用铁路在郊外和副中心地区往来能够带来巨大的收益，因此原阪急创始人小林一三以梅田阪急百货商店为开端，向东京、福冈等全国各个大都市渗透了这种经营模式。

1950~1980年代，随着经济高度发展及大城市的发展，民营铁路的业务领域与经营规模得以扩大，并获得了很多成功案例。民营铁路企业不仅铺设铁路，还确立了各自的地盘，完善了以线带面的业务发展结构。其思想基础就是以新的方式为居民提供以前不够充足的生活功能。除了为居民提供高品质住宅外，他们还发展了商场、教育、文化、信息等各种业务。

通过提出以公共交通为基础的生活方式，努力提高铁道事业的收益性。在此期间，另一个提高收益的支柱是不动产业务，通过诱导都市型土地利用，提高资产的价值，由此获得资本收益。

1990年代初，泡沫经济崩溃。以往民营铁路的经营

照片3-14　涩谷航拍（1967年）

模式都是以城市与经济发展作为支撑点的，所以，在泡沫经济崩溃以后，他们面临着重大的困难。人口增长的时代已经结束，获得收益的经营模式已经站不住脚。1990年代，民营铁路企业迎来了对不良资产和亏损业务进行整理的经营体制改善时代。在经济高度发展时期向沿线外围扩展的业务中，有很多业务已经被整理或变卖了。残存的业务呈现出孤立化态势。另一方面，虽然泡沫经济崩溃了，但是居民由于通勤而对铁路的需求并未减少；并出现了服务质量降低、城市居民评价差等现象。

为了解决这些问题，民营铁路开展了一系列措施。例如，为了缓解交通拥挤进行了双复线工程等以增强运输能力，为了消除踩踏事件的发生努力协调道路交通，为了创造良好城市而实施连续立体交通化，通过设置升降机来实现火车站的无障碍化，完善火车站前广场及进行再开发，等等。在东京由于交通拥挤及停车场问题，很多人不可能从郊外开车通勤到市中心，这就意味着铁路在居民日常生活中发挥了不可缺少的作用。人们开始意识到铁路既是民营业务，同时也是支撑城市正常运行的基础。

进入21世纪以后，对泡沫经济时代遗留下来的不良资产及亏损业务的整理工作已经结束。此时，民营铁路开始针对少子高龄化社会的到来，探索新时代的"发展战略"。经营层从这个观点对股东和投资家进行说明的责任加重。与收入不断增长的发展期不同，在对投资和资金安排的检查严

格、强烈要求遵纪守法和社会贡献的成熟型社会中，如何体现企业的存在价值，如何提高沿线价值成了关键。

以往民营铁路发展的特点是，铁路公司发挥主导权，在沿线开展各种突出公司品牌的业务。随着时代发展，民营铁路开始意识到今后有必要从单独作战向"合作"方向转变思想。这里的"合作"是指，相互意识到"积极的紧张关系"，包容性质不同的价值观的同时，推进事业发展的状态。通过不同主体能够提供要素的相乘效果，积累成功案例，以实现高效率、良性循环型业务连锁。

在强化铁路核心与据点方面，需要像开展增强运输力工程一样，从长期角度出发，不断推进相关业务的开展的同时，使不同主体和人之间形成共同价值观，对沿线进行深耕，努力提高地域价值。将此处积累的财富、经验和人脉等应用到沿线外的其他业务。努力向以公共交通为支柱的利益结构方向引导。

概括来说，民营铁路企业的业务动机不是单纯地为居民提供交通工具，而是要通过提高地域价值来提高企业价值，以此掌握沿线区域的控制权。收益来源要从提高不动产价值为主要支柱，向通过促进沿线居民消费，赚取运费及零售收入方向转变。创造以铁道火车站为中心的城市，获得沿线的认同与拥护是非常重要的。

3.4.3 渗透以公共交通为主体的生活习惯

在东京和大阪，公共交通已经成为居民出行时的主要工具，因此，吸引有意愿投资铁路开发的民间资本将起到很大的作用。提高民间资本家的投资意愿，做好可行性调查有助于缓解大都市圈的人口流入压力，改善经济高度发展期私家车保有率低下的状况，弥补与欧美发达国家相比贫弱的道路基础状况，为铁路完善及相关城市开发提供有利的条件。

换句话说，结合城市发展情况，吸引民间资本发展铁路的同时，与私家车形成了一种相对的竞争关系。结果，很多家在郊外、工作在市中心的人们一到休息日就会和全家人前往池袋、新宿和涩谷等副中心城市的百货商店，而他们出行时的首选交通工具就是铁路。很多大城市生活的人养成了一种出行时无意识地选择搭乘地铁或公交车的生活习惯。

地铁利用人数增加，必然会提高铁路收益。很多人持续利用铁路交通工具，会促进铁路公司改善服务质量，积极地投入经营资源，投资购买设备。如果不同铁路公司之间存在竞争关系，为了争夺乘客占有率，会进一步促进投入。日本的城市铁路具有世界先进的安全性，能够确保运输的稳定，并不断地改善着综合性服务水平。除强大的组织力、技术力、工人的劳动积极性、除终身雇佣制等外，还有与沿线城市建设的合作取得了叠加效果，从而实现了经营上的良性循环。

要使公共交通成为生活习惯，重要的是建设火车站。火车站有两个作用：第一，它能作为集中各种交通工具的枢纽；第二，它能吸引城市居民汇聚在此，形成城市中心。大城市近郊的民营铁路车站前一般都建设了步行商业街，但是，也存在着车站前广场或连接道路等城市基础设施贫弱的问题。有很多铁路道口存在遮挡时间短及安全问题，这也成了地区发展的重要原因。随着私家车的普及，与干线道路相比，很多车站交通不便，使车站前失去了据点的作用。

开始民营化以前，国家通过"五方面作战"的铁路建设，对JR路线轴、交通枢纽与城市中心两面的车站的据点性进行了强化。民营铁路自1980年代后期也通过强化运输力，努力强化了车站的据点作用。在"特定都市铁道建设公积金制度"（通称为"特特制度"，于1987年实施，事先提高车票价格，以确保工程资金的方法）为这些大规模投资提供支援的背景下，实施了双复线工程，同时加速了铁路完善、一体性立体交差化及车站周边的完善。站前广场、停车场、地下及高架设施的应用和作为地区标志建筑的火车站建设等，在城市规划中的铁道车站定位逐渐得以提高。

除了这些硬件设施之外，在铁路与沿线城市建设的合作中，软件政策也是十分有效的。民营铁路车站前通常都有商业街，以车站站长为首的铁路工作者与商业街工作的城市居民之间经常会有一些交流活动。如果通过这些交流活动能够提高车站的据点作用，得到沿线居民的认同，那么，从铁路事业者角度来看，就能够改变被动对应的状态，而转变为积极地与当地居民进行合作。通过软件措施与沿线居民打成一片，不仅能直接提高当地居民对铁路的需求，从长期角度来看，还能提高互相之间的信任关系，有助于业务推进，同时还能有效地改善经营服务，回避风险。

近年来，以非营利性的志愿者参与为基础，旨在进一步提高地域价值的"城市建设"网络构筑正在快速发展。手机、电子邮件、因特网等领域IT技术的高速发展，推动了志愿者性质的城市建设活动，他们之中包括许多主动与自治体和企业合作，实施各种各样活动的人。如何将活动从被动转变为主动，将有意愿的人才、网络转化为地域资源，如何将这些资源充分应用于事业及运营，对于"沿线"管理的构想尤为重要。

为了将大城市朝向公共交通主导型方向引导，必须要构建以车站为中心的城市，构筑并维持以铁路"沿线"为主干的结构。经济高速发展时期的城市建设主要思考如何扩大城市规模，即将山林及农地改造为住宅地。而今后的成熟社会中，这样的需求逐步减少，不能仅停留在完善硬件方面，更要通过实施包括软件方面在内的综合性措施来提高地域的价值。现有市区中城市建设的主要力量绝对不仅仅是土地拥有者，更包括在此生活的居民。同时，以往在企业等大型组织工作，具有丰富知识、经验和网络的人才将返回到各地区，成为参与城市建设的主体和资源。

为了使个人与主体之间达成协议，共同推进事业发展，朝向相同目标共享价值观，容忍价值观上的差异，即维持"积极的紧张关系"是非常重要的。因此，人与人之间的信任关系，"社会资本"的质和量将决定地域的价值。在这样的条件下，车站与路线更加容易吸引人们的关心。其中，人性化的LRT不单纯是一种"交通工具"，更可以作为"地区的象征"。充分发挥这些优势，将支持者和提议者组织起来开展沿线管理，将会促进公共交通的利用，改善铁路服务和经营状况。比如，创造适合各种事业发展的事业创造型平台就是一个不错的主意，官民之间也应该积极进行战略性合作。

民营铁路的路线中存在"沿线文化"。某某线的地位与识别就是以铁路沿线为单位形成的独立性生活领域。通过构筑有益于地球环境、降低能源消耗的城市结构，促进人与人的交流，形成安全安心的社区。因此，即使实施了城市建设支援制度，有义务控制容积率并附设停车场等城市规划制度的城市，今后也不能拘泥于自治体的行政区域，而应该对以公共交通为轴，沿带状扩展的"沿线"概念进一步加强认识。支持这种结构的就是在"合作"概念下，各主体相互之间的信任感与价值观的共享。

3.4.4 车站的开发与沿线文化的形成

民营铁路具有作为地域单位，"沿线"概念强，与铁路共同形成了文化的特点。经济高速发展期大量流入大城市的人口提高了市区外延化的压力，新型住宅地的开发与铁道铺设工作同时展开。于此同时进行的还有市中心火车站的高度利用及商业开发。各民营铁路公司争相在市中心火车终点站开发百货商店，阪急电铁的创始人小林一三作为先驱者，首先在梅田建设了百货商店。

小林于1873年出生在盛产美酒和绢布的山梨县韭崎，19岁从庆应义塾毕业后就职于三井银行。15年后，准备跳槽到计划在大阪成立的证券公司，却因为1907年股市大跌未能如愿。当时，小林已经从银行辞职变成"无业游民"。三井物产常务饭田义一感觉小林非常可怜，便利用自己大股东的身份，为小林提供了在阪鹤铁道（大阪与舞鹤区间的铁路，即日后的国铁福知山线）担任监事的工作。小林以此为契机，开始从事了铁路企业经营。1906年3月，日本出台《铁道国有法》，对所有私有铁路进行国有化，于是，阪鹤铁道被政府收购了。早已预料到事态发展的该铁路公司董事已经申请了梅田—箕面—宝塚区间的电气铁道铺设权。早年立志成为小说家的小林利用自己在银行积累的经验，在对阪鹤铁道进行清算的同时，发挥天才的创造力，作为专务董事参与了箕面有马电气轨道株式会社的创立（1907年），随后，以铁路为主开展了各种业务，将企业家的创造性充分地应用到了以铁路为核心的城市建设中。

小林认为应该完善从梅田至宝塚新铁路线、箕面有马电车（现在的阪急宝塚线）的运营。没有居民，铁路经营就无法成立，所以小林大力推进了以池田为中心的沿线住宅开发。与此同时，他还印刷并散发了一万份《最有前途的电车》手册，其中记载了铁道路线规划、工程规划、公司经营内容、沿线住宅状况等等内容。在以难波为首的南部繁华中心大阪，提高了以北部梅田作为据点向郊外扩展的铁路沿线的认知度，提出了新的生活方式促进居民搬迁，积极地进行了一系列宣传活动。随着大阪—神户、伊丹支线铁路网扩充事业的推进，1918年，箕面有马电气轨道更名为阪神急行电铁（简称"阪急电车"）。

小林还创立了日本第一个车站百货商店。1920年7月16日，连接大阪与神户的阪急神户线正式运营；10月30日，在梅田车站建设的阪急大厦投入使用。红砖建造的5层建筑物是当时最新式的楼房；正面屋顶悬挂的阪急标志以及左手侧面的神户急行电车表盘成了大阪北部的陆上标志，超越了当时大阪门户——原国有铁路的大阪车站。1924年，该大楼内阪急百货商店的前身——阪急市场开业。在此之前，他将这里租赁给原木材料商，与阪急电铁总部在同一所大楼内办公，完善了百货商店经营环境。小林还从当时最先进的三越、高岛屋、伊势丹等绸缎类百货公司学习了经营经验。由于当时民营铁路企业缺乏百货店经营经验，所以，在南海和京阪与大丸合作，在东武与松屋（1931年）合作，共同推进了铁路车站上空的商业高度利用。

五岛原名小林庆太，出生在长野县小县郡青木村的农家，20岁来到东京。高等师范学校毕业后，就职于四

照片3-15　开通时的调布车站现田园调布车站（1923年）

日市商业学校。之后还曾就职于东京帝国大学、铁道院，1920年获得涩谷—横滨区间执照的同时，就任武藏电气铁道的常务董事。五岛就职铁道院时，曾担任监督局总务科课长，主管民营铁路建设审批监督工作，以及相关法律法规的制定。五岛在感觉当下工作无趣的同时，被当时频繁来访的民营铁路经营者的斗志和努力所吸引，于是决定离职。当时，小林向五岛提议促进铁道与沿线开发一体化，以谋求事业发展。五岛遵从此建议，1923年3月，正式运营目黑莆田电铁目黑—丸子间（现在的沼部），同时对沿线的田园调布及洗足进行了开发。但同年却发生了关东大地震。居住在密集市区存在风险，防灾意识的提高促使人们开始搬迁至郊外，推动了住宅区的开发。根据实际情况发展，武藏电气铁道、东京横滨电铁在1926年开通了神奈川线（丸子多摩川—神奈川区间），1927年开通了涩谷线（涩谷—丸子多摩川区间）。

1927年12月，东京横滨电铁效仿大阪、梅田开办的阪急食堂，在涩谷车站二层开办了东京首家民营铁路直营食堂——东横食堂。虽然营业面积只有50坪，员工人数只有13人，由于地理位置优越，顾客非常火爆，与东横线每日650元左右的收入相比，东横食堂开业第一天的销售额就达到了180日元50钱。最有人气的餐品是售价30钱的咖啡配套午餐。这就是现在东急百货店东横店的前身。与阪急食堂一样，东横食堂也将形成沿线文化作为一项工作，在涩谷市区获得了极大人气，之后不断扩张并向百货店行业转变。1932年，决定成立东横百货商店时，五岛就派遣了6名年轻员工到梅田阪急百货商店"取经"。他们在那里目睹了先进事例，积累了宝贵的经验。1934年11月，东横百货商店在涩谷开业，开业时间

照片3-16　涩谷（步行街、东急百货商店总店前的道路）（1970年）

比梅田百货商店晚了5年。这是东京成立的首家民营铁路直营百货商店。本着促进铁路沿线开发，为当地居民提供必要服务的思想，随后陆续在新宿的京王（1964年）、小田急（1962年）、池袋的东武（1954年转让了东横百货商店池袋店）、西武（1940年，当时的武藏野百货商店）等地开设了多家东横百货商店。当时在"品牌街"存在很多老铺，新型住宅区的居民通过铁路可以很方便地到达这里。通过确保生活方便性，提高了沿线价值，在广域性城市建设中确立了核心地位。

涩谷车站有很多百货商店，让人们在穿梭于步行街的同时享受着购物的快乐。1964年NHK办公楼从内幸町搬迁至此，于是，堤清二推动了西武百货店在连接车站与NHK办公大楼的道路旁开业。当时，以涩谷为根据地的东急领导五岛升感到危机，在距离车站500m的大向小学旧址成立了东急百货商店总部（1967年）。两家商店进一步以连锁形式设立了很多商业设施，例如东急一侧成立了HANZU、109商铺，西武一侧成立了ROHUTO商铺，等等。两大资本不仅在涩谷车站，甚至在周边地区展开了激烈的竞争。1989年东急在总店内开设了包含剧场以及文化聚会的Bunkamura（文化村），作为繁华街道的主要构成要素，凸显其文化功能。这种危机感和竞争不仅停留在车站，甚至给周边城市带来了波及效果。

民营铁路在经营过程中不仅仅修建铁路，还对沿线住宅进行了开发，为居民提供服务。为了通过铁路利用来促进流动性，还提供了各种设施。火车站百货商店即使在欧美发达国家也未曾见过，除此之外，火车站中还设立了游乐场、动物园、棒球场、网球场、温泉、剧场、文化课堂、体育俱乐部等各种设施。最近，随着有线电视、磁卡等IT技术基础的完善，帮助运营商赢得了更多的顾客。以铁路这个每日出行必须使用的交通工具作为支柱确立沿线形象，通过提高各业务间连锁性发挥相乘效果是战略的基础。

日常所见的车辆、车站设计、公交车等对培养居民形成"自我轨道"、"自我地域"的意识也是十分有效的，它在沿线文化形成过程中承担着重要的作用。

本文中介绍的梅田、涩谷事例使大阪和东京的都市经济中心分别从南向北，从东向西发生了移动。这体现了民营铁路公司在铁路主导型都市结构引导过程中发挥的作用。铁路公司不能将业务范畴局限于铺设轨道和运营电车。而要大力开发沿线地区，提供各种设施和服务，从而促进地区发展，不断拓宽事业领域。

另外，在开展这种生活密集型事业时，抱着一定的"娱乐"心态也是十分重要的。比如，1913年组织的宝塚少女歌剧就是一个例子。对于当时努力解决经营困难的小林一三而言，培养少女歌剧是他唯一的娱乐。小林在自传中写道："呜呼少女歌剧！我知道当时周围很多人嘲笑我拼命工作之愚蠢，但是培养少女歌剧却给那时的我带来了无尽的安慰。"毋庸置疑，宝塚歌剧在后来的铁路沿线价值提高方面发挥了相当重要的作用。由此可见，"娱乐心态"也能够创造价值。

3.4.5 东急电铁沿线开发的最新潮流

如前文阐述，铁路公司不仅从事单纯的运输业，同时还承担了沿线开发、生活相关业务等广泛的城市建设。在经济高速发展期，铁路公司主要从事郊外住宅区开发事业，以满足随着东京发展所自然增加的需求，今后，随着少子高龄化、成熟型社会时代的到来，经营战略不仅要满足需求量，更要着眼于品质，向"价值创造型"方向转变。与此同时，更要加强多沿线地域进行深耕的意识。

这种价值观方面的转变从10年前就已经开始了。2006~2008年期间，日本民营铁路协会就开展了"铁路与城市建设合作"研究会活动。在2005年发表的《东急电铁中期经营计划》中宣布，告别侧重多摩田园都市开发，而对包括品川、大田区地域在内的沿线区域进行开发，提高沿线价值，创造业务机会。在战略方向性上提出了"豌豆结构"，即以车站为中心开展城市建设，使整个城市像豌豆一样联系在一起，沿线像豆荚一样将整个区域包裹在内（图3-27）。

为此，铁路企业作了很多努力。例如，1980年代开始增强铁道运

豌豆型结构

线状区域Identity的形成

车站 街 / 车站 街 / 车站 街 / 车站 街 / 车站 街

【Hard层面的措施（硬措施）】
结点（主要车站）及其周边的开发

【Soft层面的措施（软措施）】
三个沿线核心工作的协作；
地域与行政的联合

根据居民和铁路乘客特征对沿线地区加以区分，提高实效性的措施

【田园都市地区】
<特征>
当前处于成长期，今后可能有急速高龄化倾向的地区
<战略方针>
灵活利用本企业资产，将各职能向车站周边集中，提高街道便捷性
　　　　　　　　　　　　　　　　《田园都市线》

【东横地区】
<特征>
持续缓慢高龄化的成熟区域
<战略方针>
随着横滨区域的进一步开发，唤起对铁路的需求
　　　　　　　　　　　　　　　　《东横线》

【涩谷·山手地区】
<特征>
形成了人口动态平衡（增减、流入流出）理想的区域
<战略方针>
沿线开发的典范
品牌价值进一步提高

【池上·多摩川地区】
<特征>
处于超成熟期，创造街道再生区域
<战略方针>
促进有孩子家庭的流入，提升区域整体活力

多摩川

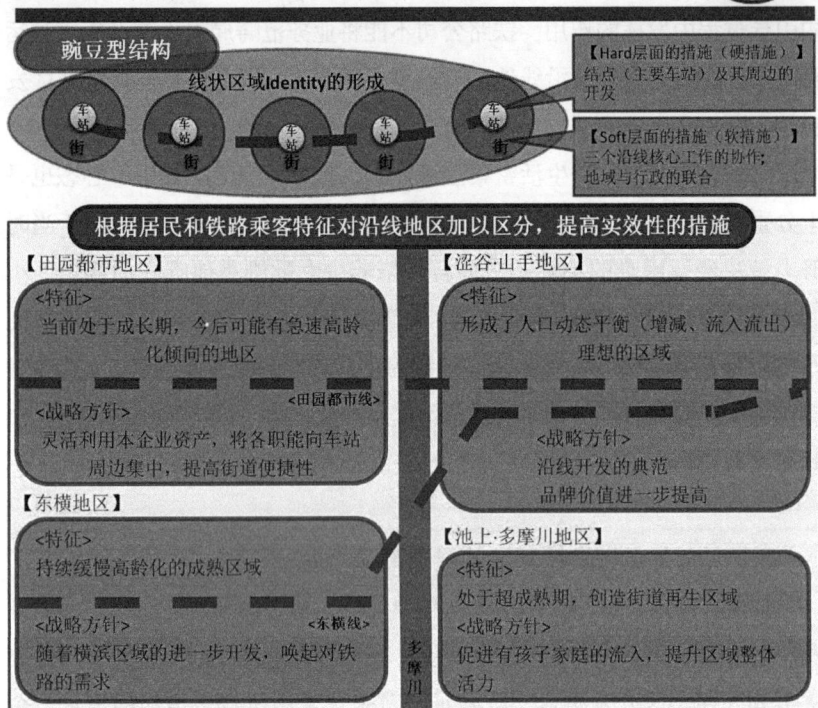

图3-27 "豌豆"结构与区域战略
（资料来源：2005年发表的《东急电铁中期经营计划》）

照片3-17 二子玉川RISE GALLERIA，在此定期举办体育活动

输力，完善网络，在黑目、武藏小山、西小山、大岗山、田园调布、日吉的地铁上方建设车站大厦。除了商业用途外，例如在大岗山将邻接地的医院搬迁到铁路沿线上，并在其原址开展了高龄者护理业务；在田园调布和元住吉的车站内部的开放场地定期举

行活动，为消除由于铁道导致的地域分割作出了贡献。在涩谷和横滨，随着东横线及各副都心线、港未来线的相互直通运营，很多旧址空闲出来，以旧址开发为契机进行了大规模的连锁性开发，使据点市区整体发生着变化。2013年4月，在武藏小杉车站开展强化运输力工程时，充分利用先行完善的路线上空人口地基建设了商业设施，在该设施内创办的川崎市立中原图书馆获得了很高的人气，与区域管理组织化相互结合，为据点化、招揽顾客作出了贡献。

田园都市线沿线属于昔日的新城区，从开发至今已有60年，对车站周围功能的改造和高度利用已经成了刻不容缓的课题。为了解决这个问题，在二子玉川对站前原有的游乐场旧址和周边地区进行了重新开发，建造了"二子玉川RISE购物中心"，聚集了大量商业和商务，与临近的高岛屋百货商店在地域内发挥相乘效果，形成了提倡新生活方式的郊外型据点。尤其在二子玉川RISE购物中心的"GARELLIA"大空间内，每周定期举办一次活动，引发了不输于丸之内、东京商业住宅区、六本木大厦等市中心区域管理的热议，并发挥了强大的集客能力。田园都市线沿线上，在多摩广场（Tama-plaza）、青叶台、南町田开展了以商业设施为核心的车站周边地区开发。武藏小杉车站周边存在一片跨越车站或铁道的空间，在这里不仅兴建了商业设施，还引进了幼儿园、老年人中心等诸多功能，以此将人流聚集到车站。虽然与据点型开发规模无法相比，但在宫崎台、江田、市尾车站也对老化的站前设施和功能进行了改造，建立了站内商店街，对站前空间进行了开发，在二子新地和高津地区通过增强运输力，利用高架桥下方空间，促进了地区的活力，今后还将对此处进行进一步的改造。

如前所述，在如今成熟型社会中实施发展战略之际，为了实现"价值创造型"城市建设，不仅要重视硬件基础设施的完善，更好

照片3-18 宫崎台车站前，推进停车场与店铺一体化设施的改建
（2014年4月正式运营）

照片3-19　次世代郊外城市建设（2014年1月居民创意发挥项目讲评会）

采取有效的软件政策，以促进创新，培养文化。根据对这个问题的认识，站前开发不能只停留在单纯建设楼房阶段，更要扎根地区，建立具有培养创造性功能的设施，例如，涩谷HIKARIE建立的"HACHI"、二子玉川RISE购物中心建立的"KATARISUTO BAR"为组织之间，人与人之间提供了交流场所，发挥了重要的作用。另外，以Tama-plaza站北侧地区为模型建立的"次世代郊外城市建设"从更广阔的方面进一步诠释了这个构想。与横滨市联合创造的这个项目根据往昔新开发住宅地即将迎来世代交替的情况出发，为了追求更高的价值，不仅依靠商业街和镇议会的力量，同时从家庭主妇和退休的商人中发掘能够担当城市建设的人才，通过研究会等完善节能与育子体制，将区域内住宅重建与站前功能改造相结合，充分发挥了铁路企业与地区有识之士的力量。

　　虽然在规模上不及多摩广场（Tama-plaza），在世田谷线山下站内咖啡馆旧址及二子新地—高津区间高架桥下创造了由NPO运营的社区设施，形成了区域管理的据点，对沿线识别的形成做出了贡献。尤其在东京23区通过与商业街合作，创造了小吃步行街（品川区、世田谷线）、神秘旅行（西小山）、艺术长廊（多摩川线）、爵士庆典（中延）等囊括了多个车站的系列活动。2013年3月，在东横线与副都心线实现直通运营之际，沿线地区制作了"直通线队Goseiger"歌曲，获得了日本铁路奖大奖。东急线沿线车站的铁道现场职员也积极地参与了这些地域活动。例如，每年11月末在自由之丘由商业街主办的圣诞节点灯仪式上，站长和区长都会穿着制服出席活动，参加人数逐年增加。2013年，在相互直通运行前，5家车站（以东急为首的METORO、东武、西武、横滨高速）的站长出席了活动，场面十分热闹。多条铁道线路相互直通运营并不是单纯地将铁道线路连接起来，而是意味着打破了地域之间的隔阂。

另外，在沿线地区还开展了各种新业务，如"Its communications Inc."负责信息基础设施功能，"Kidsbasecamp"负责小学生保育，"东急铃声"负责快递业务，以此提高沿线价值。除此之外，为了促进沿线绿化，为当地居民的绿化活动提供了资金支持，作为铁路企业与地域相互沟通，构筑信赖关系的手段。这也是沿线定位型铁路企业的一个特点。

照片3-20 自由之丘站前圣诞节点灯仪式站长集合

东急电铁为了进一步发展，在经营战略中提出了三个日本第一，具体包括：将沿线创造成日本人最想居住的街道，将涩谷创造成日本最知名的街道，将二子玉川创造成日本工作环境最好的街道。为了达成这些目标，东急电铁抓住沿线这个广域网络，充分发挥了车站的据点地理优势，从空间和时间上实现各业务之间的连锁，发掘、聘用并培养能够与其他企业和地区社会有效交流、对城市建设有想法的人才。目前，新员工进入铁路公司的动机不仅是"对铁路有兴趣"，很多人的回答是"希望参与城市建设"。长期以来，在东京近郊培养的公共交通主导型城市建设已经"出口"到了越南胡志明市及澳大利亚帕斯近郊。对于铁路公司而言，以车站为中心的城市建设就是支撑经营的事业基础，也是贡献城市可持续发展的社会使命。

【参考文献】

[1] 昭和城市物语——伊藤滋追忆的"山手"[M]. GYOUSEI出版社，2006.

[2] 猪濑直树. 土地的神话[M]. 小学馆，2002.

[3] 太田次男. 五岛庆太传[M]. 勉诚出版，2000.

[4] 菊地久. 光芒与黑暗——"东急"创始者五岛庆太的激浪生涯[J].经济界，1988.

[5] 木村昌人. 涩泽荣一民间经济外交的创始者[M]. 中公新书, 1991.

[6] 邦光史郎. 每日的梦想小说小林一三[M]. 集英社, 1993.

[7] 小林一三. 小林一三晚翁自叙传[M]. 日本图书中心, 1997.

[8] 小林一三. 我走的路[M]. PHP研究所, 2006.

[9] 咲村观. 小说小林一三[M]. 讲谈社, 1988.

[10] 城山三郎. 东急的挑战——五岛庆太到升[J]. 经济社, 1996.

[11] 照片：东急电铁宣传部提供

3.5 通过国营铁路和JR开发火车站

3.5.1 国营铁路的开发历史

1872年，日本首条铁路——新桥至横滨铁路开通时，就批准了英国人J·R·布莱克在车站内贩卖报纸。除此之外，站内销售（横滨站）、站内食堂（新桥站）也获得了批准，相关事业开始启动。

此后，铁道广告（1878年，包括品川站在内的4个车站）、快餐销售（1885年，宇都宫站）、列车食堂（1899年，神户及下关区间）、直营宾馆（1902年下关、1907年奈良直营、1915年东京车站宾馆）相关业务随着铁道的发展而不断扩大。进入昭和时代，由于汽车开始普及，站内出租车业

照片3-21 开业时的丰桥车站

200

务（1927年）也得以开展。

相关业务均以为旅客提供服务、完善铁道业务为中心，在功能方面为国营铁路运输服务作出了巨大的贡献，但收入方面未必受到重视，相关业务的开发也极为消极。直到后期，国营铁路财政开始恶化，才开始认识到相关业务作为收入来源的重要性。

国营铁路开发车站始于1950年竣工的丰桥民众车站。对民众车站开发的最初目的是，战争需要挤出资金对废弃或老化的车站进行改建，这与开发的概念相差甚远。关于制度方面，通过1954年出台的《旅客站内经商规则》，将"站内公众经商"纳入了制度当中。

3.5.2 国营铁路相关业务扩张的历史过程

1）第1期新制定投资条款

1959年《国营铁路法》中新增了"投资条款"（第6条），由此，出资得以被承认。国铁出资的首个项目是广岛公交中心。1962年，《国铁法》实施令规定了投资范围，将投资限定在了临海铁道业务和汽车站业务。之后经过数次修改，将投资范围扩大到了仓库业务、车票代售业务、车站设施业务等与运输相关设施的投资。从国营铁路的公共企业组织的立场和能力来看，对所有业务出资是不妥当的，为了将投资集中在对运输业有必要和有益的范围内，故投资范围限定在了与运输业关系密切的业务上。

2）第2期旅客车站设施的开发（事业局的成立与法律修改）

国铁正式推进开发业务是从1970年事业局成立开始，1971年通过修改国铁法施行令，批准了对旅客车站设施的建设运营事业的投资。出资建设的第一个车站大楼是平塚车站大楼。自此，车站建设由以往的民众

照片3-22　开业时的新宿车站大厦

车站方式朝向出资车站大楼时代转移。而后，在名古屋、冈山、秋田、新宿、博多、札幌、仙台、京都、横滨、大阪、三宫、盛冈等当地的配合与理解下，10年间成立了49家车站大厦公司，车站大厦建设取得了飞跃式的发展。

3）第3期出资事业的跨越式扩大

1977年之前，出资事业被限制在"与运输有密切关系的事业"上，通过1977年、1978年对施行令的修改，投资事业范围跨越式扩大，国营铁路的相关事业迈入了新阶段。业务委托事业、土地高度利用及营业线的利用促进事业纳入了投资范围，摆脱了运输相关事业的束缚，距离国有铁路所有用地较远的投资成了可能，可以将资金投入到收益性最强的业务了。国有铁路可以将资金投入到诸如信息处理、车站汽车租赁、广告媒体管理、体育俱乐部、休闲宾馆、滑雪场等诸多业务上，对改善国铁经营做出了巨大的贡献。但是，由于存在着包括事业范围限制在内的经营自主性的丧失、超过经营管理的庞大组织、全国统一性运营等各种问题，为提高企业收益的多方面、弹性的事业运营在国铁改革以后被继承下来（图3–28）。

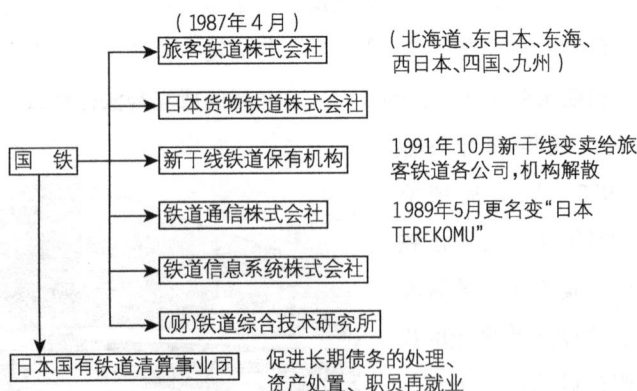

（1987年4月）

国　铁 →
- 旅客铁道株式会社 （北海道、东日本、东海、西日本、四国、九州）
- 日本货物铁道株式会社
- 新干线铁道保有机构　1991年10月新干线变卖给旅客铁道各公司,机构解散
- 铁道通信株式会社　1989年5月更名变"日本TEREKOMU"
- 铁道信息系统株式会社
- (财)铁道综合技术研究所
- 日本国有铁道清算事业团　促进长期债务的处理、资产处置、职员再就业

图3–28　国有铁路改革概要

照片3-23　复原后的东京车站
（资料来源：JR东日本提供）

3.5.3 JR的枢纽站开发

1）JR东日本的成立

1987年4月对国营铁路实施了分割民营化，JR的7家公司诞生。《国铁法》被废止，《JR公司法》实施，以不妨碍地域内中小企业的事业活动为前提，大幅度地扩大了事业开展的范围，相关事业从铁路关联事业向生活服务事业大幅度扩展。

2）JR东日本的事业展开

民营化后的JR东日本开始大力拓展业务。当初8%的关联业务收入目前已经超过JR东日本集团收入的3成，关东民营铁路的平均关联业务比例约占73%，并有进一步提高的可能。事业展开的核心是以车站为中心的开发事业。以大宫、品川、立川、日暮里、东京、上野、赤羽、大船等首都圈为首的多个车站被开发。作为车站复兴计划，开展了提高顾客服务，无障碍化、多功能洗手间的完善，以及开展生活服务事业等工作，希望由此提高车站的附加值和魅力的同时，获得较高的收益率。

3）大规模车站开发

①东京车站周边建设计划

东京车站周边建设计划的目的在于美化首都东京的都市景观的同时，形成有情趣、有风格的都市空间。东京车站被定位为核心设施，在丸之内一侧保存和复原丸之内车站面貌，对站前广场进行完善；在八重洲一侧建设超高层住宅，完善站前广场。丸之内车站及八重洲开发大厦已经完成，作为"东京车站城市"形成了一条街道。另外，计划修建一条连接丸之内和八重洲的自由通道，以形成一体化的城市。丸之内车站保存及修复后，未使用的容积率将根据《特别容积率使用地区制度》分配给由八重洲口开发、三菱地所所有的新丸大厦和丸之内公园大厦，用于与东京大厦、东京中央邮政局重建大厦（JP塔）开展的共同事业。

②新宿车站周边建设计划

新宿车站南口由国土交通省对甲州街道（国道20号线）新宿跨线桥进行改造的同时，推进新宿交通枢纽事业，由JR东日本和国土交通省共同合作，对路线上空的车站设施和公共交通设施进行完善。在路线上空设置人工地基，完善出租车及私家车乘降站，高速公交相关设施及步行广场；将造成阻碍的新南口车站转移到路线上空，与公共交通设施形成一体；在车站旧址建设开发大厦。目前，工程已经开始实施。在车站中央部位建设东西自由通道，以解决妨碍步行者网络的问题，与此同时，还将重新完善周边设施（图3-29）。

③千叶车站改良及车站大厦重建

1963年投入使用的千叶车站已经出现老化，并需要增强其抗震性，从根本上进行彻底改良。计划将车站移到线路上空三层左右的桥梁上，并对原本与车站成为一体的车站大厦商业设施进行改建（图3-30）。

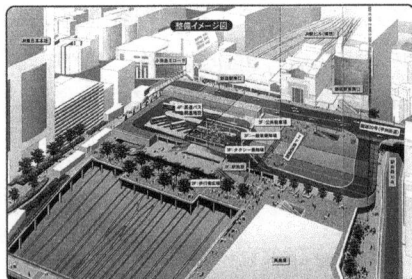

图3-29 新宿车站南口基础设备修建竣工图
（资料来源：国土交通省东京国道事务所提供）

图3-30 千叶车站改良竣工图
（资料来源：JR东日本提供）

④品川车辆段

位于品川车站东京方向的JR东日本品川车辆段目前作为东海路线通勤列车等的车辆段使用，以往曾作为卧铺列车及原有特快列车的车辆段发挥了重要的作用。近年来，由于车辆数量减少，利用效率低等问题的发生，故计划对车辆段进行完善精简，以提高车辆段的利用效率。目前，国土交通省、东京都和相关企业针对包括车辆段在内的品川车站周边基础设施的完善展开了讨论。

⑤涩谷车站改良及开发计划

涩谷车站是JR东日本、东急电铁、东京METORO、京王电铁4家铁路公司线路的换乘站，结构复杂，且存在着日趋老化的问题。2013年3月东急东横线转入地下，与东京METORO副都心线直通运营。在此之前，以东急地下化为契机，完善涩谷车站周边计划就已经提上了日程。东急电铁、JR东日本、东京METORO、国土交通省、东京都、涩谷区、都市再生机构等参与并确定了周边建设的方向性。目前，车站周边土地区划整理事业工程已经着手；车站改良及开发大厦建设预计与区划整理同时进行。另外，车站周边的大规模再开发项目也已经进入筹划阶段，由此提高车站的方便性，并对站前广场及道路等基础设施进行修复，今后还计划在涩谷修建新街道（图3-31）。

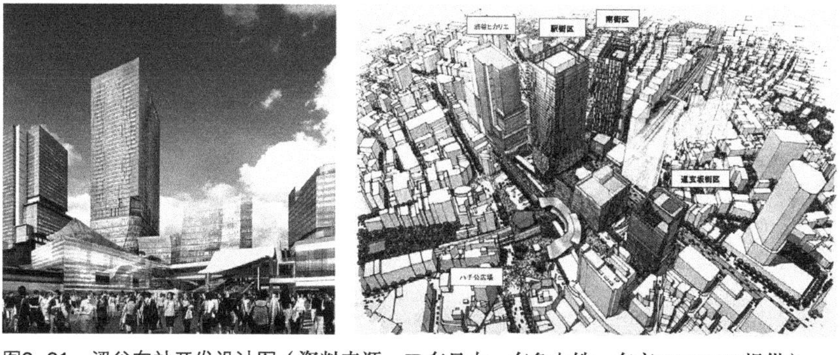

图3-31　涩谷车站开发设计图（资料来源：JR东日本、东急电铁、东京METORO提供）

⑥横滨车站西口及车站大厦的改良

位于横滨车站西口的车站大厦及EXCEL
东急饭店日趋老化，且需要采取抗震对策。
在对未来发展进行讨论后，决定对这些建筑进
行改建。横滨市是以横滨车站为中心而建造的
城市，横滨车站周边大改造计划作为MM21开
发的后续事业，将推进与车站大厦改建形成一
体化的城市建设。此外，还将修建路线上空平
台，自由通道出口，采取防止大潮、海啸浸泡
对策等，通过官民合作共同创造以横滨车站为
核心的城市（图3-32）。

图3-32　横滨车站西口车站
大厦完成图
（资料来源：JR东日本提供）

在以往的车站及车站周边城市建设中，一直没有机会对车站进行改
良，未能实现一体化开发。随着建筑老化、增强抗震性、相互直通运行
等状况的变化，车站改良计划提上了日程，决定与城市建设一并进行。
这是以公共交通为核心的城市建设的具体规划，是真正符合未来城市开
发方向的。

照片3-24　ECUTE大宫
（资料来源：JR东日本提供）

3.5.4 车站商业街的开发

1）车站内事业

在新桥—横滨刚刚开始运营时，车站内就出现了商业行为，诸如销售

报纸、杂志、饮料、食物等等。原本，商人在获得批准后就可以在站内从事商业行为，但进入昭和时代后，成立了财团法人铁道弘济会和日本食堂株式会社，主要由这两个部门控制车站内的商业。JR成立后，由于国铁法制约消失和人力资源充沛，车站内出现了很多直营店铺。从财团法人铁道弘济会分离独立，在JR各公司成立了JR车站销售公司。在JR东日本，车站销售公司进一步变更为J-Retail株式会社，其销售形式也从站内销售店铺发展成为便利店，或者与国外集团企业合作的店铺。日本食堂民营化后，在进行区域分割的同时，获得了JR的参股，并更名为株式会社日本餐饮公司，同时扩大了经营范围。上述主要企业承担起了站内商业的主要工作。

2）车站复兴

JR东日本以2002年上野车站为开端，开展了"车站复兴"计划，对车站空间进行了根本性的改善。将日平均1600万人利用的"车站"作为最大的经营资源，改变对闲置空间进行改良的传统思维，使铁道设施和生活服务设施联合的同时，按照顾客意愿重新改善空间布局。具体内容包括，对通道和指引标志等车站设施进行改善，修建无障碍化设施，修建卫生间，开展生活服务业务，等等。在进行入口地基建设及共同开展其他业务时，进行大规模的改良。

下述车站都具有成功案例：上野、津田沼、阿佐谷、西荻洼、福岛、水户、大宫、郡山、西船桥、秋叶原、宇都宫、品川、高崎、盛冈、高圆寺、高田马场、拜岛、立川、长冈、田端、日暮里、三鹰、五反田、上尾、巢鸭、大船，等等。

车站大厦、车站商业街经营的积极展开，不仅将车站作为单纯的移动或换乘场所，并规定了车站新的使用方向。"车站内开发零售业"这种业态以"ECUTE"品牌为基础，开拓了业务模式的新领域。

【参考文献】

［1］日本国有铁道事业局. 国有铁道相关事业的发展[M]. 1981.

［2］JR东日本. JR东日本20年历史[M]. 2008.

第四章　可持续的交通枢纽大城市东京

4.1 日本式TOD概念的总结以及再评价

4.1.1 起源于美国的TOD模式

TOD是20世纪90年代在美国开始盛行的词语。在高度机动化支撑下的美国各大城市，是由以利用高速公路开车上班为前提的低密度郊区以及沿着高速公路分散布局的各种城市设施所构成的，这种模式的最终结果就是形成了市中心的空洞化。与之相对的TOD理念，是通过构建以包含铁路轨道在内的、公共交通机构车站为中心的相对较密集的郊外市中心地区，希望以此控制上、下班时间私家车的数量，这是TOD这一理念的最大目的。受这一概念支持，美国各大城市导入了轨道交通系统，激发市中心活力的各种建设项目也正在积极进行中。可以说这一理念是对过度机动化的反省。

4.1.2 日本大城市是以铁路为中心构建日本式的TOD模式

日本大城市虽然说没有运用TOD这一词汇，却是以实际行动对TOD这一理念进行了实践和诠释。所以现在日本铁路使用（特别是上下班实践通往市中心方向的车次）的比例特别高。日本大城市的发展是由铁路系统所支撑的。

大城市郊外市中心经济的快速发展是以重化学工业发展为支撑的，随着经济的快速发展，大量劳动人口从地方性小城市涌向大都市圈，在1955～1970年，曾经还形成了一股人口涌动潮。这一时期的郊外模式是在第二次世界大战前发展已经初具规模的近郊铁路车站附近形成相对较集中的商业地带，并在其周围建设住宅地区。随着新车站的建立，比较典型的表现方式是在新开发地区、车站周围的商业区以及中层住宅区及其外围配置独门独户的住宅。针对郊外增加的人口，为了加强铁路的运输能力也采取了各种各样的措施，甚至在远郊以及近郊地区，铁路与铁路之间能够在铁路车站换成公共汽车的"间隔性地区"形成了新的住宅区。这种情况下，铁路相关企业自己也新开发了相当规模的郊外住宅，也就是说，TOD是铁路企业将铁路与城市开发结合起来同步进行，将对铁路的使用和利用成为郊外居住人群的一种生活方式。

通过这一时期的发展，地价开始持续攀升，获得郊外住宅不仅能够享受到让人心驰神往的郊外生活，同时也能保证持有安稳的资产。因此郊外地区曾一时大放异彩。

4.1.3 受机动化支撑的大放异彩的郊外

高度的经济增长给运输机构带来了变化，货物运输受Door-to-door便捷性这一主要因素影响，铁路这一运输方式开始逐渐向卡车过渡。另外，随着个人收入的增加，私家车的持有率以及使用率也有了显著的增加。在这种机动化背景下，以火车站为中心的相对密度较高的商业圈以及其周围的中层住宅建筑、独门独户住宅建筑这种典型的紧凑型模式开始逐渐瓦解，郊外反而朝着低密度方向发展。也就是说，居住在大都市郊外且不用去市中心上班的人群，在选择居住地的时候，对于车站的便利性已经不再那么执着了。另外，郊外机动车辅道等小路沿途都设有停车场等设备完善的购物中心以及餐厅，人们通过这些设施就能获得日常所需的一切物品，所以利用铁路上下班的人群，在购物以及其他娱乐休闲所要利用的交通方式上都会选择汽车，并且也没有去车站附近的必要了。理应受铁路支撑的郊外，如今可以说在很大程度上依赖于机动化，居住在郊外也因为有了私家车而变得更加便利，郊外地区的魅力也越来越出彩。

4.1.4 失去光辉的郊外地区及其衰退

希望在大城市郊外居住的人群，大部分属于人口稠密的一代抑或是其前后一代人。对于这些人来说，健康文明的郊外是最适合抚养孩子的居住地，附带土地的独门独户的住宅更是具有一定的升值空间，由此很多人都希望能居住在郊外，唯一需要忍受的就是通往市中心的长距离的上下班路程。但是，占据郊外居住人群最大一部分的那代人正处于老龄化阶段，所以从临近退休的转换时期开始，郊外的光辉就开始变得暗淡了。尤其是对于居住在距离车站以及公交停靠站点较远的山丘上的高龄老人来说，往返于购物中心、医院以及其他社会福利设施之间，已经成了他们身体所必须要承受的一大问题。日本的总人口已经度过了鼎盛时代，今后就算是在大城市也有人口减少的趋势，在这种情况下，不够便利的住宅在资产价值方面有着下滑的风险。在经济高速成长期新开发的住宅区，随着孩子们纷纷长大然后独立出去，最后变成了只有高龄老人居住的空巢。在这些住宅区，区内以及附近的日常商店也相继关门，区内的活力也逐渐流失。

针对这种情况，应该对过度扩张的低密度的大城市进行重组，重新朝着紧凑型模式发展，在此过程中部分郊外中心地带的撤离也是很有必要的。

4.1.5　日本式TOD再次审查的要点

东京都市圈在战前原本是沿着铁路沿线形成手掌和手指（手掌和手指）状的城市构造模式，但是到了战后随着机动化的极速发展，在铁路与铁路之间，或者是交通枢纽之间的"间隔性地区"城市化都有了一定程度的发展，也在一定程度上破坏了自然环境，整体上发展为低密度的郊外模式。为了引导或整顿这种郊外模式向着紧凑型方向发展，首先必须从土地利用以及交通运输这两个方面重新审视下日本式TOD这个概念。首先有必要考虑的就是，至今为止TOD概念里所欠缺的铁路与铁路之间抑或是交通枢纽之间的"间隔性地区"，我们必须让这些"间隔性地区"发光，将"间隔性地区"和交通枢纽结合为一体，就像汽车的两个轮子一样相辅相成，特别是要致力于"间隔性地区"的重新计划和建造。其次就是文章开头提到的美国开发的TOD概念中关于控制汽车使用这一点，而这在日本式TOD概念中并没有被考虑进去，关于这一点必须得好好反省，特别是要保证郊外不过分依赖机动车的机动性。

4.2 将交通条件考虑在内的东京都市圈的未来人口预测

在人口不断减少的大背景下，东京都市圈市中心的未来发展状况，很可能会受到夜间人口、雇佣及人口老龄化的影响。以下我想以人类研究所未来人口预测结果为基准，根据这期间的夜间人口配置对交通条件进行仔细研究，按照详细的区域划分对未来人口预测的调查结果做一下介绍。

该调查是受国土交通省、城市地区整顿局委托，经计量计划研究所（财）历经2003～2004年的整整两年才完成的。首先想简单从未来人口的预测方法和把交通条件考虑在内的区域划分方法来进行论述。将以都道府县为单位的未来人口预测结果（有社会人口流动的开放型）作为东京都市圈整体的人口框架固定下来，而以都道府县为单位的未来人口预测是以国立社会保障人口问题研究所（人研所）2000年的国情调查为基础的。在这个框架里面，因为有来自于其他府县的社会人口流动，所以和东京都市圈的未来人口（没有社会人口流动的封闭型）比较后可以发现，人口从增加到减少的转变很缓慢，并且人口减少的比例很小。说得更加具体一点，在运用首都圈整治法的近郊整治地带（大概距离市中心50km范围内），其人口将在2015年达到顶峰，之后开始逐渐减少，但即使到2030年其人口最多也不过减少100万人（图4-1）。

其次，人类研究所对未来人口预测是以市町村为单位的，将各个市町村大概划分为2～3个区域（1998年东京都市圈针对行人行程调查设定的基本区域），并以此为单位来进行未来人口预测。这里是以假设交通的便利性可能会影响社会人口流动为前提，将各区域到市中心的便利性以及到火车站的便利性这两个交通条件考虑进去，将各区域归纳为12个区间（表4-2）来进行分析。如表4-2所示，将到市中心的便利性归纳为A～E共5个部分，而关于铁路的便利性，是将距离火车站不足1km的范围归纳为A区域（步行范围），外侧1～1.5km的范围归纳为B1区域（可利用二轮车的范围），同时将超过1.5km的范围归纳为B2区域（可利用公交车的范围）。

<table>
<tr><th></th><th>1995 年</th><th>2000 年</th><th>2005 年</th><th>2010 年</th><th>2015 年</th><th>2020 年</th><th>2025 年</th><th>2030 年</th></tr>
<tr><td>近郊整顿地区内（无社会移动）</td><td>31000</td><td>32000</td><td>32000</td><td>33000</td><td>32000</td><td>32000</td><td>31000</td><td>30000</td></tr>
<tr><td>近郊整顿地区内（有社会移动）</td><td>31000</td><td>32000</td><td>33000</td><td>33000</td><td>33000</td><td>33000</td><td>33000</td><td>32000</td></tr>
<tr><td>全国</td><td>126000</td><td>127000</td><td>128000</td><td>127000</td><td>126000</td><td>124000</td><td>121000</td><td>118000</td></tr>
</table>

近郊整备区域以内的未来预测人口指数（人问研预测）　　　表 4-1

通过以上方法推算的2020年的12个区域人口如表4-3所示。首先从市中心便利性来看，通过呈同心圆状的4个区域（A～D），可以发现以下三个显著特点。

（1）距离市中心60分钟以内的A、B区域，以及距离市中心60分钟以上但是可步行到达车站的CA区域，人口有持续增加的趋势。

（2）距离市中心75分钟以上的近郊整治地带外围以及更加远的D、E区域，人口有减少的趋势。

（3）位于这两者之间、距离市中心60～75分钟的区域中处在车站步行圈外的CB1、CB2区域，人口增长虽然处于停滞状态，但是到2020年以后有减少的趋势。

另外，观察图4-2所示的从市中心呈放射状延伸的地段可以发现以下2个特征。

（1）在像A、B区域那样的近郊地区，虽说不分地段人口都有持续增加的趋势，但是像D区域那样的远郊，根据地段不同，人口减少还是呈现出不同特点。

（2）茨城县南部、千叶县内房、埼玉县北部、神奈川县三浦半岛以及西湘地区人口有减少的趋势。

但是上述人口增减，只不过是同心圆或地区所表现出来的某种大致倾向，事实上12个区域并不是都完全相同的，通过表4-2虽然不能极尽

214

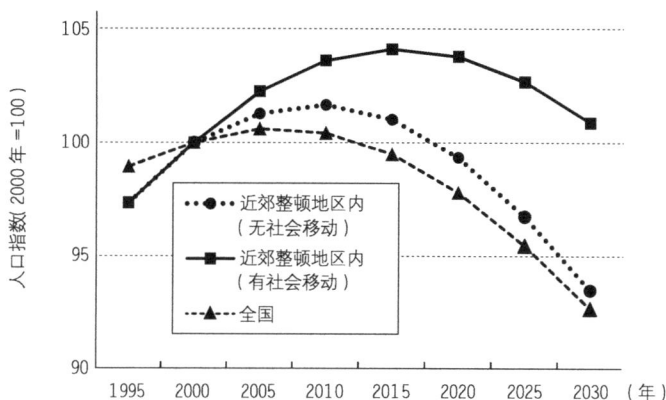

图4-1 近郊整顿地区内的未来预测人口指数（人研所预测）

详细地看出来，但很重要的一点是，区域内部、一些小地方也会呈现出人口增加（热点）以及人口停滞乃至减少（冰点）等各种情况混合在一起的状况。因为从预测的方法论上，我们假定未来人口的迁移取决于居住地到市中心的方便程度和到铁路车站的方便程度，所以这种未来人口增减的复杂状况受铁路交通方便程度影响。但是，因为铁路交通便利性所反映出来的仅仅只是社会流动部分，所以从这种混合模式的基础，还是应该看该区域本来人口的自然增减情况。虽然说这是理所当然的事情，但是图4-2的混合模式是自然的人口增减和社会流动重叠在一起的状态，仍十分复杂。

考虑交通条件在内的根据市中心特征进行的地区划分　　　　表 4-2

地区划分	市中心便利性		铁路车站便利性	大致的政策区域
	时间距离	距离	最近车站距离	
东京地区	—	—	—	传统市中心
A 地区	不足 45min	大约不到 20km	—	部分传统市中心

地区划分		市中心便利性		铁路车站便利性	大致的政策区域
		时间距离	距离	最近车站距离	
B	BA 地区	45 ~ 60min	大约 20 ~ 30km 圈	不足 1km	近郊整顿地区内
	BB1 地区			1 ~ 1.5km	
	BB2 地区			超过 1.5km	
C	CA 地区	60 ~ 75min	大约 30 ~ 50km 圈	不足 1km	
	CB1 地区			1 ~ 1.5km	
	CB2 地区			超过 1.5km	
D	DA 地区	超过 75min	大约超过 50km 圈	不足 1km	
	DB1 地区			1 ~ 1.5km	
	DB2 地区			超过 1.5km	
E 地区		—	—	—	近郊整顿地区以外

2000—2010 年和 2010—2020 年不同特性市中心的人口增减数 表 4-3

市中心特性		2000 年总人口 a（万人）	2010 年总人口 b（万人）	2020 年总人口 c（万人）	2000 ~ 2010 年人口增减 b-a（万人）	2000 ~ 2020 年人口增减 c-a（万人）
东京地区		813.5	830.1	821.9	16.6	8.4
A		391.6	416.5	420.1	25.0	28.6
B	A	546.4	577.7	591.4	31.3	45.0
	B1	162.5	170.4	172.8	7.9	10.3
	B2	189.3	199.9	203.8	10.7	14.5
	B 小计	898.2	948.0	968.0	49.9	69.9
C	A	395.7	407.0	404.3	11.4	8.6
	B1	118.5	123.9	127.0	5.4	8.5
	B2	139.2	144.9	144.1	5.6	4.9
	C 小计	653.4	675.8	675.5	22.5	22.1

市中心特性		2000年总人口 a（万人）	2010年总人口 b（万人）	2020年总人口 c（万人）	2000～2010年人口增减 b-a（万人）	2000～2020年人口增减 c-a（万人）
D	A	179.5	181.7	180.4	2.3	0.9
	B1	42.6	43.2	42.5	0.7	-0.1
	B2	219.8	219.6	213.0	-0.2	-6.8
	D 小计	441.8	444.5	435.8	2.7	-6.0
E		296.2	295.7	285.5	-0.5	-10.7
合计		3494.6	3610.7	3606.8	116.1	112.2

▨…减少　▢…增加10万人以上

（资料来源：国土交通部城市·地域整顿局调查研究《2004年度经济社会变化相对应的大都市圈郊外地区整顿方案等的研究调查报告》2005年3月）

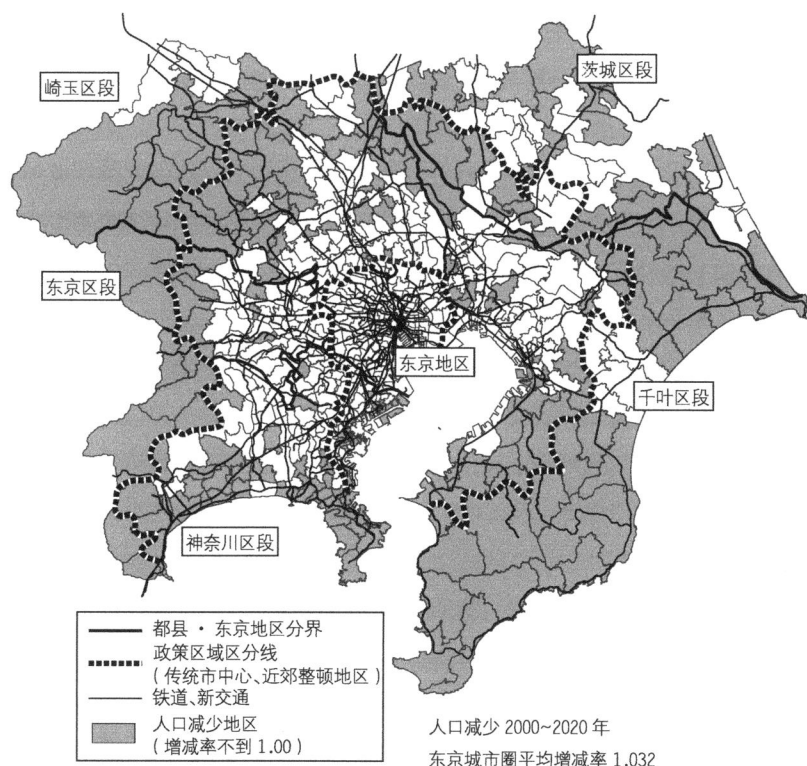

图4-2　2000～2020年长期人口减少的地区

在东京都市圈的郊外地段、没有通往市中心的便利铁路条件的都市圈外围部分的同心圆地区，虽说今后人口将确实朝着减少的方向发展，但是在通往市中心铁路条件良好的同心圆状近郊整治地带，其中有些地段因为不方便达到车站，今后的人口也会朝着停滞甚至是缓慢减少的方向发展。而且从这次调查结果还可以看出，即使是铁路交通条件良好的东京地区，其中一部分地区的人口也表现出细微的减少趋势。

今后如何将东京发展为可持续的交通枢纽大城市，以上的调查结果从宏观角度出发就如何转变进行了一些提示和论述。但是其他详细调查郊外居住人口增减的研究结果显示，人口增加或减少除了和交通条件有关之外，同时还涉及居住地的整顿时期、居住人群的年龄层、地皮的规模等其他细微的条件。具体实例如下所述：

（1）居住在距离市中心近的家庭大多独门独户，他们是在城市化初期阶段来这里定居的，导致的结果就是距离市中心近的地方老年人越来越多。

（2）昭和40年代，车站附近单户分售住宅开始大张旗鼓建设。而远离这些车站地区的郊外第二代（郊外第一代的后代）则相继迁往距离市中心又近又便利的地方，导致远离车站的郊外地区的人口逐渐减少，老龄化问题日益严重。

（3）古老的郊区小城市达不到计划人口，且呈减少趋势，人口、家庭数量减少以及老龄化持续发展。

（4）远郊外无规则扩张的住宅区，为了处理不要的空置房屋，很多人除了希望将房子留给下一代之外，也考虑将房子卖掉，但基本不可能选择和孩子住在一起。

（5）分开出售的公寓建筑物如何更新换代已经成为重要课题，它的主要问题是基础设施不断老化，且老龄化相关对策较滞后，但各方一直无法就此达成一致。

（6）因为工厂关闭等原因，职工相继离开，这些地区人口急剧减少。

（7）在产业衰退、人口减少的地方，人们在年轻的时候去其他的大城市就业并生活，一般也不会打算再回去，因此出身所在城市也逐渐失去了生活的基础，进入老年以后人们可能都会回家乡依靠亲属或者是去有人照顾的地方。

（8）在地基未被整顿且占地规模比较小的住宅区，建筑物得不到更新维护，人口、家庭数量也在急剧减少。

（9）在占地规模比较大的地区，出现了和地皮分割相应的重建趋势，且出现了共同住宅化的发展趋势，人口减少和老龄化问题得到了一定程度的缓和。

今后在对东京都市圈郊外市中心进行重建时，必须将这些细微方面全部考虑在内。

4.3 向可持续的交通枢纽大城市东京看齐的核心理念

日本大都市面临的主要问题是人口减少、老龄化及以制造业为中心的空洞化，这些无疑是因为郊外部分城市地区衰退导致的。将这些主要发展趋势和20世纪人口增加、经济增长城市化相比，可以说根本就是停滞不前，但是反过来想一下，这些变化正是因为各国国情不同或者发展速度不同导致的，欧洲部分国家也有类似的经历，可以说这是为了适应今后社会以及经济继续蓬勃发展的一个必经过程。

就东京而言，幸运的是，和地方城市相比，受这些趋势的影响比较轻微，可以预测郊外市中心的衰退主要发生在远郊及部分近郊地区。而且在东京都市圈，20世纪形成的以铁路为主体的城市结构整体依然健在。因此，要想再次建造可持续的地铁交通枢纽东京大都市，最基本的就是维持和发展以铁路为中心的、呈手掌手指分布的城市结构格局。以此为前提，根据以下3个关键点，从土地利用和交通两个方面树立重新建设的战略。虽然说是重新建造，但并不是整体重建，而是在以郊外为中心的地区进行部分重建。就土地使用而言，首先，就是将居住地前往由铁路构成的、被视为直接服务地区的铁路沿线（交通枢纽）；不仅如此，通过城市功能的高密度集聚，重新构建作为交通枢纽的大都市圈的城市结构格局。从每个车站呈豆粒状分布的情况来看，交通枢纽可以说就是将所有豆粒都连接成一体的豆子外壳，使整个城市看上去就好像一个"豌豆"一样。其次，就是夹在两个交通枢纽之间的"间隔性地区"的重建。在保护"间隔性地区"仅存的水资源和绿色自然环境以及城市农业用地的同时，重新利用人口减少最显著的郊外市中心地区，重建零散分布在各处的公共设施以及休闲娱乐场所，应将其作为支持交通枢纽发展的、自然环境优越腹地进行重新建造。再次，就是强化和确保郊外地区在交通方面没有过分依赖汽车，移动方式仍然十分灵活。城市铁路网是日本的大都市圈20世纪的宝贵资产，曾是日本的一大骄傲，如今也依然十分健全。为了将该铁路网作为公共交通网络的主干路线延续下去，向车站周围地区及"间隔性地区"提供便利的服务，必须强化作为支线的公共交通网，同时推进汽车的共同使用。

4.3.1 交通枢纽的重新构建

近郊的铁路车站周边，虽然今后人口有可能减少，但仍然将是受欢迎的居住地。例如退休人群都有往市中心居住的意向，即使出现空置的情况，但相比市中心而言价格较低且因为在车站周边交通便利，因此需要抚养孩子的年轻人群可能会直接入住。如果是独门独户的房子，还可以重新改造，或将房子推倒后重建。不管怎么说，近郊车站周边是居住人群不断更新换代的热门地区。在这些地区，例如因工厂的关闭产生空地，在这些空地上进行市中心的重新开发，因此这些地区本身也完全有可能更新换代。即使从老龄化方面来看，近郊铁路周边地区对于老龄化人群来说仍将充满吸引力。这些地区既有医疗、护理等服务设施齐全且购物方便的场所，今后各功能将得到进一步完善。即使是在远郊地区，部分铁路站点已经达到和近郊站点一样的标准，仍可能继续保持超高人气。同时作为实现这一目的的事业手法，我认为应该包含以市中心重新开发为主的传统手法，并对这一手法进行改善和进一步发展。另外，因为该地区具备极大的发展潜力，所以不能只靠公共的力量，如何激发民间活力也备受期待。

4.3.2 "间隔性地区"的区域重建

"间隔性地区"由于受住宅区的侵蚀，已经失去了很多原始的自然风光、精心耕作的农业用地、原始的历史文化传统，但这一地区仍然拥有比其他地区更为丰富的自然风光及生活环境。不是单纯的缩减郊外市中心地区，而是以"间隔性地区"最理想的地域景象以及生活景象为目标，在灵活应用积累下来的地区资产的同时，必须将已经渐渐消失的地区文化、生活环境、自然环境进行再现。为此第一步就是低价购买郊外空房子和空地混合在一起的不受欢迎的各分散地区，进而构建有一定保存价值的组织结构。当该地区买进的土地达到一定比例的时候，通过区域整理手法将这些买进土地进行改造，不用建设大的公共设施以及转移房屋，而是将交换土地集中在一起，转换成新的田园居住区或者是农业土地利用，这种手法应该值得考虑。

对这种土地回收及保存的组织想必也只能是在官方支援下逐步、小规模、长时间进行。同时，即使实现了这种土地的回收及持有，将其进行集中换地处理之后，希望重新对土地进行利用的个人或企业以什么价格取得换地，且换地后对土地进行重新利用时所得到的便利和效益是否和换地价格相符，将成为一大课题。不管怎么说，小规模的长期进行很难看到效果，今后必须重新开发软硬相结合的新手法。

4.3.3 不过分依赖汽车的机动性

在以铁路为基础的地铁交通枢纽城市的郊外地区，例如东京郊外，如果是不过分依赖汽车的灵活性战略，首先想到的就是作为从铁路车站延伸开来的支线公共交通网，必须导入城市单轨铁路以及新的交通系统。但是如果这些系统被归类为中等运输机构，而这些计划路线沿线如果没有高度密集的运输需求，就无法实现收支平衡。简单来说，就是中等密度的运输需要如果不呈条状分布，就无法实现收支平衡。例如，东京都市圈西部的立川单行铁路，如果想要在一年内实现盈利，努力消除包含建设费用在内的累积赤字将是一大难题。其次就是公交系统，不管是国营公交还是民营公交，如果没有一定程度上的运输需要也很难实现收支平衡。民营公交不能覆盖的部分地区，社区巴士开始逐渐增多。将公交车辆交给地方自治体保管，委托民间公交公司进行低成本（很多司机都是退休后重新雇用的）运营，如果出现赤字就以政府支援的方式进行添补。这种方式下，公交车运行成本（特别是人工费）低，政府支援的部分虽然对民间公交经营收支不平衡的路线进行了补充，但说到底政府支援本身是有限度的，这一点也显而易见。

在上述公共交通系统中，在公共交通系统无法覆盖且运输需求较小的郊外地区以及"间隔性地区"，应该构建什么样的公共交通系统呢？能够想到的就是换乘应呼出租车、应呼小型巴士等。应呼出租车作为一种全新的出租车而备受瞩目，但是实际试行的结果发现很难实现成本核算。即使今后会想出各种各样的办法，但是不得不说，只要跨越不了独立核算这一难题，公共交通就只能承担部分郊外地区的灵活机动性。

一直以来，汽车承担着运送需要较小的郊外地区以及"间隔性地区"的移动需求，要想将其转换为公共交通当然是十分困难的。而对已有衰退可能的郊外来说这将是更加困难的事情。在这样的郊外地区，虽然只能依靠汽车作为人们的移动手段，但是有可能从都市圈整体方面控制汽车使用的方式，就是拼车。这种方式是会员制的汽车租赁系统，不仅是大型汽车租赁公司，停车场等相关行业也已经在开始试行。这种经营模式最主要的有利条件的就是不需要太大的停车场，比方说在便利店、商店停车场或利用闲置空间建造的停车场分散配置2~3台的租赁汽车就足够了，通过这种方式，就能很好地对应需求较小地区的交通需要。另外，事先注册为会员的人可直接前往停车场，通过类似于IT性质的手续启动汽车并使用，因为是通过注册过的会员卡支付费用，汽车租赁等也不用再配置相关的工作人员，所以人工费也比较少，这也是这种系统的第二个有利条件。对使用人员来说也有很多有利条件：
首先，当有使用汽车的需要时，
只需直接前往附近方便的停车场
所，通过很简单的手续，就能共
同使用汽车；另外，跟自己购买
汽车相比较，这种方式无须支付
汽车及停车场费用、车检及保养
费用等，这对无须频繁使用汽车
的人来说是十分经济实惠的。

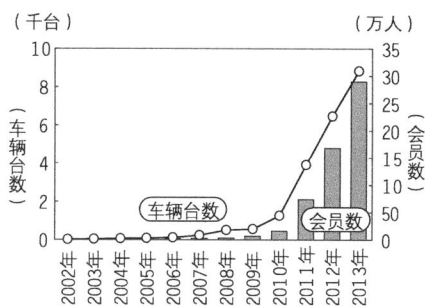

图4-3　日本拼车制度的车辆数和会员数变化
（资料来源：公益财团法人交通绿色·移动财
团主页）

　　这种汽车租赁事业大概从
2002年开始被各大汽车租赁公司引进试行，到2009年经营停车场等的相关
企业也加入进来，如图4-3所示，用来拼车的车辆数量和会员数量都呈扩
大趋势。这种拼车方式今后在郊外将渗透到什么程度，还有很多不可预料
的地方。假设成本核算较严峻，如果考虑社区巴士政府补贴这一事实，那
么拼车制度在郊外地区的补贴也十分值得考虑。交通方面，还是应该尽可
能地发挥民间的力量，原则上来说只有在特别有必要的情况下，才能寻求
公共支援。结合郊外地区的公共交通，通过民间企业对拼车事业的发展及
公共支援，即使是在市中心逐渐衰退的郊外地区，也能确保并维持不过分
依赖汽车的移动方式和手段。

日本的拼车普及状况及今后发展的可能性

　　所谓的"拼车"，是几个会员同时使用同一辆汽车的新型利用形态。拼车始于20世纪80年代的欧洲，1990年代扩展至北美等地区；2012年，以欧美为中心，在27个国家都有运营，使用人数大约有179万人，车辆数量大约达到了4.4万台。

　　日本的拼车历史还很短暂，从20世纪90年代后半期才开始投入社会实践，其开端是2002年欧力士创立的拼车公司。这之后的5年间一直在缓慢发展，且存在较多问题。但2008年前后，综合商社、停车场公司、二手车销售公司都开始加入到拼车事业后，2013年会员数量增加到28.9万人，相比2008年的3000人已经有了质的飞跃。特别是从2010年开始，会员数量急剧增加（表1）。

　　通过"会员数占总人口数的比

日本拼车事业的发展历程　　　　　　　　　　　　　　　　　　　　　表 1

公历	分类		主要事项
1998 ~ 2001 年	实验期	1998	本田开始运用 EV 的公开表演
		1999	EV 共同使用的社会实验在横滨、稻城、东京、大阪等城市相继展开
		2001	开始实施日本第一辆汽油车的拼车实验
2001 ~ 2007 年	黎明期	2002	创立日本第一家拼车事业公司（欧力士拼车公司前身，最初只使用 EV）
		2004	设立拼车特别区 → 2006 年在全国展开
		2005	马自达租赁汽车继承了福冈的实验事业
2008 年 ~	发展期	2008	东京都轮廓团体以低价将运营的停车场租赁给租赁企业
		2008 ~	综合商社、停车场运营公司、二手车销售公司等逐渐加入租赁事业
		2009 ~	在使用 EV 的自治体增加拼车实验

（资料来源：公益财团法人交通绿色・移动财团主页）

例"，将拼车事业发达的欧美的4个发达国家和日本的普及率（以2012年为准）进行比较，可以发现，作为拼车事业创始国的瑞士以1.30%的比率居于最高。其他3个国家基本维持在0.26%～0.29%的比率，日本的普及率在近几年内提高到了0.23%，紧随加拿大、德国、美国之后（图1）。

根据2008年东京都市圈个人行程调查发现，1998～2008年的10年间，东京地区和政令指定城市等的铁路分担比例也在逐渐增加，汽车分担比例逐渐减少，单个家庭的汽车持有数量也在逐渐减少。这是因为东京和政令指定城市的公共交通系统越来越发达，即使没有汽车也不会有什么不方便，而停车场费用却相对较高，这些都成为车辆普及率越来越低的原因。同时，现在20～30岁左右的年轻人居多，他们被称为手机网络一族，对他们而言，手机作为个人专用媒体，比汽车的价值更大。在这样的社会背景

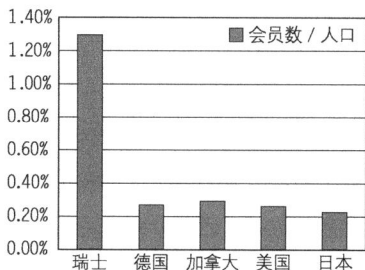

图1　欧美拼车主要四国和日本拼车的普及状况比较（截至2012年）
（资料来源：公益财团法人交通绿色·移动财团主页）

下，无须"购买"汽车，对于必要情况下必需的"使用"需求，作为可近距离、短时间移动方式，低成本的拼车制度得到了灵活应用，其普及率才会越来越高。

今后为了进一步扩大拼车的普及，将效仿瑞士和德国，进一步强化铁路和拼车制度的合作就是重要的对策之一。这种方式仅需一张交通IC卡即可完成，即利用铁路以最捷径的方式到达目的地，然后通过汽车拼车方式进行移动。通过这种方式还有望降低交通负担、减少交通事故、减轻对环境的负荷。【铃木弘之】

4.4 重新构建交通枢纽大城市的验证要点

　　首都圈大城市是由各条铁路线构成的纷繁复杂的铁路网所支撑的,俯瞰其城市建设可以发现这一城市群的发展是以东京市中心为中心呈放射状、环状向四周扩展开来的,沿郊区方向在铁路沿线形成了回廊状的城市结构;并且郊外地区是由回廊状的市中心"运输要道大城市"及夹杂在各城市要道之间的"间隔性地区"所构成的。本节主要论述以该铁路为中心轴形成了市中心"运输要道大城市"及夹杂在各城市要道之间的"间隔性地区",我希望通过对这一特点进行具体观察,获取以郊外地区为中心的、可实现可持续发展的城市重建的相关头绪和线索。

4.4.1 铁路所支撑的都市结构特征（稠密的铁路网）

1）稠密的铁路网

　　日本铁路网的建设及发展经过大致就是我们今天所看到的样子,但其最终结果是使得运输要道大城市内的居民可以享受以下各种好处。

　　第一,便利性。居民可以就近从居住地到最近的车站。在作为运输要道的大城市市区内,最近的车站一定存在于便利圈范围内。

　　第二,通过发达的郊外铁路以及地铁形成的可相互换乘稠密交通网络,从最近的车站出发只需经过1~2次的换乘就能将首都圈内的主要地方连接起来。结果就是,从最近的车站出发通过铁路可以很容易就到达其他副市中心车站,如此一来,不光是上下班,就算是对购物和娱乐休闲等私人需求而言,也成为重要的交通方式（图4-4）。

　　第三,还可通过新干线等高速铁路网将首都圈和全国各地连接起来。

　　这样一来,铁路网在将铁路沿线各地区和都市圈内的主要地点紧密连接起来的同时,也实现了和全国各地的合作,而且通过铁路网还形成了都市圈的生活局域网,可以说这是一个很大的特征。

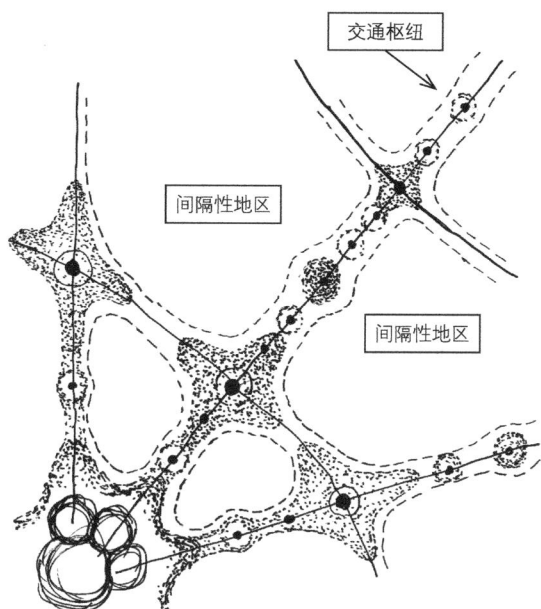

图4-4　交通枢纽的结构

2）交通枢纽的构成

①交通枢纽

在铁路沿线形成的运输要道城市内，每隔数千米间隔就分布有各个大大小小的车站，这些车站像珠子一样连接在一起。而且，在车站周边地区，根据腹地大小及铁路结节状况，聚集着商品销售和服务行业等城市功能。

位于这些交通要道城市内的铁路站点，根据车站的上、下车功能（上、下车的人数）和城市功能向车站周边地区的集聚程度不同，大致可以分类4种类型（图4-5），即最近的车站、生活据点车站、更广阔地区的据点车站、副城市中心终点站这4种不同特

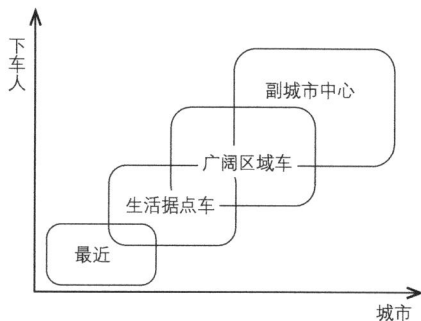

图4-5　车站功能和城市功能的交叉集聚

点的车站，各个车站周围都有其特定的土地利用方式。以下将就被分类的四种车站的特征进行论述。

②最近的车站

首都圈的铁路沿线大概每隔1～3km的间隔就配置有车站，但是其中很多车站主要都是用来满足上、下车这一功能的。在市区的车站周边虽然有的地方也形成了商业街，但是在郊外很多车站的周边都没有出现城市功能的集聚。也就是说这些车站只能被称作最近的车站，除此之外别无他意。车站附近也没什么广场，路线不好也不能很好地和公交接轨，很多时候前往车站的方式只能靠步行或自行车。

③生活据点车站

在周围有很多人口居住且上、下客数量多的车站，车站附近形成了很多商业街，这些商业街可以视为是满足日常生活需要的据点。这里形成的生活据点车站是指车站周边地区一定程度上集聚了生活所必需的销售业及服务业，该车站由此成了生活据点车站。生活据点车站很多都成为快车停车站，每5～10km左右的间隔就分布有1个生活据点车站。在这些车站，有和车站相连接的公交路线，或者是有几条铁路线在这里纵横交错；作为腹地广大的大型车站，在车站周边除了商业设施以外，还设立了业务设施、人民馆、市民大厦等公共设施，由此形成了生活据点车站，这些车站大多汇集了和日常生活紧密相连的所有基础设施（图4-6）。

④更广阔地区的据点车站

在首都圈的铁路沿线，有大量的上下车乘客，在车站周边地区存在着城市功能高度集聚的范围广大的据点城市。它们其中有很多作为"业务小城市"被定位为行政计划的一部分，为了形成包含车站和车站周边地区在内的广泛地区的据点，正在对市中心

图4-6　生活据点车站周围地区的土地使用状况

进行整顿。除了在车站周边配置商
业、业务设施以外，还在有计划地
配置文化艺术设施及高等教育研究
设施等公益设施，希望从城市功能
这一方面着手形成广域据点。

照片4-1　新宿副城市中心

⑤副城市中心终点站

各个铁路公司从其创立初期开始就在连接市中心地区的终点站积极推
进商业开发，促进都市圈发展的同时，按区域不同分别形成了所谓的池
袋、新宿、涉谷等副城市中心。时至今日，副城市中心终点站也已实现相
互连接，不同区域的副城市中心特性及都市圈整体都在不断向腹地圈的副
城市中心群发展（图4-7）。

3）"间隔性地区"的构成要素

①"间隔性地区"

如果将目光转移到都市圈郊外地区，随着市中心密度的逐渐变低，夹
在铁路之间的"间隔性地区"的比率将会增加。可以说，夹在铁路之间的
"间隔性地区"的铁路便利性较差，且市中心密度较低，还遗留了很多农
业用地。但是随着道路整治的进行，和汽车交通相关的多样化土地利用方
式也已不断展开。

"间隔性地区"的土地利用大致可以分为4个构成要素；第一是构成
该地区基础的传统田园地区要
素；第二是在铁道沿线形成的
交通要道城市要素；第三是通
过主干道路被带进来的产业相
关要素；第四是利用开放空间
的公共、公益设施群要素。

照片4-2　海老名车站的周边设施

以下将以神奈川县绫濑市周
边地区作为案例学习对象，对
"间隔性地区"的特征进行整理。

②田园地区要素

在进行个别调查的对象地区（图4-7），广阔的地区范围内零散分布着一些村落集聚地，这些集聚地很大程度上仍保留着传统村落的面貌。这样形成的集聚地，其房屋用地较大，拥有宅地林，且房屋质量较高。在市中心调整区域，虽然说部分住宅区的农业用地被保存下来了，也可以看到经营农业的地方，但很多市中心相互连接被编入了市中心地区。在这样的市中心地区，仍然保存着相当一部分的生产绿地及空地，为市中心提供了宝贵的绿色及开放空间。

③铁路沿线要素

站前地区。

在小田快线、相铁线、相模线等三线交叉的海老名站，可以看到商业、业务设施有了一定程度的集聚，形成了生活据点车站。但其他车站多数只有小规模的店铺聚集，没有形成拥有站前广场等交通设施连接的车站（最近的车站）。

在车站周边地区，郊外化初期被开发成民间宅地的街区被保存了下来，宅地规模变小并且住宅日渐破旧。

新兴住宅市中心地区。车站周边的民间宅地开发，在战后第2次城市化时代是从车站周边地区开始的，随着道路以及公交路线的整顿逐渐远离车站，以侵蚀田园地区的形式来扩大住宅市中心地区（图4-8）。但是之

照片4-3　河流

照片4-4　水边的住宅地区

后的第3次城市化时代及后期宅地开发地区，进行了土地区划整理，并有计划推进开发，由此形成了比较整齐规则的住宅区。

④干线道路沿线要素

产业园区。在由以铁路为中心的交通枢纽包围形成的"间隔性地区"，可以看见，部分工业用地以及流通用地正在进行有计划的开发，并且所占面积规模较大。除此之外，个别规模相对较大的工厂以及流通设施等产业相关设施零星分布在主干道周边。

干线道路沿线区域。在干线道路沿线区域，除了产业设施以外，还设立了超市以及连锁餐厅等沿街店铺，为道路使用人员和地区内人民的日常提供了不可或缺的另一种服务。

⑤空地要素（露天空地相关的要素）

水、绿色、露天空地。在"间隔性地区"存在着多种多样的类似于露天空地一样的要素。农业用地、生产绿地、倾斜面绿地、神社寺院的院落、城市计划公园及其他公园、绿地、广场以及高尔夫球场、大规模公共设施用地、学校用地等，都提供着宝贵的绿色资源及露天空地。附加在以往田园用地结构中的是农业用地的供水渠道及排水渠道。这些水路将田园地区分割成极小的网络，沿这一水路网络，形成了农业耕地土地、休耕土地、滞洪水库、杂木林等绿地和露天空地（图4-9）。

大规模绿地、公园地区。大规模的县级居民森林、运动中心等县营或

照片4-5　大规模公园（海老名中央公园）

照片4-6　锻炼运动公园（海老名运动公园）

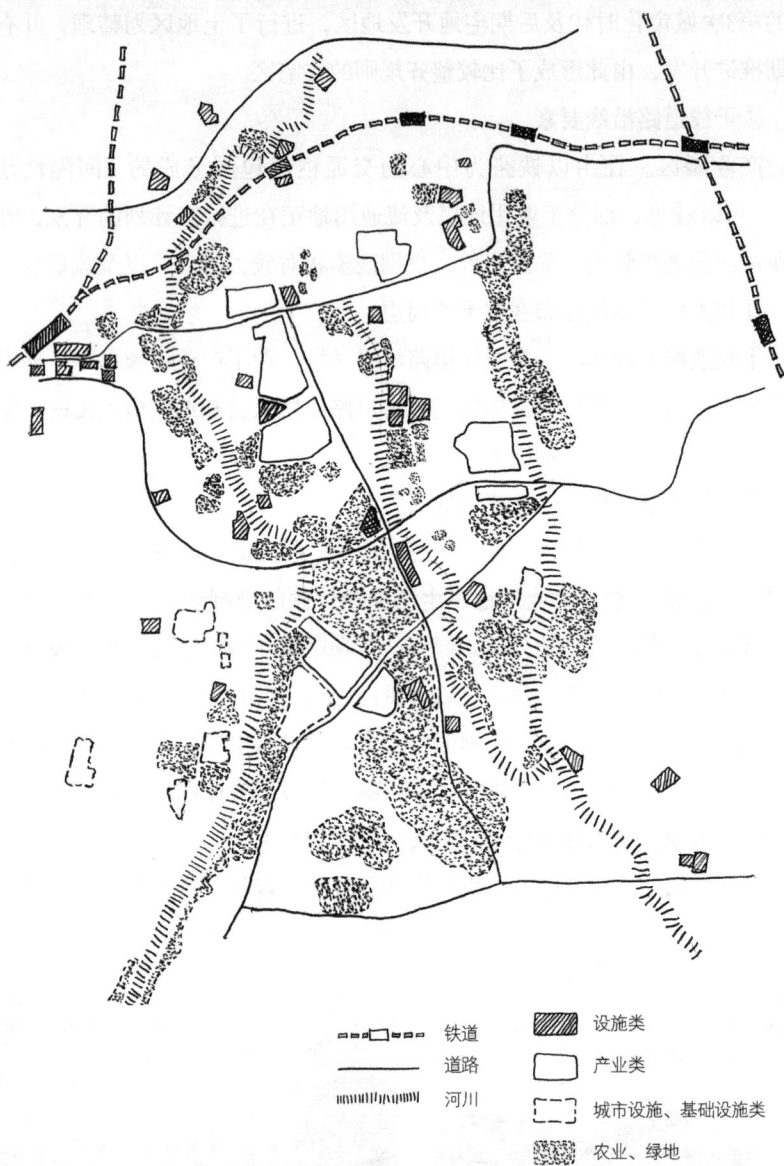

图4-7 示例研究地区的土地利用
（详细包含田园地区各种设施、自然环境相关要素）

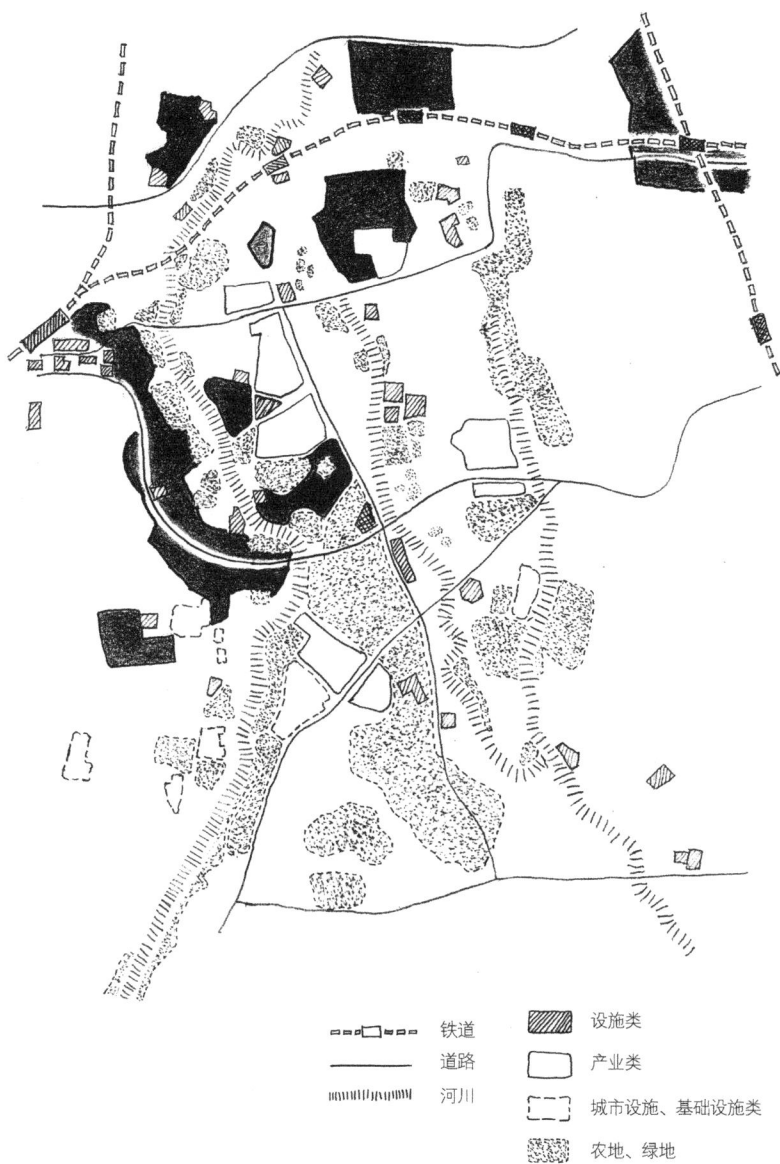

图例	说明
---□---	铁道
——	道路
⊞⊞⊞	河川

图例	说明
▨	设施类
▭	产业类
⌐ ¬	城市设施、基础设施类
░	农地、绿地

图4-8　住宅开发地的分布
（初期住宅地开发集中在车站周边，但随着道路整顿的进行将深入"间隔性地区"的内部）

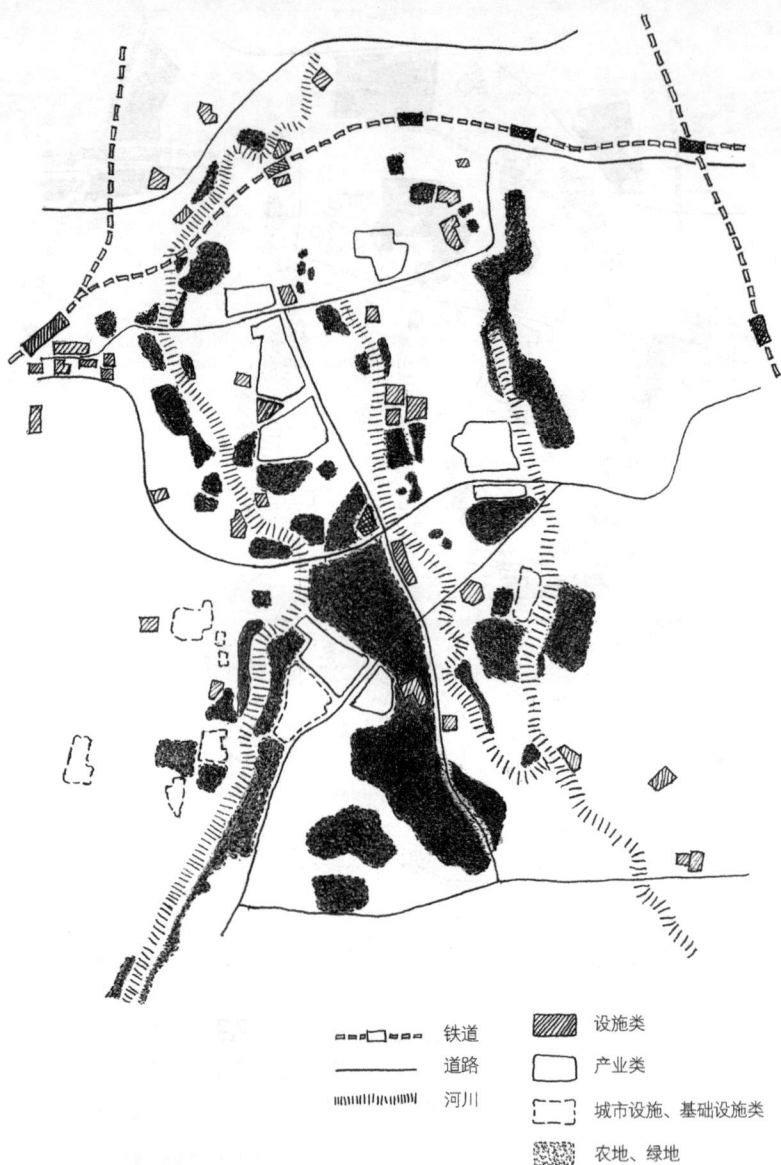

图例:

- ▨ 铁道
- —— 道路
- ⅏ 河川
- ▨ 设施类
- ▢ 产业类
- ⬚ 城市设施、基础设施类
- ▨ 农地、绿地

图4-9 水和绿地的空间分布
(河流、水路沿线除了农业用地、游泳池、休闲设施之外，还保存了很多绿地)

者市营的更加广阔的绿地、公园得到了整顿，形成了"间隔性地区"的重要构成要素。

公共公益设施区域。学校、医院、社会福利设施、寺庙、佛堂、净水厂、地下水处理厂、变电站、水泵厂、垃圾焚烧厂、农业及牲畜试验厂等等，在"间隔性地区"需要更加广阔土地，这些五花八门的设施群彼此并无任何联系和合作，就这样零散分布在各处。

很多净水厂、终端处理所、变电所等需要大规模地皮的范围广阔的城市设施也都设立在"间隔性地区"，为地皮内绿地的有效利用保留了余地。

4.4.2 重建措施的大概情况

地区重建的核心理念是以铁路为中心，从土地利用和交通运输两个方面出发，旨在对铁路及由铁路支撑形成的郊外地区整体进行重新规划。从个别对象区域的地区特性中可以总结出3个地域重建的要点。

第一，铁路沿线形成的交通枢纽的重建。充实以生活据点车站为中心的区域公共交通网络，使每个人都能轻松使用，提高作为生活据点的城市机能聚集，构建城市应有的热闹繁华。还应着眼车站周边的利便性，在重新建造的破旧街区的同时，建造交通枢纽整体都能享受到高度多样化城市功能和都市文化的沿线地区。

第二，将残留在"间隔性地区"的水、绿化以及空地等资源作为都市环境基础设施进行二次构建。将至今为止蓄积下来的多样化土地利用及设施群体作为区域资源进行重新认识，同时实现网络化以此达到有效利用和重新使用的目的（图4-9）。

第三，夹在铁路之间、远离铁路利用区域的间隔性地区移动方案战略。为了能够很好地构建以车站为中心的区域公共交通系统，便利使用到区域内的各种设施，必须对个人交通枢纽网络进行整治，这一点至关重要（图4-10）。

1）交通枢纽的重建战略

①生活据点车站的重建及铁路沿线文化圈的创建

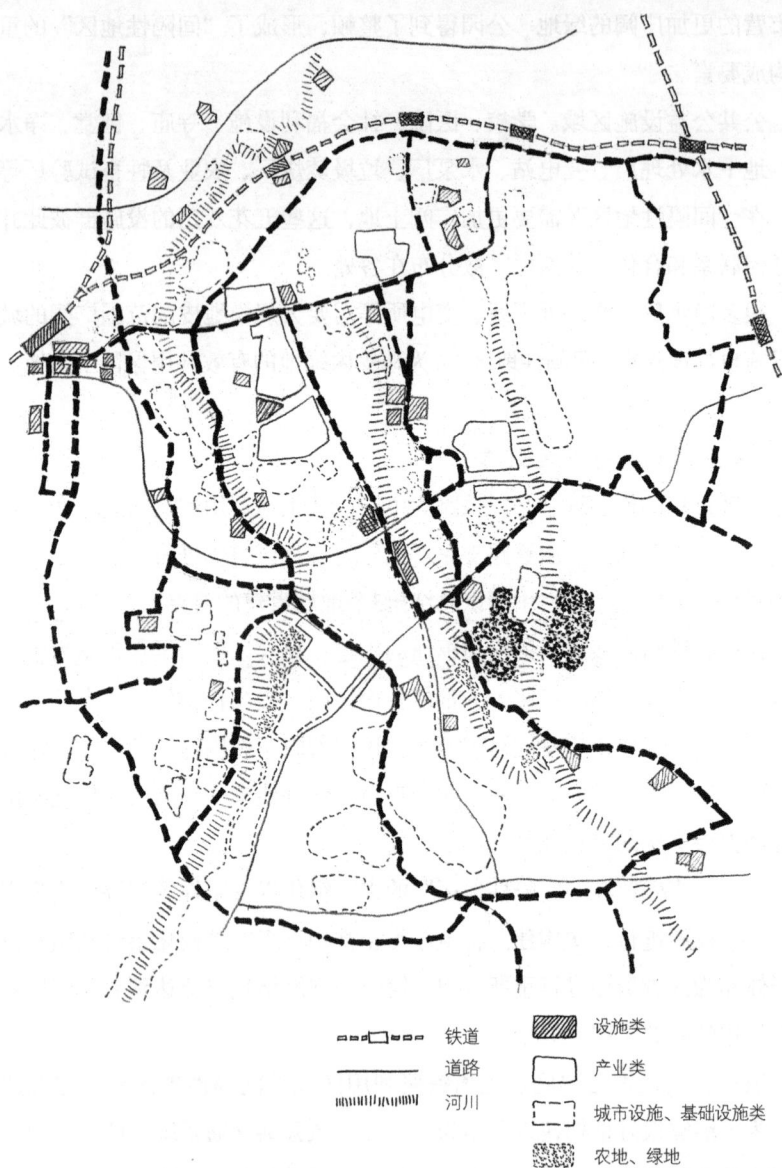

图例：

铁道

道路

河川

设施类

产业类

城市设施、基础设施类

农地、绿地

图4-10 "间隔性地区"的移动方案
（公交路线网网罗了整个"间隔性地区"）

在生活据点车站的周边地区，利用车站周边的重新开发以及开发空地，对商业、业务用地进行开发，同时对购物中心、电影院、美食街、停车场等进行整顿。虽然为满足上下班途中的日常购物以及简单的吃饭和其他休闲娱乐需求，形成了很多的区域据点，但是上下班以及上、下学以外的购物大多还是利用汽车，由于汽车集中造成的交通混乱以及商品的丰富程度等因素，肯定会和郊外大型购物中心存在一定的竞争，这些问题都不可避免。

处理这些问题时，有必要再重新对通过车站将首都圈各地连接起来的地区选定条件进行审视。生活据点车站在应对当下问题提升自身影响力的同时，创造出各自在铁路沿线整体中的独特魅力，创建区域更加广泛的沿线文化圈，这一点至关重要。因为沿线整体的魅力可能会成为今后郊外地区居住地选择的关键因素。

②创建以生活据点车站为中心的地区交通网

目前将车站和居住地连接起来的公共交通基本都是由公共汽车在负责应对，虽然以生活据点车站为中心的公交路线网几乎覆盖了"间隔性地区"整个区域，但运行的频率及服务时间并未达到很好的服务水准。提高通往生活据点车站的便利性，开发更加精炼讲究的交通系统又重新被列入课题。

③周边区域破旧住宅的重建

形成于车站周边的郊外初期住宅，目前正面临着越来越破旧、建筑物越来越拥挤的课题，重建已经刻不容缓。对于个别垫付有困难的地区，必须灵活应用车站周边地区的布局条件，积极推进住宅区重建事业。

2）"间隔性地区"的重建战略

①城市环境基础设施重建

在"间隔性地区"，至今仍然保存着水和绿地等自然环境及田园要素，如何对其进行保全及有效利用是目前的一大课题。应提出相关对策对河流和绿地等的环境基础设施进行整修和再生，使其具备环境再生潜力，同时必须有计划地整体推进对郊外地区水、绿地和田园景观的保护、再生及创造，这一点至关重要。具体措施如下所示。

• 整体推进对拥有自然环境潜能的河流及水路、崖地、树木森林、绿地等环境基础建设的保护、整修和再生。

• 城市公园的重新整顿。

• 生产绿地、优良农地的保护。

• 农耕废弃地、农作物耕地的再生，及企业、城市居住共同参加的收益事业。

• 实现被保留下来的大规模自然空间的网络化。

• 将网络化的整体作为全新的大范围自然公园进行重新构建。

②新的地区文化创造战略

从地域文化及时间的连续性来看，应该着眼于宝贵的公共设施、公共空间、建筑物、地形、风景、景观、开放空地等地区资源及开发潜力，创造扎根于地区的、有地区特色的生活文化。为此，应从以下几点来进行考虑。

• 挖掘地区资产，作为地区文化创造项目积极构建地区重建的战略计划，实现地区文化创造的共同化。

• 将被认为是地区再生资产设施等的细小修复、改善和更新有效反映到地域重建项目中，为此必须提出相应的实施计划，通过部分修复、改善及更新的反复进行来提高地区整体形象。

• 在对城市规划道路进行整顿和整修时，应将对地区文化重建型道路的整顿和地区文化创造方案同步进行。

• 再对工厂旧址等大规模土地利用进行转换时，也应激活并运用其开发潜能，促进地域文化创造项目的推进和实施。

• 推进公民友好合作型事业。

③郊外大规模住宅区的重建

为了响应周边市中心住宅的重建及地区文化创造项目，应积极同推进郊外大规模住宅地的重建计划、地区内住宅重建，实施和住宅用地特征相符的重建对策。

• 随着人口结构的变化，应在住宅区内灵活应用娱乐休闲设施及土地。

•向老年人提供位于便利性高住宅区内的、适合老年人居住的住宅，及附带护理设施的住宅。

•支援对适合抚养孩子的独门独户型住宅、几代人共同居住型住宅，以及不同年代的人可临近居住的住宅进行改建，或支援其进行换住。

3）"间隔性地区"的移动战略

①对地域内移动相应的个人交通网络进行整顿

为了确保地区内各种设施的有效利用并积极展开日常生活，必须对可有效保证个人交通方案的环境进行整顿。

•对自行车车道、人行道网络进行整顿。

•开发社区巴士、福利公交、应呼公交等新公交系统。

•开发灵活应用低碳环保自行车的地区志愿型出租车、租赁汽车、拼车等新型运行系统，导入私家车等新型交通工具。

②生活相关设施的重新配置、运输系统的改善

并不仅限于和地区公共交通网络及个人交通枢纽网络联动的生活相关设施的重新配置，以及对宅急便等运输系统的改善，同时必须对包含社区巴士在内的各种形态进行综合整顿。

4）地区重建战略计划

①地区重建战略的方向定位

如前所述，提高"间隔性地区"的生活环境质量的方法及对策其实可以有很多，但是不能单独推进这些措施的实施。尽管单个对策的实施可能可以得到一定的效果，但如果不考虑到它和其他相关要素及对策之间的一致性和协调性，就不能得到可持续发展的、相辅相成的效果。首先，必须确立核心计划，为整个项目的推进指明方向，保证长期贯彻并落实"间隔性地区"重建相关对策。同时，为了进一步提高和地区内人们的生活质量息息相关的自然环境，保护并重建地区文化资产，进一步提高生活的便利性和舒适度，今后必须实现和开发整顿之间的平衡。

②地区重建战略方案

在这里把对"间隔性地区"进行综合性、战略性重建所需的方向标，

即核心计划称之为地区重建战略计划。

地区重建战略计划由以铁路为轴线的公交廊道、以主干道路为轴线的主干道路沿线地区、广泛分布于地区整体的自然及文化要素及与之相连接的网络构成。如果按照这些构成要素的不同，分别对其重建战略进行举例，具体如下所示。

• 交通枢纽重建战略。强化生活据点车站的交通结合功能、城市服务功能及街区的玄关功能，重新构建车站周边地区，对车站周边地区的既存设施进行重新评价及构建，并构建以生活据点车站为中心的地区交通网络。

• 主干道路沿线地区的重建战略。对主干道路沿线、产业相关设施、马路沿线设施的重新评价及重新构建。

• 环境基础设施·地区文化重建战略。开发长眠于地区内的地区资源及娱乐场所，构建相关网络以推进这些资源的连接，在对地区文化进行保护的同时必须对新的环境基础设施进行重建。

充分根据和"间隔性地区"生活环境质量息息相关的三大构成要素的形成过程及相互关系，分别推敲各自的重建战略计划，同时构建各重建战略计划之间的相互联系，使其发挥出远大于各计划本身的效果，为此必须创建地区重建战略计划具有综合性、战略性展开相关对策的指导方针，并有望将其作为地区整体的意向，实现共有化（图4-11）。

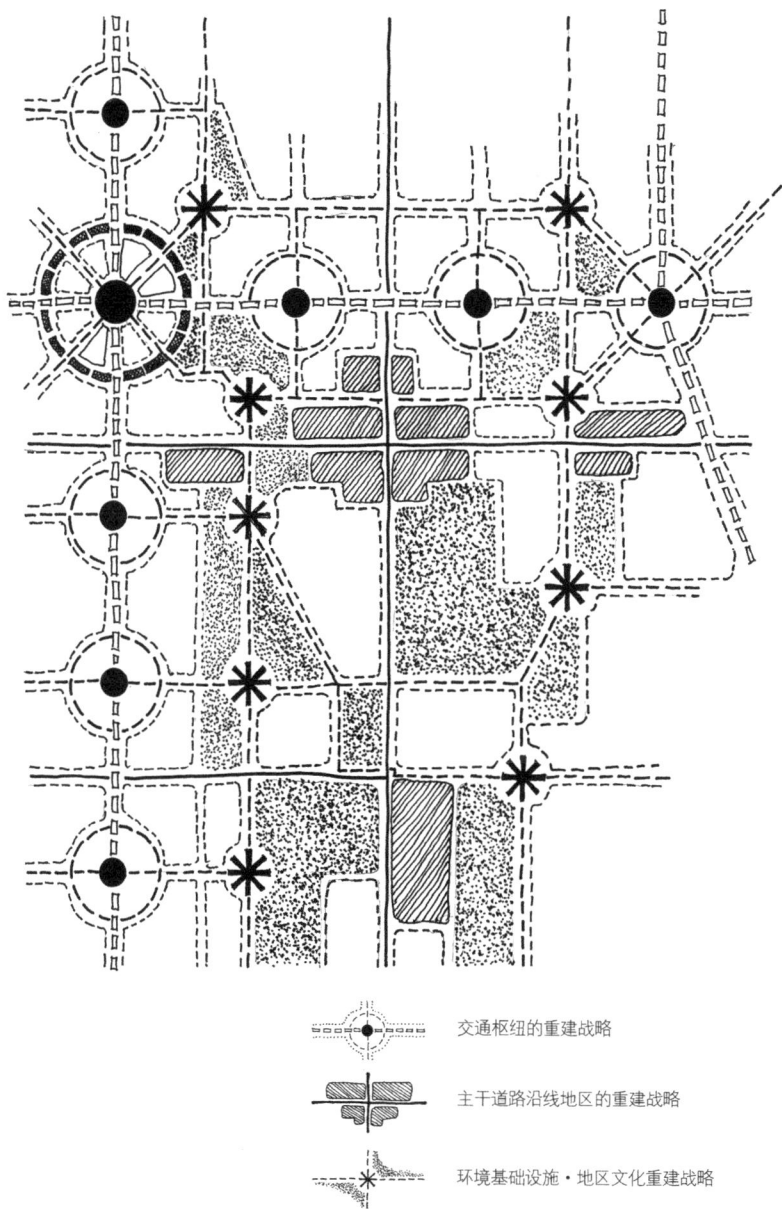

图例：

- 交通枢纽的重建战略
- 主干道路沿线地区的重建战略
- 环境基础设施・地区文化重建战略

图4-11 地区重建战略计划概况

第五章　座谈会：交通枢纽引导下的城市重建

5.1 日本TOD模式的形成过程与特征

· 大熊：TOD研究所通过一系列的讨论，总结日本铁路交通网的整顿过程和城市化过程，清晰地明确了对日本TOD模式的定位。本章节作为研究会的一个总结，将回顾日本TOD模式的形成过程与特征，并对其今后的发展方向作进一步讨论。

· 矢岛：日本的大城市在战前和战后曾发生过两次大规模的人口增长。我们可以看出，日本TOD模式的出发点和这种人口大规模增长（城市化时期）以及铁路整顿空间、时间关系有着密切联系。第一次是发生在1920~1935年间的以轻工业为中心的较长、较缓慢的人口增长。那时正值日本铁路网的形成时期，其形成同步于城市化，或者说略领先于城市化。日本的大城市沿这些铁路网发展起来，市区也从中心逐渐向郊外扩展。以东京为例，大量国营铁路、民营铁路等主要干线的铺设使市区延伸到山手线外侧，也由此兴起了从郊外往市区的新型上下班生活模式。第二次是1955~1970年间的重化学工业化产生的短期人口激增。当时是通过在铁路沿线进行宅地开发来安置增加人口；而急剧增加的上下班通勤需求，则是以增强战前铺设好的铁路网的运输能力（增加线路，延长线路，缩短运行间隔，等等）来加以维持的。因此，可以说城市的上下班通勤无论是战前还是战后，都是通过铁路系统来维持的。

但是，就两次人口增加时期的道路交通状况来说，第一次城市化时期汽车还很稀少，汽车大众化也是在稍晚于第二次城市化时期才开始发展起来的。道路的整顿也赶不上城市化步伐，道路拥堵问题应运而生。但之后便逐渐赶上城市化的步伐，旅客运输也在后来补充铁路后得以维持。战前，大城市货物运输在中长距离主要依靠铁路，在铁路车站装卸后，由牛马车和手推车等道路交通进行转运的背景下，卡车运输开始逐渐增多。战后，由于卡车无需装卸即可完成门到门运输，卡车运输迅速增加，大城市市内陆上运输基本全部由道路交通承担。在这样的背景下，大城市旅客运输主要由铁路承担。从以上运输能力的角度和城市形成的角度看，首先，战前和战后铁路及其沿线都有一体化开发的特征；其次，铁路枢纽周边逐渐形成都核心，造成日本大城市都存在若干个核心。虽然从全国范围看，东京是一极集中的，但是从大城市的角度看，城市存在若干个核心区。

· 岸井：日本的TOD模式大致可分为"市中心形成"和"宅地供给承担"两种模式。但是因为国营铁路受当时日本《国有铁路法》的制约，不能进行像宅地供给这样的开发，所以那时的国营铁路主要进行像山手线车站建设这样的工作，而私营铁路则从山手线向郊外延伸进行宅地供给开发。尽管国营铁路因坐拥诸多旧堆货用地，不能进行新地开发，但《国营铁路法》修改后，规定国营铁路亦可将平塚作为头号进行开发，国营铁路JR随之建成并带动了周围未垦之地的开发。

5.2 城区的终点枢纽功能

（1）站点的公共性和市场性

· 家田：铁路的站点可以分为作为制造良好空间存在的"公益性"站点及作为商业开发而存在的"市场性"站点。前者尽管只要想造就能造出来，但是对于这种建立良好空间站点的欲望只在关西的铁路有体现，而在关东的铁路上却感觉不到。这是怎么回事呢？比如关东会拼命建一些像东武浅草、京成上野、东急涩谷这样的用于商业开发的站点，但却不是像欧洲常见的那种具有象征意义的车站。不知何时起他们已经不再注重创造非营利性的、具有独特风格的风景景观站点。所以现在看来，为还原战前东京站的红瓦车站而做的整修工程真的是件好事，只是对于重新着力创造东京站点那样的车站和空间形成的建设不过是近10年的事情。

· 矢岛：对于国营铁路而言，战前曾一度形成一种意识，即"车站即是一个城市的面貌"。虽然东京铁路枢纽的市中心区建造了一些较先进的站点，但是北边的上野和东边的两国、南边的新桥（汐留）也是当时很宏伟的建筑。此外，与东京站有着同样西方风格的红瓦建筑——旧万世桥（现在御茶之水和神田间，已废止）和旧新桥站（当时不叫汐留，曾叫乌森站），也相当宏伟。但是私营铁路也别有一番景象，如果说关西确实比关东更致力于创造有终点枢纽性质的车站，那也许正是关西私营铁路独立终点站形成的理由之一吧。在大阪，私营铁路大都独立于国营铁路环线，在环线内侧形成自己的终点枢纽。而在东京，除了东武浅草之外，形成的几乎都是和山手线连接的终点站枢纽。

• 山崎：我认为造成国营铁路站点的特征消失，越来越少创造重视公益性的良好空间，主要是因为新干线站点的影响太大。那个时代注重建造工期短而又经济的新干线，在这样的大背景下，高架桥和各车站站点都被列入了标准设计行列。这虽然是那个年代里具有划时代意义的事情，但是从"车站即是一个城市的面貌"和城市的个性角度来说，一味追求建造良好的、千篇一律的、毫无特征的站点，还是欠考虑的。可当时的这个标准设计的构想却适用于之后的很多车站。

• 岸井：还有一点，曾经的红瓦风格的站点在关东大地震中倒塌后，如何创造具备国际性的站点，成为一时的主流。但是如果全都建成国际性站点，就没有标志性意义的建筑，这一点直到现在也常常为人们所诟病。

• 矢岛：再回到站点的商业圈开发的话题。站点配置商店的方式是由战前阪急阪神开的先例，后在各私营铁路中迅速普及。各线路在日常上下班运输的基础上，还负责输送节假日到各站点购物的旅客。这样就形成了一种固定模式：既可承担工作日和休息日的高效运输需求，又满足了百货大楼等的营业需要。

（2）车站中心街区的形成

• 家田：除了既有的中心市区的日本桥和银座外，当时围绕市中心的边缘地区设置的车站周围也形成了繁华商务圈，并具备城市中心功能：一方面是受铁路运营企业旺盛的经营欲望和消费者的需求的推动，另一方面是受以车站为中心增大面积、指定用于商业用途以及城市计划和行政方面等大幅诱导政策的影响。那么，这里的城市计划制度又是从什么时候开始的呢？

• 岸井：其实在战后复兴的城市计划中就已经有站点中心的计划，站点扩大整顿也是计划之一。因此在战后复兴时期就已经确立并形成了"车站即是一个城市的面貌"的意识。

• 矢岛：但至少在东京出现以"车站即是一个城市的面貌"这一意识为指导进行城市建设计划的想法，应该是在灾后重建时期。在之后战前期山手线的几个站点周边计划里，都是将道路扩建和广场计划列入其中，还指明将其用作商业区域。而当时还没有确立容积制度。对于用途的指定也只是大致的方向，并没有特别详细。那么，为什么相对于中心市区的日本桥和银座，处在边缘地区的山手线西侧的铁路站点会被指定为商业用途呢？有人认为这是受当时旅客和货物交通从水运向陆运转移的大环境的影响，而日本桥和银座成为当时繁华的地区也是因为他们地处河流的港口；之后又因为铁路的发展产生了以铁路为中心的城市建设计划。

• 家田：反过来说，铁路如果起不到主要作用，就不会形成以车站为中心的商业街区了吗？的确，在欧洲城市中，铁路的站点未必是街区的中心。日本的铁路站点之所以能成为街区中心，并不是出于长距离运输的需要，它的主要作用是承担上下班需要。如果不是因为这样，也就不可能形成以站点为中心的城区。

• 矢岛：一般认为，站点中心城区发展状况，根据市内交通的路面电车、郊外铁路以及设置在交界处的环线这三者的位置及其形成的过程不同而有所变化。东京的私营铁路是从外侧开始铺设，朝中心市区的山手线延伸。但是路面电车首先是从中心市区铺设，伴随市区的扩大沿着山手线从内向外延伸。所以郊外铁路从外部到达环线的时间与路面电车从中心到环线的时间，几乎相同。旅客从郊外到山手线后，再乘路面电车或者中央线就可以到达市中心。等到经山手线上的站点可以换乘到郊外铁路上后，街区就以山手线的车站为中心建立起来了。另外，大阪的环线当时只是一条远远环绕着市中心东侧的半环状线，私营铁路到达半环线的时候，路面电车还没有铺设到半环线附近，即使换乘路面电车也不能到达市中心。因此私营铁路虽想自行越过环线直接通到市中心，但是因为受大阪市运营的市区路面电车竞争的威胁，只能在未到达市区的地方停了下来（例如京阪线、近铁线）。

· 山崎：山手线环线与国营铁路、私营铁路的放射状线构成东京市区的运输网络。各网络的连接点形成了大的换乘站，继而形成市区，商业开发也随即展开。但是山手线内的地铁和放射状线的直通运转，多数站点都苦于如何招揽客户和进行商业拓展，从这一点来说，我觉得换乘才是支撑大型枢纽和周围街区的纽带。在直达化越来越发达的今天，有必要从全新观点出发使轨道站点重新焕发活力。

5.3 郊外铁路站点及沿线开发

（1）郊外车站及其周边开发

· 矢岛：郊外沿线的业务是从1909年前后阪神电铁在西宫建了30多幢出租房开始的。大概半年后阪神的宝塚线也开始运营，其沿线池田室町11hm^{2}地区的分开出售住宅大卖。之后阪急也加大了沿线商业的开发力度。究其背景，主要是起因于大阪市区的工厂排烟引起大气污染，人们开始普遍认为居住在郊外更为健康；同时由于阪急沿线既有的市区面积较小，必须自行开发来招揽旅客。但是战前致力于沿线开发的只有阪急，而有着私营铁路老字号之称，又坐拥沿线市区的阪神和南海却没有任何动静。关东方面的东急、西武、小田急各线从战前就已经在进行沿线开发了。战后，沿线开发作为私营铁路的运营模式竞相展开，被关东和关西所有私营铁路所采纳。

· 太田：虽然宅地开发一事经常被提到，但无论是战前还是战后初期，郊外站点的功能给人的感觉和公交站没有任何区别。之后，在田园调布建起了作为构成地区和新城区中心元素的社区。而田园调布也被赋予了"城市花园"的概念。

· 家田：就田园调布而言，最初其实在放射状方向的站点周围是完全没有店铺的，只是车站的对面看上去有点像商业街，零星散布着一些店铺。而就常盘台而言，车站本身质量很好，现在车站周围也都是商业街，但在以前那里原本是住宅区。后来东急沿线上也出现了大批像"东急商店"那样的店铺。郊外车站周围的店铺大致可以分为两类：一类是自然形成的，另一类是有计划规划建造而成的。

· 矢岛：私营铁路有计划进行的商业开发是铁路经营方为了增加运费收入以外的收益衍生而来的，即所谓的兼营。其最初形式是国营铁路的报刊亭和各私营铁路的商店。商店这一业务形态现在已经过时，但是最初开始的时候非常受欢迎。也就是因为这样，除东急铁路之外，京急、京王和东武各线也都开始建立自己独立的商店。

· 大熊：关于私营铁路的郊外开发，除了住宅和商业开发之外还有其他形式，例如建造了大学和高中，以及对公共环境不构成威胁的工厂和研究所、游乐场等。

· 矢岛：学校、工厂、研究所等很多这样的场所都是应私营铁路招商引资计划建造发展而来的。平时只是坐车去市区上班、上学，即所谓的单程运输。但将这些功能吸引到郊外后，就可实现双向运输，也可提高运输效率。而且这种方式的优点是，在休息日时，市区的市民可以去郊外的游乐场游玩，而郊区的市民也可以去市区逛百货商场，真可谓是一举两得。

· 大熊：商店临郊外车站住宅而建，市民可以方便购买到各种生活用品，而像在涩谷那样的终点站，人们还可以在百货商店进行购物；如果去对面的二子玉川等地，还有供全家人一起娱乐的游乐场。这样配套齐全的电力铁路文化，大致是在1930～1940年间确立起来的。

· 家田：私营铁路就是为了在铁路沿线配备日常生活、娱乐、旅行等各种要素而建造起来的，这也是私营铁路的发展历史及其文化的形成过程。这主要得益于这些干劲十足的商人以及人口的不断上涨。但这样的文化在现在和将来到底会演变成什么样子呢？例如，如此优秀的铁路文化中，人口曾一度高度密集的多摩新城等就出现了市中心人口老龄化现象突然加剧等各种问题。接下来我想就这些地区现在存在的问题、经营课题，以及这些课题今后将朝着怎样的方向发展等进行论述。

• 太田：未来发展的时代里，收购廉价的土地再以高价卖出的商业模式已经不可能再现。现在我们必须考虑以出租房屋等方式来吸引年轻人。但无论如何，最终还是要依赖于铁路的发展，否则其经营模式就不可能持久。

• 矢岛：之前就有文章对大城市的人口分布进行过讨论，但今后可能会转移到"马赛克模式"，即吸引力弱的地方，人口会显著减少，而吸引力大的地方既有人口减少也有人口增加，人口增加的地区和人口减少的地区会呈马赛克状分布。即使出现郊外发展衰退、逐渐向市中心回归的情况，最终还是会有人迁到人气高的地区居住。但是在人气较弱的地区，过去虽然得到开发，也通过提供廉价住宅得以扩大，而如今却被空置，资产价值、沿线价值也随之降低，陷入乘坐该条铁路的人员逐渐减少的恶性循环。综上所述，现在有没有成为住宅用地的吸引力，已成为大家对地皮价值进行评判的唯一标准。

• 太田：我觉得住在东急沿线的市民是不会再回到市中心的，但是从东急沿线的郊外回到目前正在重新开发的二子玉川地区的需求多少还是有的。这样一来，在提高铁路便利性的同时，还需提高铁路沿线住宅地区的质量，这也许就是未来第二代、第三代TOD模式。

• 大熊：山万集团在山丘上种植桉树，从京成站点出发展开新交通轨道建设，进行阶段性的住宅地开发，这理所当然会引发老龄化和家庭分离的现象。其中山万集团本身就在综合进行住宅迁移开发及附带照顾老年人相关设施的住宅开发。与其说是房地产的开发，倒不如说它是对地区本身进行的一种综合管理。

• 家田：山万集团并不是一下子开发所有的土地，而是逐渐扩大开发范围。如果一开始就追求全部完成，势必会出现像多摩新城那样的问题。

多摩新城虽然现在出现了整体老龄化的问题，但是从另一方面来说，其社会资本可以优先得到使用，这一点是非常好的。如果能再加以利用，使其再生的话就更好了。除此之外，在建设住宅用地的时候，基本是以栋为单位来进行探讨的。如果不这样的话，就好像是一个极大的宏观区域规划，尽管可以反映想搬家的人和不想搬家的人的意向，但并不能灵活地推动事业整体发展。比如多摩新城就无法形成一个整体，因为单从某一幢而言，灵活性会降低很多。

• 岸井：要是做的话，之前曾探讨过变更某一住宅地中住宅设施的城市计划，然后在整体中进行某种程度的重新配置。但如果是租赁住宅的话还是可行的，但很难分开出售。

（2）私营铁路间的特色差异

• 大熊：私营铁路在20世纪前半期局面混乱，成立了各种大大小小的铁路公司，之后规模稍大一点的公司成为母公司，逐渐吞并了周边的小铁路公司。这之后建设了几条某种程度上比较重要的铁路线，加大了旅客运输能力。在连接市中心的主要站点增开了百货商店作为相关事业，并在郊外的站点附加一些小型店铺来提供商业服务。

• 矢岛：私营铁路中大致可以分为两类：一类是致力于铁路线路建设事业发展，另一类是致力于沿线开发事业的发展。私营铁路中，西武和东急就是将重点放在开发上的典型铁路线，东武致力于铁路本身。各公司虽然存在诸多不同之处，但其经典模式是完全相同的，即大抵都是在私营铁路终点站设立百货商店，而在郊外站点设置娱乐场所。

• 中野：私营铁路在明治时代是建设货物运输铁路，因为江户时代时期水路运输逐渐衰退，所以铁路建设逐渐成为重点。也就是说私营铁路脱离了国家政策和国营铁路发展模式。所以，私营铁路并没有被国营铁路吞并，而是以其独特的方式生存下来了。国营铁路无法将全国的主干铁路作为公共事业来开展商业运营，但私营铁路却在积极地进行这些运营。

• 家田：从各私营铁路开始进行这些活动的时间来看，东急主要是从日用生活方面开始的，而京成、西武等铁路线主要是从旅馆、观光方面开始的。也就是说，虽然同是私营铁路，但其发展模式并不完全相同，其侧重点则完全不同。过去由于经营者的个性及DNA等差异极大，所以各私营铁路的出发点也就存在较大差异。除结果之外，还有很多方面可以看出这一点。

• 铃木：京成积极尝试展开其他行业，但其经营效果却并不理想。我觉得应该是对事业发展的不够灵敏造成的。店铺不断关闭并不是商店改变形态展开业务造成的，而是京成百货商店的不断增加才导致的这一结果。

• 中野：从东武、京成沿线的收入和客户层来考虑的话，这一带确实比较荒凉，客户单价也低，无法形成大规模的经营。因此，不否认他们是在苦苦挣扎。京成的一下子翻身应该说是以成田机场为转折的，在这之前一直是苦撑的状态。

涩谷、新宿和池袋是作为副城市中心成为枢纽站的，而其他地区的发展和建设最终都半途而废了。如果不是连接山手线，就变成单向铁路线，只能独立运营了；东武和京成势均力敌，京成略胜上野一筹。最终结果是东武成就了浅草。但是过去的东武是以两国为终点站的，所以当时东武和总武线关系十分密切。而总武线终点站也是在两国。当时还没有穿越隔田川的技术能力，两国站以前还设有博物馆，明治初期河道旁边设有铁路车站，这是因为曾经市中心的输送是依靠船运进行的。

东急线和玉川线曾经都运输过砂石。之后不知什么时候起开始运输旅客，其中肯定有一定的缘由。同样，西武运输过农作物；东武主要是货物铁路，东武的混凝土工厂是日本最早的。西面是最早转为旅客运输的，而东面一直运输物资。

• 家田：就货物运输而言，东武线一直保留了货物运输的功能。在当时来看，货物局长比旅客局长官职也更大一些。也就是说，在当时不是货物运输就是旅客运输，也许也并不完全是货物运输导致TOD性质相关措施的实施相对较滞后。

5.4 日本TOD模式的新开展

• 岸井：重要的是从铁路新思维应如何存续下去这一观点来看待问题。虽然大规模运输得以实现，但另一方面，1~2h的上、下班时间却成了司空见惯的事情，从这一点来说，并非所有的建设都是成功的。还有，城市中心该怎样建造也是接下来要考虑的课题。这里所说的"城市中心"，一个是指远离东京市中心的地方形成的生活圈市区，另一个是指从日本整体经济状况来考虑必须存在的东京市区。这两者的性质、立场截然不同。前者采用的方法是用一种类似于社区服务的形式来形成一个文化圈，但接下来的时代很快就会迎来形式多样化的社区，必须要用多条轴来维持东京可持续发展，比如埼玉市、东京市区、横滨市靠内环、外环维系的这一形式。从日本整体看，东京形成了一极集中的构造形式，但具体来说其实是东京市区负责国际，而埼玉市负责国内这种构造形式。同时如同配置在周边的、私营铁路沿线的"豌豆"一样，最好能构建和一直以来一对一方式支撑的TOD模式截然不同的结构。

而且就郊外据点而言，它"并不是面向东京市中心的公交走廊"，这一点将在接下来再进行讨论。在环状线方向铁路和私营铁路的交叉的地方，或许可以有目的地展开社区基础建设，只需稍加规划或许就可以发展得很好。武藏小杉就是这种情况，即使线路没有延伸到市区，靠着中等程度的核心也能解决问题，而这种城市形态的交通枢纽，即便是老年人口不断增加，也可以应对。

还有日本那些自然产生的车站商业街，是日本特色的产物，必须予以足够的重视。站前那些固有人群聚集的地方还是应该继续维护。大家应该齐心协力共同维护地区中的社区基础。

• 家田：站前的商业街虽然被命名为"micro tod"，但是从悲观角度来看，那里其实是连停车场用地都无法腾出的人口密集地，而且那里主要是聚集着一些住在木房子里的低收入人群。这并不是消极对待，而是希望他们能积极一些，多扩大一些地方。

·岸井：我想还是通过这样的"micro tod"来创造有个性的房屋并将其连接起来比较好吧。

·山崎：接下来铁路服务中需求会越来越大的应该是就座问题，特别是在老年人中需求更大。也正是因为需求大，才会去选择有座位的铁路。而今后能否就座就成了选择铁路的关键词。有人说今后要是进行交通枢纽的重新建构，应该要让中等规模小城市服务散发光芒，但JR作为以各城市为中心的铁路运输枢纽是十分重要的，这一点也经常被拿出来讨论。例如：能否以横滨为中心创建铁路？尽管横滨线还没有建设到那种程度，但千叶线已经成了千叶市的中心运输。但是即便如此，对于想去东京的人来说还是有不满的。具体该构建怎样的运输体系还是一个值得探讨的课题。

·家田：另外从防灾方面来说，我觉得3.11还是有很深的影响的。大量的无家可归的人在外游荡，即便是他们有在车站过夜的需求，城市的建设也未必能满足这些需求。数量庞大的人口流动是铁路运输的一大特征如果。以车站为据点的人口聚集就是TOD的话，就必须采取一些措施以应对突发事件，这才是至关重要的一个问题。

·山崎："3·11"当天，铁路全部停止，一边进行安全检查一边依次运行，但是由于JR的网络太过庞大，安全检查太费时间，有时甚至到了第二天都还没有开始运行；另一方面，回家的人大量涌到车站，车站陷入混乱。铁路也为此曾经受过多方指责。经过反省，铁路方也重新开始商讨应对方法，包括进一步开发空间，为旅客提供药品、水、毛巾等日常生活用品。只是，单凭车站的对应其实是非常困难的，必须考虑制定与城市分工合作，在车站大厅里随时待命以预防车站拥堵的相关策略。截至目前，尚未对这一问题进行细致深入的讨论，但每次地震发生后，这是首先被提到的问题，所以非常重要。再者，为尽早开始运转，应该采取怎样的措施也是铁路方面面临的重大课题。当然他们也正在积极展开提高抗震强度的施工。

·中野：车站周围的高密度集中到底是好还是坏呢？灾害一旦产生，

公共交通机构瘫痪，须想办法进行避难的时候，对于到底有没有问题还是会有所顾忌的吧。到时为收容避难者，能否尽可能地开放空间，是否有相应的设施容量也是该讨论的课题吧。

•大熊：阪神大地震的时候其实也曾有过相同的讨论。地震发生时间稍晚，又恰逢高峰时间的话，会有相当多的人挤在铁路里；要是发生脱轨等事故的话，根本连急救的通道都找不到；选择走高架，蜗牛似的缓慢移动，更是行不通的。结果就只能想办法用铁路实施救援。但车站里面和车站前广场上人满为患，是否能够实现救助救援仍有待考证。

•家田：我认为设计时还是必须留有足够的空间。虽然车站的面貌会有很大的改变，但是比起欧洲的车站，作为通道的使用方法是完全不同的。从这个意义上来说，我觉得站内建设事业开展略微有些过度。因为从根本上来说并没有形成通道。

•矢岛：但话分两头说，日本的TOD模式是20世纪城市化发展的世纪产物。但是进入21世纪后，城市化时代结束，人口总数减少，老龄化社会逐渐形成，在这一背景下TOD到底应该采取什么模式呢？我比较关心这一方面的问题。如果反过来将目光转向世界，特别是亚洲各国，它们的发展略微晚于日本，现在正在经历着城市化和机动化的时代。日本的TOD如果真的那么成功的话，日本构建的TOD完全有可能被照搬过去。

我两年前偶然参与了菲律宾的马尼拉铁路调查。其尽管没有发展到日本同等水平，但是城市化发展过程中已经不只是依靠汽车了。他们很清楚，城市化在不断发展，仅依靠汽车是有很大的局限性的，所以即便是政府不出资也要想办法铺设铁路。那没有公家的资助该怎样铺设铁路呢？他们的回答是TOD模式，或者更确切地说，应该是PPP模式。于是他们提出要通过个人（private）出资、公众（public）集资、合作筹资（partner）的形式来募集资金，但个人出资的规模还没有达到影响公共出资的程度。所以从民间的角度看，其实是非常有风险的资金投入，那时要回避风险就需要进行套头交易（一种做两方投机买卖以防损失的做法）。可能这就是所谓的类似于TOD模式的一个东西。虽然这并不意味着是将日本一直以来形成的TOD模式照搬出口，但是如果想通过PPP模式铺设铁路，我认为必须要和城市开发实现某种合作，同步进行。同时我觉得这对亚洲其他国家来说也很具参考意义。

• 家田：另外从国家竞争力这点来说，不管是东京还是大阪，从要增强这些地区的国际竞争力的意义上来说，空间的质量往往是不可回避的一个问题。那些有着自身优势的车站，或者觉得略微留有一定空间的车站，其实从这一点来说也是一样的。东京车站的重建，从很多意义上讲都是非常了不起的事情，不仅做了抗震处理，同时又创造出了新的空间。但如果再深入来说，之所以说它是凝聚国民智慧的了不起的事业，是因为可以从中看出它所体现出来的珍惜文化和传统的精神。如果接下来有车站可以有机会进行整顿整改，从这一角度来说，仍然还有很大的改造空间吧。

微型TOD：铁路站点和密集街区支撑下的站前商业街

　　狭窄的道路上到处都是店铺，每家每户都摆放着琳琅满目的商品，使得街道看上去更加拥挤。街上到处都是蔬菜水果店海鲜店等"欢迎光临……"的叫卖声。1965年以后至超市出现前，基本都是去熟悉的小店里购买商品的，买蔬菜就去蔬菜店，买面包就去面包店，买鱼就去海鲜店，买豆腐就去豆腐店。家庭主妇们拎着小号的购物篮，只购买当天所需的分量，非常节俭。笔者生长在一个叫世田谷之深泽的木质建筑密集的地方，妈妈们经常会吩咐我们这些小孩到附近的小店里跑腿儿。附近还经常可以看到聪明的小狗脖子上挂着盛有零钱和购物明细的篮子，奔跑着去各个小店里买东西。虽然没有汽车，但东京郊外还算是个很悠闲的地方。

　　不愧是"三丁目夕阳"美景。要说那样的商业街风景已经过去了吗，那也未必。让我们去逛逛东武东上线大山站前的商业街。大山站是一个连站前广场也没有的普通列车小站。旧川越街道从中山道的板

照片1　东上线大山站前，人性化商业街中的道路交叉口

照片2　东上线大山商业街前的景象：对外来人员来说这些零星店铺是商业街独特风格魅力所在

桥宿分开，呈西北走向。这条旧道正好从大山站前面穿过，形成了大山商业街。宽度只有6米，因为处在稍微远离新道（国道254）的地方，所以几乎没有什么通过交通，店铺街周围到处都是木制小公寓。从人口结构来看，多以小学生等为主，因为人口密集，所以街道狭窄，基本没有停车场，汽车保有率极低，使用自行车的频率较高。离

市中心大约5~10km左右，所以可以使用电车。这种模式是最适合居住的。这样的商业街人口密集，还有铁路车站，且颇具自身特性和城市活力。

这种商业街，虽说在逐渐衰退，但是在东京还是随处可见的。每一处都是普通的百姓街道，铁路和公交车等十分方便，且因为街道拥挤，所以不方便开汽车（或者说不需要用汽车）。本书中列举的是那些大规模的、铁路系统和市街区整顿略微有些特色的地方，但都颇具吸引力。这些商业街都不是有计划性建造起来的，但正是这种"无心插柳柳成荫"的形成方式，才是这些商业街的魅力所在吧。这也可以说是东京公共交通指向型城市开发的一种形态，因为它的范围小，笔者将它称之为"微型TOD"。那该怎样做才能发挥它独特的魅力呢?【家田仁】

图1　东京市内分散着很多小规模商街，这些商街大都地处铁路站前
（东京大学建筑学专业伊藤毅教授提供）

5.5 铁路的作用及建设战略

•岸井：一是对它的负面评价。在日本，地震、台风的气候形势很严峻。为进一步加强其竞争力，必须要对纷繁复杂的网络进行强化。其实湘南快线和副中心线的建立，形成了一条将东京夹在中间、从埼玉到横滨移动的副轴线。像这种突出网络的解决方式是很重要的。另外，私营铁路以郊区为中心构建起来的文化中，虽然有以朝向市中心的交通构思建立起的路线，但今后随着老龄人口的增加，无需去市中心、在郊外就能满足各项生活需求的时代很快就会到来。这里需重新对小区域据点进行审视，这一点非常重要。为营造地区特色，必须构建整体活动模块。

•中野：维持大城市发展的是铁路，但接下来的时代会有很多东西出现退化，到了那个年代，公共交通就会成为核心所在。住在劈山而造的开发区里的人们不会突然去市中心，而是会返回在郊外据点和市中心的间隔性地区的站点周围。因为那里有用于多种用途的土地。还有一点必须要说的是，私营铁路沿线的车站都没有建造广场。要是到了脱离汽车的时代，我觉得很有必要建立一些人性化的广场。规模宏大的重建开发模式也与时代不符。并不应单纯建造一些混凝土超高层建筑，应该要恢复一些对日本未来发展有益的木制建筑。

•朴：运输枢纽的空间也有必要向公众化过渡。车站空间应该优先考虑经济性和效率性，然后再优先追求社会平衡。铁路作为上下班利用的话还行，但是对老年人和自由职业者来说，他们就会觉得交通成本太高了。很多人认为"站点周边的住宅地价太高，但是远离站点交通费又太高"，让人不由觉得很不公平。在库里蒂巴（巴西），采取的是住宅费与交通费one price的方法，正是为了解决这种不公平。这种思维方式是为了提高运输枢纽在空间上的生活质量，这是十分重要的。

•山崎：为了提升站点中心街道的吸引力，接下来有必要加大城市管理力度。应该考虑营造官民协作的魅力空间，从中获得的收入可用于进行城市管理。仅靠官方不靠民间或者仅靠民间不靠官方的做法，都是很难实现的。希望在接下来的时代里，可以通过官民协作的方式来加以展开。

· 大熊：在探讨车站周围地区的城市重建和二次开发时，不可脱离车站和街道之间的联系。另外，很显然像铁路高架桥事业这样的铁路、车站的更新及铁路用地用途的转换会给沿线城区带来很大影响，这一点毋庸置疑。街道和铁路之前动不动就站到对立面，铁路经营企业也被认为是街道建设的主体。在车站周围地区的城市重建事业方面，地方公共团体和铁路企业合作推进街道建设的情况也越来越多。

· 太田：从这一层面来说，围绕街道建设和铁路建设，之前很多情况下都是零零散散的，但现在大部分都已经得到了统一。世田谷线是从地区管理开始着手的，铁路、沿线住民和政府行政机构合作推进街道建设。但是铁路如果要从专业角度进行街道建设，在人才管理方面还有待进步。作为对街道建设的协助，车站站长虽然没有直接资助商业街的庙会等，但是还是会出席公开的庆典仪式。

· 家田：一直以来日本作为世界的领军人物，拼命地在车站周围搞各种建设。所以经常被问到这些街道建设会不会将一般市民牵扯进去。这时他们一般会回答：作为自治体的一分子，大家要团结一致才行。这种说法是用柔和的语气表达了自己相对坚定的立场，算得上十分智慧。

· 中野：从车站和街道的关系来讲，私营铁路与街道更亲密一些。JR因为车站规模较大所以与使用者和车站的关系疏远一些。私营铁路因其比较人性化，所以与车站和街道维持着比较理想的关系。车站扩建呈现两极分化的状态。这里的"两极"指的是拥有广阔的车站圈的JR站点与拥有步行圈的私营铁路站点。

5.6 间隔性地区的重新构建

• 大熊：我们认为今后的TOD开展大致从两个方面着眼：一个是一直讨论的灵活应用铁路网的运输枢纽的重新构建，另一个是夹在铁路与铁路间的间隔性地区的构建。"间隔性地区"受激增的人口压力的影响，在基础设施没有完善的情况下快速实现了城市化，而车辆普及导致城市功能分散，土地混合使用且市中心并不集中。今天，面对人口减少的局面，在市区退缩的讨论中，又被问及该如何再构建这一20世纪消极的历史遗留问题。

• 山崎："间隔性地区"的重新构建，如果没有交通方式对其远离车站的缺点进行弥补，恐怕很难实现，要么进行公共交通建设，要么由民间资金自行发展交通。但个人认为，如果不进行公共交通补充，恐怕很难有所进展。

• 矢岛：作为联系"间隔性地区"和交通枢纽的交通方式，今后应考虑建设承担铁路支线功能的单轨列车、新交通、TRT等中量运输型的公共交通系统。但是考虑到将投入的巨大资金以及为确保公共交通和驾驶空间及系统经营所需的预算成本，只能是在极其有限的地方才有可能进行新公共交通系统建设和运营。剩下的公共交通系统便是公交车，所以必须引进可以让使用者方便、舒适实用的新型巴士，以此促进使用。

• 家田：我虽然也赞成促进对公交车的使用，但是如果都市圈边缘地区的市中心开始退缩，靠公交路线维持恐怕就会很困难，连现在民间公司运营的路线也会被废弃吧，只能用社区巴士来进行填补了。这样一来，产生的赤字就必须动用市町村的税收了。

• 矢岛：所以最终运输需求高度集中的交通枢纽以及面向主要铁路车站的沿线支线公共交通系统，即便是今后市中心衰退应该也可以稍微支撑一下吧，但是既存公共交通系统与私家车、出租车利用的中间系统也是很有必要的。虽然说是中间，但更确切地说是会员制的简单租赁汽车系统，即"拼车",会更加贴切。如果是拼车,只需小规模的停车场就能对应,费用也低,为诸多汽车产业所关注。那我们讨论一下目前拼车系统到底发展到什么程度了呢?我觉得有必要出台政策促进自发地使用汽车而非抑制汽车使用。实际上对学生们来说,他们对买汽车也没什么兴趣,即便是东西多的时候也是考虑邮寄的方式。但如何区分使用车站租赁车和拼车,也是一个难题。

· 家田:要是有一次性乘坐的网络的话,拼车就很方便了。新座的话,因为有汽车所以很难普及。但是别墅区要是有拼车的话,就会非常便利。别墅区虽然人口密度低,但也应该考虑设立拼车机制。

· 大熊:最近自行车爱好者逐渐增加,城市交通也开始关注自行车。"间隔性地区"的交通体系的构建会以自行车作为主要交通工具,这一点恐怕大家都想象不到吧。

· 家田:说到自行车,我就有两辆,近路用和外出用。近路的距离没有那么长,骑过去也没有问题;但是长距离骑自行车的话就有些危险了,不好骑。再考虑到自行车与铁路之间的协调问题,根本不需要考虑是不是在乡下,只要计算好时间,就可以使用。

· 太田:这个确实有在西武池袋线上运用。市中心的大企业也允许并支持用自行车上、下班。由于日本的自行车成本非常低,即使因违法乱停被拖走也不会心疼。国外的自行车1辆平均大概7万日元,如果成本比国外还高的话那就另当别论了。近来外观好看、价格不菲的自行车成为一种流行趋势,东京因为坡太多骑行困难,但利用助动车是很有效的。只是日本助动自行车太重了,如果稍微向轻一点的方向改进的话,就可以同普通自行车一样在日本各个区域推广开来。

· 矢岛:要说郊外车站为解决人群集中问题,除了配备公交车还应该配备什么?我觉得还应该有自行车。但是在日本没有自行车专用或是优先使用的骑行空间,很难使用自行车。骑自行车时如果跟机动车竞用同一车道,对骑自行车一方来说是十分危险的,而自行车若骑到人行道与行人竞争的话,又会危及行人的安全。因此最好是能设立自行车道。但是对已经开发的都市圈来讲实施起来非常困难。以前曾经有过慢车道，现在虽然能在挨近人行道的停车道以及侧道上行驶，但是还是会跟机动车竞道，仍然十分危险，所以又不得不骑到人行道上，于是人行道上的行人交通事故就越来越多。为确保能给自行车留出足够的空间，重新设立车道的话恐怕有点困难，必须通过道路空间再分配，将车道、停车带等划分出一些空间用作自行车道。无法再分配的道路可以实行单行道政策。但是单行道能否构成网络，根据街道道路建设和道路利用状况会有所差异，比如在最基本的步行和车道分离的两车线道路，实行起来应该就没有什么问题。在日本国外很多都已经开始采取这种做法了。

• 朴：韩国有个称作"道路减肥"的项目，就是在实践这种自行车专用道路的建设。还有一些规定时间段限行的方式，都是希望通过这种方式鼓励人们骑自行车通往车站，对这一便利性进行普及。

• 山崎：还应该着眼于车站周围自行车停车场的建设，以便与自行车专用空间相结合。有一些车站因为自行车太多，停车场的配备不能满足必要自行车台数。要解决这个问题就必须在自行车上下功夫。必须得考虑在一定空间内能满足供给需求的自行车系统。就是说不是一人一台而是自行车拼车的形式。所以正在考虑推进一种ICT和自行车连带便利性高的"循环模式"，这种自行车拼车被称作"suica cycle"。

• 矢岛：我们知道"间隔性地区"的交通并不仅仅依赖公交车和自行车，怎样使用汽车也是很重要的。在环境问题意识日益增强的今天，拥有大型汽车并不再像以前那样，是地位的象征。

现在越来越多的人对拥有大排量汽车感到不好意思。在日常的学校、医院接送及雨天或是货物太大无法使用自行车的时候，几个人共用一台车的拼车形式很受关注，甚至已经被企业化。预计今后会形成新的市场（《日经新闻》：2010年2月10日报道）。拼车主要以出于拼车目的而居住在一起的特定人员为对象，不需要规模大的停车场，将来不仅在车站周围，在"间隔性地区"也会分散配置很多拼车点。

"间隔性地区"的重建主要包括两个方面：市中心的重新编制，以及支撑市中心重新编制的交通系统的重新编制。在今后人口逐渐减少的大背景下，这将是大都市圈面临的重大课题，目前其发展方向尚不明朗。对于这一问题，结合TOD研究会的讨论，在本书第四章第3节中作为本研究会的试论进行总结。我们期待以此为基础，实现今后交通枢纽城市重新构建的政策化。

自行车王国·东京都市圈：便捷的自行车平民文化

埼玉县的自行车拥有率约为每100人有77台，位居日本第一（2012年）。第二名以下依次分别是：大阪府、东京都、京都、千叶县。实际上住在埼玉县的笔者家里以前也是每人一台。再加上兵库、神奈川、奈良，这8个地区在大都市圈的自治体下，自行车的拥有率都远超汽车的拥有率。日本的自行车拥有率与铁路使用人员的数量有关，这样就不难理解日本有"自行车王国"的称号了，其实是源自从家到郊外车站以及从郊外车站到学校或工作地点，需要经常以自行车作为交通工具。

这样，郊外车站的自行车放置和道路上乱停车就成了大问题，铁路企业和当地自治体为解决该问题，从20世纪80年代后期开始强化对站前停车场的建设和违法停车的建设。现在看好像已经有了一定的改善。这些自行车先进省市的每100人中有70～80辆的拥有量，虽然比起世界第一的荷兰110辆的数字要少很多，但是比起德国、丹麦等北欧国家却是遥遥领先了。东京都市圈内的铁路利用率高，很大程度上也是受这些骑自行车到车站的习惯所影响。

香川县的自行车拥有率在各省市中位居第七，但这并不意味着它拥有量低，只是在全国范围看稍微偏少。跟东京相比，自行车的使用使得移动距离显著延长。就是说，在东京，自行车只是起到了辅助作用；而在香川县，自行车则是人们主要的出行工具。就笔者来说，从家到埼玉的郊外站点的路几乎每天都骑自行车。再加上平时经常有会议或是有事要在市中心转来转去，所以大学里就会常备一辆轻型混合自行车，以方便到处移动，速度也很快，即使有点坡度的道路也没有问题，是一个只要天气好随时随地都可以令人畅快移动的宝贝工具。接下来"市中心回归"和"商务模式的休闲化"的发展，也会使自行车的市内使用显著增加。随着使用的距离延长，也会逐渐接近香川县的模式吧。

现阶段，自行车使用者的使用行为非常糟糕，在人行道上飞驰，危及步行人群，高中生逆行（路边）及自行车盗窃案频发等都是典型表现。为解决这些问题，经常有意见反映一定要建立专用自行车车道。当然建立专用自行车道并没有超越道路配备的极限，但认为这是最低要求的意见肯定是错误的。如果把这一意见当作根本性解决方案，最终自行车的使用环境也不可能得到真正改善。比如伦敦也跟东京一样，道路建设水平不高，但是他们明确提出"自行车优先原则"，用软件方式创建安全的自行车使用环境。所以说除了配备"自行车专用道"等硬件设施以外，还是有很多能做和应该做的事情。【家田仁】

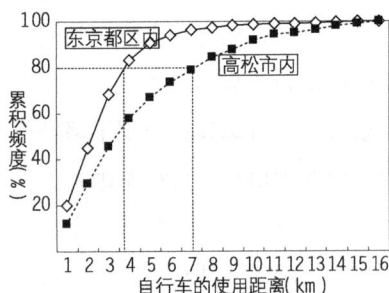

图1　东京和香川县在自行车的实用意义方面略微有所不同

照片1　伦敦十字路口前的停车线，鼓励自行车优先的理念

附录 东京圈主要民营铁路事业和
沿线开发事业的年谱

（1）城市化以前～1920年

• 在城市化以前，大力推进铁路公司的合并及路线铺设、线路延伸，但在这之前铁路主要用于运输货物，路面主要依靠电车等。

• 这个时期完全还没有着手进行车站周边的开发等相关事业。

（2）第一次城市化（主要是轻工业化）：1920～1944年

• 在第一次城市化时期，铁路公司的合并及路线的铺设延伸持续进行。

• 布匹的老字号伊势丹和三越开始设立百货商店。但铁路公司开设百货店，除了一小部分以外，其实还没有真正开始。

• 1938年为实现政策性促进铁路、公交公司的整顿统一，《陆上交通事业调整法》制定后，铁路、公交公司开始迅速合并。这一大趋势推动下，小田急电铁、京王电铁、京滨急行电铁和东京急行电铁也实现了合并。

（3）第二次城市化（主要是重化工业）

• 战后，小田急电铁、京王电铁、京滨急行电铁、与东京急行电铁又重新分离，在进入第二次城市化后，私营铁路沿线开发事业开始如火如荼地展开。

• 对开设百货店的事业，以新宿、池袋、涩谷这些城市中心枢纽为首，郊外的终点枢纽也依次展开。

• 不仅是铁路公司，伊势丹、三越、高岛屋、松屋等也以终点枢纽为中心向多店铺开展。

• 游乐园以及公园等娱乐事业也在各铁路公司开展开来。

• 酒店事业，则根据不同铁路公司热度有所不同。

（4）第三次城市化（主要是高科技服务产业）

• 进入第三次城市化，铁路公司的合并与路线延伸开始逐渐衰退。C卡导入等铁路服务事业开展起来。

• 百货店事业，也开始转向根据年龄层和营业情况开设特定的专卖店（像东急square、myload、parco等）。

• 第二次城市化以前开始的娱乐事业和酒店事业，被迫停业、闭馆的情况在该时期也时有发生。

京王电铁		西武电铁	
1913	京王线（笹塚—调布）	1894	国分寺线（国分寺—东村山）
1914	京王线（新町—笹塚）	1895	国分寺线（东村山—本川城）
1915	京王线（新宿—调布）	1910	多摩川线（武藏野—白系台）
1916	相模原线（调布—京王多摩川）	1915	池袋线（池袋—饭能）
1916	京王线（调布—飞田拾）	1917	多摩川线（白丝台—竞艇场前）
1925	京王线（府中—东八王子）	1922	多摩川线（竞艇场前—是政）
1931	高尾线（北野—御陵前）	1927	丰岛线（练马—丰岛园）
1933	井之头线（涩谷—井之头公园）	1927	新宿线（高田马场—东村山）
1934	井之头线（井之头公园—吉祥寺）	1928	多摩湖线（国分寺—荻山）
1938	高尾线（横山车库前—高尾桥）	1929	狭山线（西所泽—西武球场前）
1955	支线（东府中—府中观马正门前）	1946	丰岛园
1957	百草园	1949	西武百货店（池袋）
1964	支线（高桥不动—多摩动物园）	1950	西武游乐园
1964	京王百货店（新宿）	1952	新宿线（西武新宿—高田马场）
1967	高尾线（北野—高尾山口）	1962	拜岛线（荻山—小川）
1969	京王广场酒店（新宿）	1968	拜岛线（玉川上水—拜岛）
1971	相模原线（京王多摩川—京王读读卖园）	1968	西武百货店（涩谷）
1974	相模原线（京王读读卖园—京王多摩中心）	1973	涩谷 PARCO part1
		1975	涩谷 PARCO part2
		1976	千叶 PARCO
		1977	新宿皇太子酒店
		1977	津田沼 PARCO
		1977	西武新宿
		1978	品川皇太子酒店
		1979	西武狮王马场
1986	京王百货店（圣迹樱丘）	1980	吉祥寺 PARCO
1988	相模原线（京王多摩中心—南大泽）	1981	涩谷 PARCO part3
1990	相模原线（南大泽—桥本）	1983	有乐町线（新樱台—小竹向原）
1990	京王广场酒店（京王多摩中心）	1983	新所泽 PARCO
1994	京王广场酒店（八王子）	1984	有乐町西武百货店
		1988	PARCO QUATTRO（涩谷）
		1993	横滨八景岛
		1994	有乐町线（嵊马—新樱台）
		1994	池袋 PARCO

*1. 铁路事业主体表现了和现存7大私营铁路有关的公司的变迁。因此虽然没有在表中体现，但也要注意其他与其关联的企业的存在。

*2. 表中的铁路事业体现了铁路路线发展变迁；对截至2013年的路线名、站名进行了统一（也包含部分现在已经不存在的路线和车站），因此会和铁路事业刚开始发展时的公司、路线名、车站有所差异。

*3. 表中的商业设施事业、酒店事业、娱乐休闲事业部分仍在营业，而部分已经关门。

范例

铁路事业主体的成立、合并、分割
铁路事业
商业设施事业
酒店、其他娱乐休闲事业

	东京急行电铁	小田急电铁
战前（～1920）城市化以前：		
战前（1920～1944）第一次都市化（以轻工业为主）：	1922 池上线（蒲田—池上） 1923 目蒲线（目黑—蒲田） 1926 东横线（丸子多摩川—神奈川） 1927 东横线（涩谷—丸子多摩川） 1928 池上线（蒲田—五反田） 1928 东横线（神奈川—高岛町） 1929 大井町线（大井町—二子玉川） 1932 东横线(高岛町—樱木町开通后全通) 1934 东横百货店 1943 大井町线（二子读买园—满之口）	1927 小田原线（新宿—小田原） 1927 向丘游园 1929 江之岛（相模大野—片濑江之岛）
战后（1945～1979）第二次城市化（以重工业为主）：	1953 二子玉川园 1966 田园都市线（沟之口—长津田） 1967 儿童之国线（长津田—儿童之国） 1967 东急百货店旗舰店（涩谷） 1968 田园都市线（长津田—筑紫野） 1968 东急广场（蒲田） 1969 东急广场（赤坂） 1972 田园都市线（筑紫野—铃挂台） 1974 东急百货店（吉祥寺店） 1976 田园都市线（铃挂台—月见野） 1977 田园都市线（涩谷—二子玉川园） 1979 涩谷 109	1962 小田急百货店（新宿） 1967 小田急 haruku(新宿) 1974 多摩线（新百合丘—小田急永山） 1975 多摩线（小田急永山—多摩中心） 1976 小田急百货店（町田） 1978 小田急百货店（陆泽）
战后（1980年～）第三次城市化（主要以高科技服务产业）：	1980 东急百货店（町田） 1982 东急百货店（喜多见） 1982 东急百货店（玉广场） 1984 田园都市线（月见野—中央林间） 1987 涩谷 109-2 1993 东急百货店（青菜台） 1995 东急百货店（日吉） 1997 横滨 1997 横滨酒店东急 1998 东急百货店（港北） 2000 涩谷 2001 东急酒店（涩谷） 2004 港未来 21 线（玉广场） 2010 玉广场平台 2011 二子玉川 2012 涩谷 2013 东急广场（武藏小杉）	1980 世纪（新宿） 1982 本后木 1984 新宿 1990 多摩线（小田急多摩中心—唐木田） 1992 新百合丘 1993 多摩钟馆（多摩中心） 1996 站广场（相模大野） 2001 虾名

京成电铁	
1912	押上线（押上—京成高砂）
1912	本线（京成高砂—江户川）
1912	金町线（京成高砂—柴又）
1913	金町线（柴又—京成金町）
1914	本线（江户川—市川真间）
1915	本线（市川真间—京成中山）
1916	本线（中山—京成船桥）
1921	本线（京成船桥—京成津田沼）
1921	千叶线（京成津田沼—千叶）
1925	谷津游园
1926	本线（京成津田沼—酒酒井）
1926	本线（酒酒井—成田花咲町）
1927	谷津支线（船桥竞马场—谷津游园地）
1928	白发线（向岛—白发）
1930	本线（成田花咲町—京成成田）
1931	本线（日暮里—青砥）
1933	本线（京成上野—日暮里）
1961	京成酒店（千叶）
1963	京成酒店（土浦）
1963	京成百货店（市川）
1964	京成百货店（土浦）
1964	京成酒店（犬吠埼）
1969	京成酒店（上野）
1972	京成百货店（上野）
1973	京成百货店（大森）
1974	京成酒店（水户）
1978	本线（成田—成田机场）
1979	北总线（北初富—小室）
1982	京成百货店（水户）
1984	北总线（小室—千叶新城中央）
1991	北总线（京成高砂—新镰谷）
1992	千原线（千叶中央—大森台）
1995	千原线（大森台—千原台）
1995	北总线（千叶新城中央—印西牧原）
2000	北总线（印西牧原—印幡日本医大）
2002	东成田线（东成田—芝山千代田）

*1. 铁路事业主体表现了和现存7大私营铁路有关的公司的变迁。因此虽然没有在表中体现，但也要注意其他与其关联的企业的存在。

*2. 表中的铁路事业体现了铁路路线发展变迁；对截至2013年的路线名、站名进行了统一（也包含部分现在已经不存在的路线和车站），因此会和铁路事业刚开始发展时的公司、路线名、车站有所差异。

*3. 表中的商业设施事业、酒店事业、娱乐休闲事业部分仍在营业，而部分已经关门。

范例

铁路事业主体的成立、合并、分割
铁路事业
商业设施事业
酒店、其他娱乐休闲事业

	京滨急行电铁	东武铁路
城市化以前：战前（～1920年）	1899 大师线（东乡桥—大师） 1901 本线（大森海岸—六乡桥） 1902 空港线（东急蒲田—六守） 1902 大师线（东急川崎—六乡桥） 1904 本线（北品川—大森海岸） 1905 本线（北品川—神奈川）	1890 佐野线（佐野—葛生） 1899 伊势崎线（北千住—喜） 1902 伊势崎线（浅草—北千住） 1902 伊势崎线（久喜—加须） 1903 伊势崎线（加须—川仆） 1904 龟户线（曳舟—龟户） 1907 伊势崎线（川仆—足利市） 1909 伊势崎线（足利市—太田） 1910 伊势崎线（太田—伊势崎） 1913 桐生线（太田—相老） 1914 佐野线（馆林—佐野） 1914 东上线（池袋—川越市） 1916 东上线（川越市—坂户）
第一次都市化（以轻工业为主）：战前（1920～1944年）	1925 本线（品川—北品川） 1930 本线（北品川—横滨） 1933 本线（横滨—浦贺）	1923 东上线（坂户—小川町） 1925 东上线（小川町—寄居） 1929 日光线（东武动物公园—东武日光） 1932 桐生线（相老—赤城）
第二次城市化（以重工业为主）：战后（1945～1979产业）	1952 大师线（盐浜—樱本） 1954 平和岛竞艇场 1966 空港线（穴守稻荷—羽田机场） 1971 太平洋酒店东京（品川） 1975 久里浜线（堀内—三崎口）	1959 东武百货店（宇都宫） 1962 东武百货店（池袋旗舰店） 1971 东武酒店（高轮） 1973 东武酒店（宇都宫） 1974 东武酒店（涩谷） 1975 东武酒店（成田） 1977 东武百货店（船桥）
第三次城市化（主要以高科技服务）：战后（1980～）	1989 高轮东急酒店 1993 空港线（穴守稻荷—天空桥） 1993 酒店和平千叶 1996 东急百货店（上大冈） 1998 空港线（天空桥—羽田机场） 1998 Grand Pacific Le Daiba 酒店	1981 东武动物公园 1984 东武酒店（上尾） 1984 东武酒店（土浦） 1987 东武酒店（银座） 1987 东武酒店（川越） 1991 东武酒店（蒲和） 1993 东武酒店（世界广场） 1996 东武酒店（野田） 1997 东武酒店（锦系町） 2002 东武百货店（大田原） 2012 东武电视塔线（押上）

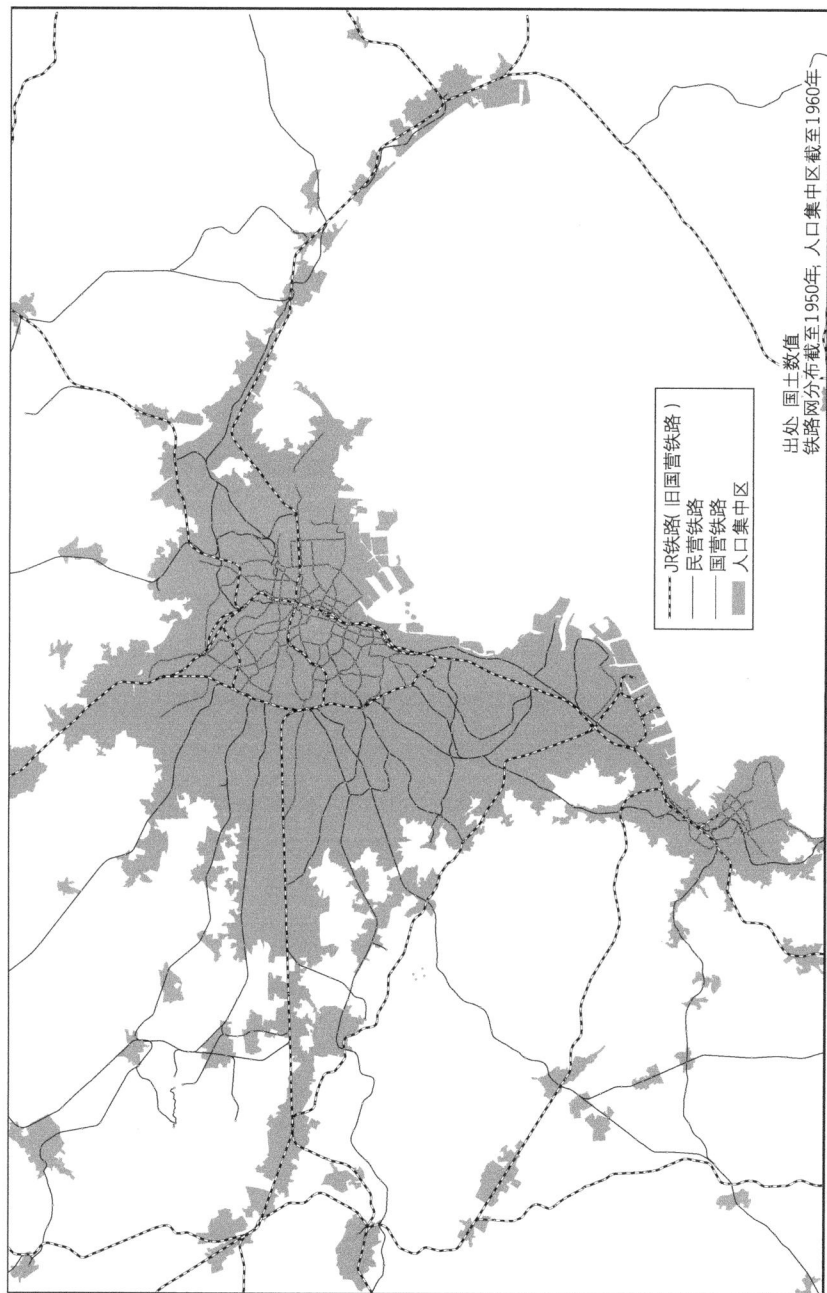

图1 1950年铁路网和市中心的扩张

图例：
- JR铁路（旧国营铁路）
- 民营铁路
- 国营铁路
- 人口集中区

出处 国土数值
铁路网分布截至1950年，人口集中区截至1960年

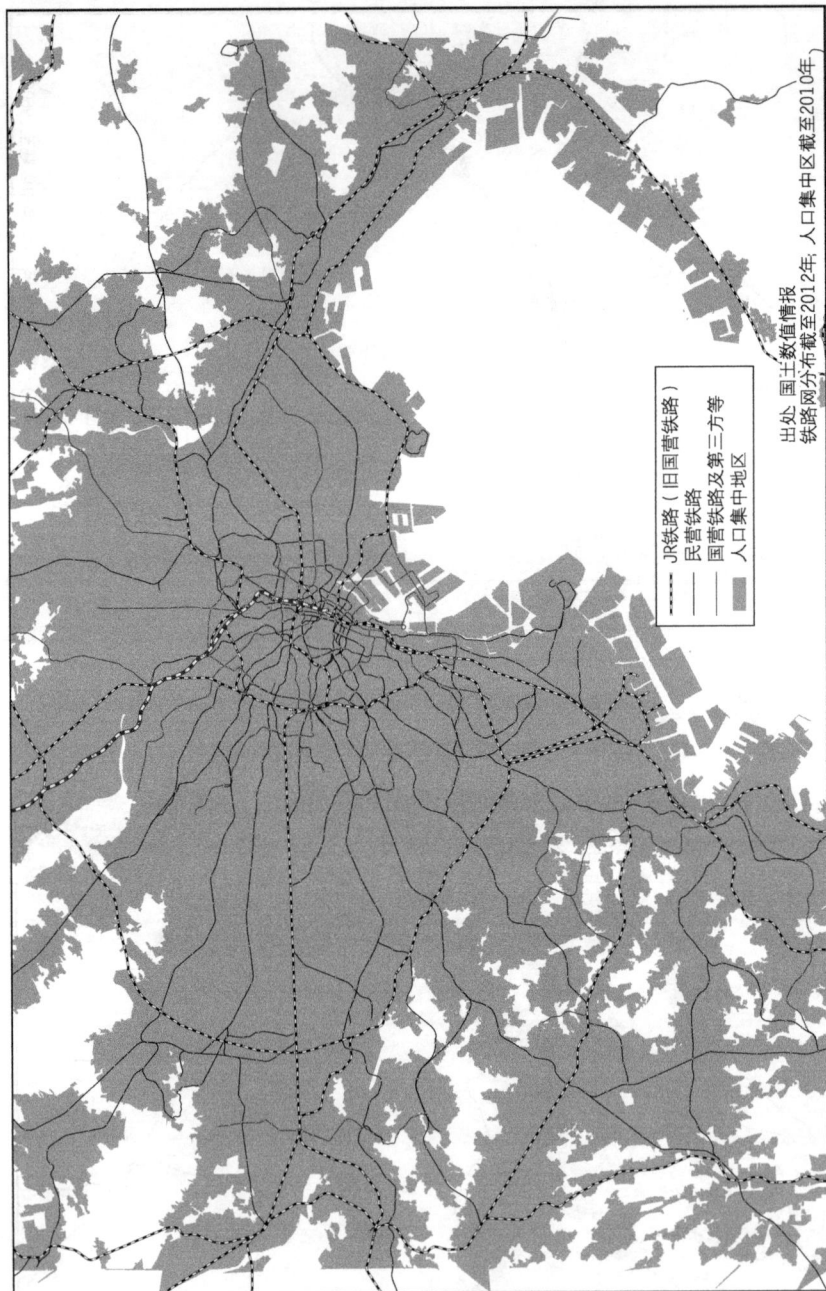

图2 2012年铁路网和市中心的扩张

出处 国土数值情报
铁路网分布截至2012年；人口集中区截至2010年）

JR铁路（旧国营铁路）
民营铁路
国营铁路及第三方等
人口集中地区

后记

我在大学里专业学习理工科，后进入建设省从事城市计划、城市开发、城市交通的工作已经四十余年了。笔者有位美国留学时认识的朋友，从事美国的交通技术顾问的工作。记得大概1978年还是1988年的样子，他来访问东京时，曾谈及对东京的印象："日本的大城市比起美国各大城市，在铁路运用手段方面要高明许多呀。特别是像东京那样的特大城市根本看不到什么混乱现象，东京之所以能够这样持续保持活力，应该是得益于铁路的支撑吧？"我虽然没有机会见识世界上其他大城市，但是这样说来也的确如他所说。只是当时我没能给出一个浅显易懂的解释。

从单位辞职后，去了研究所工作，到可以在大学上课讲学的时候，我才开始重新认识这个课题，还写了几个小评论。并以此为契机，集结研究所里的数位学者、研究人员、办公室事务人员作为主要成员，开始对这一课题展开调查。本书就是这些调查研究的集大成之作。最初的目的并不仅是针对东京，主要是想将国内外的大城市都进行比较，比较各地方省市的状况，不仅对为什么会变成这样等问题进行回顾，也希望能提出一些对未来发展有益的建议。但能力有限，只能以东京是怎样沿铁路形成的，彼时TOD的模式是怎样被有效采纳的，特别是世界上实力相当的大城市私营铁路的职责为重点进行一番汇总论述。本书所阐述内容是城市规划、城市开发、城市交通领域的研究人员和实务人员呕心沥血汇编而成的，如果能对您起到一些参考作用，我将感到十分荣幸。

最后，在此对TOD研究所的所有成员长时间以来的钻研深表敬意。同时对批准该研究会开设并对研究会的运营给了大力支持的一般财团法人《计量计划研究所（IBS）》的黑川代表理事及相关各位致以真挚的感谢。对给予研究会的运行以及大力支持本书出版的大熊久夫先生，担任本书实务编辑工作的冈田真理子小姐，以及担任出版业务的谷贝等先生，致以最真挚的感谢。

矢岛隆
2014年1月